FUNCIONALISMO LINGUÍSTICO

ANÁLISE E DESCRIÇÃO

Edson Rosa de Souza
(organizador)

Maria Maura Cezario • Maria Alice Tavares • Maria Luiza Braga
Maria da Conceição de Paiva • Sebastião Carlos Gonçalves
Taísa Peres de Oliveira • Márcia Teixeira Nogueira
Angel Corbera Mori • Rogério Vicente Ferreira
Valéria Faria Cardoso • Vitória Regina Spanghero

FUNCIONALISMO LINGUÍSTICO
ANÁLISE E DESCRIÇÃO

editoracontexto

Capa e diagramação
Gustavo S. Vilas Boas

Preparação de textos
Edson Rosa de Souza

Revisão
Fernanda G. Antunes

Dados Internacionais de Catalogação na Publicação (CIP)
(Câmara Brasileira do Livro, SP, Brasil)

Funcionalismo linguístico : análise e descrição / organizador Edson Rosa de Souza. – São Paulo : Contexto, 2012.

Vários autores.
ISBN 978-85-7244-736-2

1. Funcionalismo (Linguística) 2. Português – Gramática I. Souza, Edson Rosa de.

12-10431 CDD-469.5018

Índices para catálogo sistemático:
1. Gramática : Português : Abordagem funcionalista : Linguística 469.5018
2. Português : Gramática : Abordagem funcionalista : Linguística 469.5018

2012

EDITORA CONTEXTO
Diretor editorial: *Jaime Pinsky*

Rua Dr. José Elias, 520 – Alto da Lapa
05083-030 – São Paulo – SP
PABX: (11) 3832 5838
contexto@editoracontexto.com.br
www.editoracontexto.com.br

Sumário

FUNCIONALISMO E DESCRIÇÃO DE LÍNGUAS INDÍGENAS

Prefácio

J. Lachlan Mackenzie

O livro que está diante do/a leitor/a revela a força da corrente funcionalista dentro da linguística brasileira contemporânea. Por mais diferentes que sejam, todos os textos desta coletânea partilham a convicção de que há uma relação estreita entre o uso da linguagem e a forma das frases e dos textos que produzimos ao falarmos e escrevermos. É esse o pensamento central do funcionalismo linguístico: rejeição à hipótese autonomista, segundo a qual a nossa competência linguística surge de um módulo mental especializado (metaforicamente conceitualizado como um órgão independente); o corolário desanimador dessa hipótese é que não vale a pena estudar o uso que se faz desse módulo. Enquanto os autonomistas, na medida em que refletem sobre a função da linguagem, a veem como instrumento do pensamento, os funcionalistas priorizam a comunicação de significados entre seres humanos como a sua função central e demonstram que existem técnicas válidas para desvendar a influência determinante da comunicação sobre a gramática, a organização do discurso e a mudança das línguas. Conforme se pode constatar neste livro, os significados comunicados podem ser de muitos tipos, o que talvez explique por que razão há tantas abordagens funcionalistas parcialmente compatíveis, também presentes em toda a sua diversidade nas páginas seguintes, realçando as diferentes vertentes cognitivas, sociais e contextuais da nossa interação diária.

O funcionalismo é, por definição, uma abordagem interdisciplinar por sustentar que não é possível explicar fenômenos linguísticos unicamente dentro do sistema linguístico. Pelo contrário, o funcionalista está sempre empenhado em procurar explicações em outras disciplinas limítrofes, tais como a psicologia, a sociologia, a antropologia, a história e muitas outras. Tenta-se iluminar os fenômenos dentro da matriz sociocultural em que eles foram utilizados por falantes existentes, referindo-se cada vez mais a dados reais extraídos de *corpora* (coletâneas de textos e/ou de gravações diversas). A complexidade dos materiais com que o linguista se defronta deve-se à polifuncionalidade da linguagem, ao fato de as palavras e as construções gramaticais terem significados difusos e de estarem continuamente em vias de mudança por diversas causas, como se vê no fenômeno da gramaticalização (o surgimento de novas formas gramaticais). Para terem em conta esta fluidez, muitos funcionalistas recorrem a procedimentos emprestados de outros campos, como a recolha de dados quantitativos, a aplicação de testes estatísticos e a realização de experiências.

Decorre logicamente da filosofia do funcionalismo o desejo de ampliar a gama de ambientes socioculturais relevantes ao máximo, não se restringindo às línguas mais conhecidas do mundo, mas privilegiando abordagens que sejam capazes de explicar as características de todas as línguas humanas. Por isso, há uma relação bem produtiva entre o funcionalismo e a descrição das línguas indígenas no seu contexto de uso. Esse diálogo também se vê no presente livro, em que quatro capítulos se dedicam à descrição de fenômenos gramaticais em línguas autóctones brasileiras. Esses estudos são importantes não somente para as respectivas comunidades indígenas, como também para a comunidade acadêmica no que tange à compreensão da natureza da linguagem humana como fenômeno sociocultural.

Uma constante partilhada por todas as abordagens funcionalistas é a aplicação de princípios em vez de regras. Enquanto as regras não permitem exceções, os princípios podem interagir dinamicamente para produzir a complexidade do sistema. Neste livro vê-se, por exemplo, como a interação de princípios pode levar a ambiguidades, ou como a iconicidade (uma relação transparente entre significado e significante) compete no interior de sistemas linguísticos com a arbitrariedade (a falta de relação), ou como a flexibilidade da ordem de palavras em algumas línguas contrasta com a rigidez estrutural em outras.

Em suma, este livro, competentemente organizado por Edson Rosa de Souza, mostra como as múltiplas motivações competidoras que surgem da complexidade das nossas vidas sociais influenciam a linguagem que usamos todos os dias para nos comunicarmos uns com os outros. Juntamente com o *Funcionalismo linguístico: novas tendências teóricas*, o livro revela a riqueza da linguística funcionalista brasileira, com a divulgação de muitos novos conhecimentos não só sobre a língua portuguesa, mas também sobre as línguas indígenas que representam um tesouro de valor incalculável.

Resta-me dar os parabéns ao organizador e exprimir a esperança de que este livro seja lido e apreciado por toda a comunidade linguística do mundo lusófono.

Apresentação

Edson Rosa de Souza

Esta obra, composta por dois volumes, sendo o primeiro de natureza teórica e o segundo de base descritiva, apresenta ao leitor um conjunto de textos sobre o funcionalismo linguístico, com discussões voltadas para questões de gramática, texto e discurso, em especial para os possíveis diálogos que podemos estabelecer entre as referidas dimensões da linguagem, no português e em outras línguas, a partir de diferentes perspectivas teóricas: o Funcionalismo norte-americano, a Teoria de Gramaticalização, a Sociolinguística, a Gramática Discursivo-Funcional, o Cognitivismo e a Gramática Textual-Interativa. Os autores são especialistas em estudos da linguagem de universidades do Brasil e do exterior. Este segundo volume intitula-se *Funcionalismo linguístico: análise e descrição*.

A obra destina-se tanto a alunos de graduação, pós-graduação e professores-pesquisadores dos cursos de Letras e Linguística quanto a estudantes e profissionais de outras áreas correlatas que tomam a linguagem como objeto de estudo e reflexão. O propósito deste volume é, pois, apresentar os novos desdobramentos do funcionalismo linguístico, e, ao mesmo tempo, divulgar os estudos de descrição funcionalista e tipológico-funcional desenvolvidos por pesquisadores da área funcionalista em âmbito nacional/internacional.

Os diversos temas tratados nos textos apresentados aqui refletem as várias possibilidades de estudo da linguagem admitidas pelo paradigma funcionalista, uma vez que os autores contemplam em suas discussões não somente as diferentes teorias (sócio)funcionalistas, no que tange aos princípios teóricos e procedimentos metodológicos de análise, como também as interfaces possíveis que podemos estabelecer com outras teorias. Os estudos de gramaticalização de palavras e construções linguísticas, desenvolvidos a partir dos princípios teóricos oriundos tanto do Funcionalismo/Cognitivismo como da Sociolinguística, e os estudos tipológicos (voltados para a descrição de línguas indígenas), desenvolvidos sob uma perspectiva tipológico-funcional (que sempre interage com os estudos da Antropologia e da Sociolinguística), constituem dois bons exemplos de diálogos entre teorias.

Este volume está organizado em duas partes. A primeira delas, denominada *Gramática, texto e discurso*, é composta por sete textos que tratam da análise e descrição funcionalista de diferentes fenômenos linguísticos em português e em outras línguas, tais como: multifuncionalidade categorial, frequência de uso e gramaticalização de itens e construções linguísticas, orações subjetivas, conjunções condicionais e estruturas apositivas. Já a segunda parte, intitulada *Funcionalismo e descrição de Línguas Indígenas*, é constituída por quatro textos de análise e descrição tipológico-funcional de aspectos gramaticais (morfossintáticos e semântico-pragmáticos) de línguas indígenas.

Entre os estudos que tratam de questões sobre gramática, texto e discurso, em especial as formas de manifestação e codificação de informações gramaticais e as diferentes funções textuais e discursivas que itens linguísticos ou construções gramaticais podem desempenhar em uma língua, encontramos definições e aparatos teórico-metodológicos relativamente distintos. No entanto, apesar de se apoiarem em princípios teóricos variados e analisarem diferentes fatos linguísticos, os autores partem sempre de uma mesma concepção de linguagem, definida aqui como um instrumento de comunicação e interação social, em que os componentes sintático, semântico e pragmático são analisados de maneira conjunta.

No texto "Efeitos da criatividade e da frequência de uso no discurso e na gramática", da primeira parte, Maria Maura Cezario traz uma revisão "sobre alguns dos mais importantes conceitos ligados à configuração da gramática e do discurso à luz da pesquisa atual da corrente funcionalista americana". A autora faz uma síntese de algumas das principais contribuições do funcionalismo para o entendimento de dispositivos "presentes tanto na formação da gramática quanto na formação da macroestrutura textual", focando os efeitos da criatividade e da frequência de uso (na criação de novos morfemas gramaticais, itens lexicais, novos gêneros discursivos etc.) no discurso e na gramática. Nesse ínterim, Cezario relata que as tendências de mudança de uma língua "muito provavelmente obedecem a padrões universais guiados pela cognição humana, que permitem ao homem resolver problemas linguísticos e não linguísticos, fazer inferências, criar e compreender metáforas, apresentar informações novas e velhas de diferentes modos, além de outros recursos".

Com base na perspectiva teórica da gramática emergente de Paul Hopper (1987, 1988, 1998, 2008, 2011), Maria Alice Tavares analisa, no texto "Gramática emergente e o recorte de uma construção gramatical", a construção gramatical denominada "sequenciação retroativo-propulsora". Essa construção, segundo a autora, é muito utilizada no processo de "constituição do discurso" com o objetivo de estabelecer "uma relação coesiva anafórica/catafórica entre enunciados", fato que permite classificá-la como uma construção rotinizada na gramática da língua. Ao analisar amostras de fala de Florianópolis (SC), Tavares identificou "como marcas linguísticas da sequenciação retroativo-propulsora os conectores sequenciadores *e, aí, daí* e *então*", e mapeou cinco relações semântico-pragmáticas ligadas aos contextos de uso da construção em questão: sequenciação textual, sequenciação temporal, consequência, retomada e finalização. A autora mostra ainda que, em alguns contextos discursivos, há vários casos de sobreposição e de ambiguidade envolvendo essas relações semântico-pragmáticas. Para Tavares, são de contextos como esses que podem emergir novos usos para os conectores sequenciadores, que podem integrar a gramática do português brasileiro caso apareçam com frequência no processo de interação.

No capítulo subsequente, Maria Luiza Braga e Maria da Conceição de Paiva analisam a multifuncionalidade categorial e funcional da proforma *aí* do português. De acordo com as autoras, no português brasileiro, em especial nas situações de fala coloquiais ou semicoloquiais, a palavra *aí* é usada em variados contextos, desempenhando papéis gramaticais e textuais diversificados. Além de usos *dêiticos* e *endofóricos*, a proforma *aí* pode ser usada para sinalizar a vinculação de orações, auxiliar na organização do tópico discursivo e da interação verbal, e, ainda, atuar como marcador discursivo justapondo-se ao último elemento de um SN ou SV. Utilizando conceitos teóricos da Sociolinguística Variacionista e da Gramaticalização, Braga e Paiva analisam ocorrências de *aí* extraídas das amostras de fala do Programa de Estudos sobre o Uso da Língua (Peul), da Universidade Federal do Rio de Janeiro. As autoras mostram que a palavra *aí* atua nas esferas proposicional, textual e argumentativa da língua, investindo-se "de uma pluralidade de funções que a particulariza no conjunto das demais proformas adverbiais" locativas do português (*aqui, ali, cá* e *lá*).

O objetivo do texto "Um estudo discursivo-funcional de *assim*, *já* e *aí* no português falado do noroeste paulista", de Edson Rosa de Souza, é analisar os diferentes usos de *assim, já* e *aí* no português falado dessa região (Banco de dados Iboruna), a partir do diálogo entre os postulados teóricos da Teoria da Gramaticalização (Traugott, 1995, 1999) e da Gramática Discursivo-Funcional (Hengeveld e Mackenzie, 2008). Em termos específicos, o autor mostra que o processo de gramaticalização de *assim, já* e *aí* no português falado do interior paulista pode ser analisado de acordo com os níveis e as camadas de organização da linguagem formulados pela Gramática Discursivo-Funcional.

Sebastião Carlos Gonçalves investiga, no texto "Orações subjetivas e mudança de padrões na história do português", o comportamento de orações subjetivas na história do português. Segundo o autor, do ponto de vista morfossintático, orações subjetivas ocorrem como primeiro argumento de predicado verbal, nominal, adjetival ou de locuções predicativas, nas formas finita, não finita e nominalizada e em posição posposta. Em termos semânticos, constituem proposições ou eventos (estado de coisas), e pragmaticamente, "sobre seu conteúdo incidem avaliações e qualificações apreensíveis pela interação entre a semântica do predicado matriz e o formato da oração encaixada". Para alcançar os seus objetivos, o autor utiliza como *corpora* amostras de fala (Projeto Nurc e Projeto Alip) e de escrita (Banco de dados Lexicográficos da Unesp de Araraquara) do português contemporâneo. Os dados do português histórico são de textos dos séculos XIII a XX, organizados por Tarallo (1991). A análise quantitativa (baseada nos critérios de frequência) realizada por Gonçalves aponta como relevantes para a pesquisa os parâmetros *categoria* e *valor semântico-pragmático do predicado matriz* e *formato da oração encaixada*. Os resultados indicam, segundo o autor, que enquanto na fase arcaica prevalece o emprego de predicados matrizes verbais epistêmicos combinados com orações finitas, "nas fases moderna e contemporânea [do português] prevalecem padrões formados por predicados matrizes adjetivais deônticos combinados com orações infinitivas", mudança esta motivada "pela gramaticalização de padrões da oração encaixada", em direção a um complexo oracional mais integrado.

Taísa Peres de Oliveira trata, no capítulo "As conjunções condicionais na Gramática Discursivo-Funcional", do estudo das conjunções condicionais no modelo da Gramática Discursivo-Funcional a partir de dados do português e de outras línguas. Diferentemente do que apresenta a gramática tradicional, que "coloca todas as conjunções como elementos gramaticais", a autora mostra que no português as conjunções condicionais podem ser divididas em conjunções gramaticais e lexicais. Oliveira mostra, por meio da análise de dados, que "a classificação categorial das conjunções como gramaticais não se aplica à classe das conjunções como um todo". Apoiando-se em estudos realizados no interior da GDF, a autora assinala que é importante estabelecer uma distinção entre os estatutos lexical e gramatical dos conectivos, justamente para poder apresentar um tratamento adequado das conjunções adverbiais no português. Os dados revelam que é possível reconhecer um grupo de conjunções lexicais, que deve ser analisado como um subato de atribuição no nível interpessoal e como predicado adposicional no nível representacional.

Em seu estudo intitulado "Propriedades textual-discursivas da aposição não restritiva", Márcia Teixeira Nogueira analisa as construções apositivas não restritivas, dando ênfase às propriedades textual-discursivas que essas construções apresentam em textos escritos do português contemporâneo. A partir do diálogo entre a teoria funcionalista e a Gramática Textual Interativa, a autora discute, inicialmente, a caracterização da aposição não restritiva como inserções parentéticas e, em seguida, lista algumas funções que o uso dessas construções desempenha relativamente aos processos de referenciação e de reformulação textual. Nogueira assinala que "a diversidade formal das construções apositivas não restritivas está associada a suas propriedades semânticas e pragmáticas". Dessa forma, em correlação às propriedades relativas à referencialidade, à definitude e à especificidade, as construções apositivas não restritivas podem, segundo a autora, ser vistas como estratégias textualizadoras responsáveis pela gestão da referência e organização da informação.

Discutindo aspectos tipológicos, Angel Corbera Mori faz, em "Mecanismos morfossintáticos em línguas indígenas brasileiras", uma exposição de algumas questões gramaticais das línguas indígenas do Brasil. Considerando, então, a diversidade de troncos e famílias linguísticas do país, que somam 231 etnias e 181 línguas (Rodrigues, 2006), o autor faz uma apresentação panorâmica de alguns processos morfossintáticos presentes em línguas indígenas do Brasil, tais como a reduplicação, a in*corpora*ção nominal, a serialização verbal, o uso de classificadores, e os sistemas de evidencialidade e de referência alternada, que ilustram as semelhanças e divergências de sistemas de codificação morfossintática entre as línguas indígenas brasileiras. Essa diversidade linguística constitui, nos termos de Mori, "um campo fértil para os estudos linguísticos, tanto teóricos e tipológicos como de descrição específica de cada língua". A apresentação segue uma abordagem funcional-tipológica com base nos dados e resultados extraídos de diversos autores citados ao longo do texto. Os temas abordados pelo autor representam tópicos relevantes e que merecem, segundo Mori, um estudo mais aprofundado e sistemático, que permita aos linguistas avançar tanto nas comparações genéticas e areais quanto nas generalizações tipológicas das línguas indígenas brasileiras.

Rogério Vicente Ferreira apresenta, em "Aspectos tipológicos do *switch-reference* em línguas da família Pano", uma reflexão tipológico-funcional do sistema gramatical de *switch-reference* em línguas Pano, definidas por Shell

(1975), Erikson (1992, 1994) como uma família linguística e culturalmente uniforme. Segundo Ferreira, os falantes da língua Pano ocupam os territórios do oeste peruano, do noroeste amazônico brasileiro e do nordeste boliviano, e a família conta com 38 línguas, incluindo as já extintas (Loos, 1999). Classificadas tipologicamente como aglutinantes, a ordem básica das línguas da família Pano é SOV e o sistema de marcação de caso é o ergativo-absolutivo, características gramaticais que explicam o fato de o sistema de *switch-reference* ser atualizado por uma série de morfemas sufixados ao verbo. Em função da escassez de descrições gramaticais detalhadas, as línguas observadas por Ferreira são: Capanaua, Amahauca, Shipibo-Konibo, Matses e Matis.

No capítulo "Ergatividade, acusatividade e sistemas cindidos", Valéria Faria Cardoso discute os sistemas de marcação de casos em línguas naturais, em especial as questões atinentes à ergatividade, à acusatividade e aos sistemas cindidos de marcação gramatical. Cardoso destaca que os estudos relativos à abordagem funcional, além de tratarem de características tipológicas de diferentes línguas do mundo, consideram ainda diferentes estratégias e critérios de codificação de caso, tais como os paradigmas verbais (transitivo/intransitivo), o sistema de concordância verbal (marcadores de pessoa), as funções gramaticais dos sintagmas nominais, a ordem de constituintes e o tratamento do padrão de alinhamento (ergativo, acusativo, cindido etc). Segundo Cardoso, a análise do sistema de marcação de caso de uma determinada língua, em orações simples, é importante para poder caracterizá-la como pertencendo a um dos seguintes sistemas: (i) ergativo-absolutivo, (ii) nominativo-acusativo, (iii) sistema tripartido; ou, então, (iv) a sistemas cindidos, que, segundo Dixon (1994), podem resultar em um sistema de cisão-S (*split-S*), ou em um sistema de fluido-S (*fluid-S*).

Encerrando o livro, o capítulo de Vitória Regina Spanghero apresenta uma descrição do sistema de referência espacial na língua matis (dêixis especial), pertencente à família linguística Pano do Amazonas (com aproximadamente 270 falantes). O estudo de Spanghero trata mais propriamente da dêixis espacial, com uma breve explanação da noção de dêixis e os sistemas de codificação de referência, como alguns aspectos dêiticos pessoais, temporais e espaciais. Com base nos trabalhos de Anderson e Keenan (1985) e Fillmore (1997), a autora mostra que, em matis, "os contrastes dêiticos são observados a partir da classe dos demonstrativos". Spanghero assinala ainda que as referências espaciais podem aparecer também nas raízes verbais e em advérbios locativos, que indicam locação próxima ou distante do ouvinte e do falante, com três distinções para o contraste dêitico de distância. Outra dimensão de contraste, juntamente com os itens locativos, é a posição da pessoa ou do objeto, indicada pelos verbos, que, conforme Spanghero, pode ser *vertical* ou *horizontal*.

Para finalizar, gostaria de agradecer a todos os autores e colegas que, mesmo estando sobrecarregados com tantos afazeres acadêmicos e trabalhos administrativos, aceitaram gentilmente o convite para fazer parte deste livro. Tenham a plena certeza de que todas as contribuições, aqui compartilhadas, serão de grande valia para o desenvolvimento da área de estudos linguísticos no Brasil e, em especial, para aqueles que apreciam o funcionalismo linguístico e os desafios que o estudo da linguagem em uso sempre nos coloca. Também quero agradecer aos membros do Grupo de Pesquisa em Gramática Funcional (GPGF), da Unesp de São José do Rio Preto, coordenado pela Profa. Dra. Erotilde Goreti Pezatti, e aos integrantes do recente Grupo de Pesquisa de Estudos Sociofuncionalistas (GPES), da Universidade Federal de Mato Grosso do Sul, coordenado pela Profa. Dra. Taísa Peres de Oliveira, pelas discussões funcionalistas sempre muito pertinentes e esclarecedoras.

Cabe registrar ainda o meu agradecimento ao Programa de Pós-Graduação em Letras, da UFMS/Campus de Três Lagoas, e à Profa. Dra. Kelcilene Grácia-Rodrigues, pelo empenho profissional e pelas políticas de melhoria adotadas em prol do crescimento do Programa.

Uma boa leitura a todos.

GRAMÁTICA, TEXTO E DISCURSO

Efeitos da criatividade e da frequência de uso no discurso e na gramática

Maria Maura Cezario

Faremos uma revisão acerca de alguns dos mais importantes conceitos ligados à configuração da gramática e do discurso à luz da pesquisa atual da corrente funcionalista americana. Apresentaremos uma síntese de algumas das principais contribuições do funcionalismo para a compreensão de mecanismos presentes tanto na formação da gramática quanto na formação da macroestrutura textual.

A abordagem funcionalista estuda a estrutura gramatical inserida na situação real de comunicação, considerando o objetivo da interação, os participantes e o contexto discursivo. Procura nesses elementos a motivação para os fenômenos investigados. Dessa forma, os funcionalistas não concebem a língua como uma entidade autônoma, uma vez que fatores sociais, cognitivos e históricos, dentre outros, podem influenciar a forma de se codificar a informação. A gramática é vista como uma estrutura aparentemente fixa, congelada, mas que é criada e recriada por motivações comunicativas e cognitivas.

Os que trabalham com o uso concebem a língua, como define Marcuschi (2008: 51), como "um conjunto de práticas sociais e cognitivas historicamente situadas". "[...] A língua é um sistema de práticas com o qual os falantes/ouvintes (escritores/leitores) agem e expressam suas intenções com ações adequadas aos objetivos em cada circunstância".

Assim, diferentemente de uma visão formalista, não vemos gramática e discurso como entidades que possam ser estudadas separadamente. Ambos existem em função de algumas características da própria natureza humana: a necessidade de comunicação, a necessidade de ser expressivo e a tendência de repetição de ações (nossas ou de outros indivíduos).

Dentre as várias correntes funcionalistas, a linha utilizada aqui é a da linguística funcionalista americana, que tem como principais representantes Givón (1990, 1995), Heine (1991, 1993), Hopper e Thompson (1980), Hopper (1987, 1991), dentre outros. No Brasil, são representantes dessa corrente Naro (1980, 1981, 1986), Votre (1992, 1998), Rios de Oliveira (1994,1996), Martelotta (1994), Martelotta, Votre e Cezario (1996), Furtado (1989, 1996), Furtado et al. (1999) e Paredes da Silva (1988), dentre outros.

Segundo o funcionalismo,

> cada porção do comportamento linguístico tem um propósito comunicativo específico que o ativa; [...] a forma é determinada por sua adequação para expressar esse propósito no interior da organização pragmática geral da comunicação (Votre e Naro, 1986: 454).

Princípios funcionalistas

Essa motivação linguística é regida pelo *Princípio universal da iconicidade*, que atua nas escolhas linguísticas feitas no momento do discurso. A frequência de uso de determinadas estruturas pode levar a construções gramaticais. Segundo esse princípio, há algum tipo de motivação entre forma e função que pode ser mais bem compreendida a partir de três subprincípios:

a) *subprincípio da quantidade* – quanto maior, ou mais imprevisível, ou mais importante for a informação a ser transmitida, maior será a quantidade de forma utilizada; e o contrário também se verifica;
b) *subprincípio da proximidade* – os conceitos que estão mais integrados no plano cognitivo também se manifestam com maior integração morfossintática; e o contrário também se verifica;
c) *subprincípio da ordenação linear* – a informação mais importante ou mais tópica tende a ser colocada em primeiro lugar.[1]

Outro princípio geral, presente nas línguas, é o *Princípio da marcação*, segundo o qual existe uma oposição entre formas marcadas e não marcadas. Givón (1995) apresenta três critérios para distinguir uma forma marcada de uma não marcada, a partir da observação de três parâmetros, que estão resumidos abaixo:

a) *complexidade estrutural* – a forma marcada tende a ser mais complexa do que a não marcada correspondente;
b) *frequência de distribuição* – a forma marcada tende a ser menos frequente e, em consequência, cognitivamente mais saliente do que a categoria não marcada;
c) *complexidade cognitiva* – a forma marcada tende a ser cognitivamente mais complexa – em termos de esforço mental, atenção e tempo de processamento – do que a forma não marcada.

O funcionalismo aqui admitido é moderado, porque se sabe que os fatos linguísticos não são totalmente icônicos ou totalmente arbitrários. A arbitrariedade é constatada quando se analisam os fatos gramaticais de um ponto de vista puramente sincrônico, baseando-se nas regras da gramática aparentemente acabada. Mas, de um ponto de vista mais abrangente, levando-se em conta a mudança constante decorrente do uso, podem-se detectar motivações de ordem semântica e pragmática para se moldarem construções gramaticais ou para se criar um item lexical.

Repetição e criatividade no contínuo léxico e gramática

O funcionalismo, nas últimas décadas, preocupa-se sobretudo com fenômenos relacionados ao processo de gramaticalização, procurando verificar a iconicidade, que atua nos primeiros estágios da gramaticalização, e a arbitrariedade, que ocorre no fim do processo.

Concebemos que tanto os aspectos gramaticais a partir dos quais o discurso é organizado, como o próprio discurso, enquanto meio para o homem se mostrar como indivíduo e agir sobre outro(s) indivíduo(s), são regidos por duas noções aparentemente opostas: a criatividade e a repetição.

Tanto a criação lexical quanto a criação gramatical são em grande parte decorrentes do processo de metaforização e a base da criação através de metáforas é feita em decorrência da criatividade humana e da capacidade cognitiva que nos faz perceber que o outro é capaz de nos compreender, é capaz de perceber que temos sempre uma intenção ao falar ou escrever (Tomasello, 2003); a implementação das inovações gramaticais dá-se através de repetição de termos e estruturas gramaticais (cf. Bybee, 2003, 2010). Assim, criatividade e repetição estão sempre unidas nas várias manifestações de comunicação humana e na configuração da gramática.

O discurso é composto por elementos de inovação (o que torna aquele discurso único, diferente de qualquer outro) e de repetição (de construções gramaticais, de palavras e mesmo da moldura discursiva, como gênero e tipo de texto).

A linguística funcionalista vem demonstrando que gramática e discurso não são duas entidades em oposição, mas sim polos de um mesmo contínuo. Podemos dizer que as formas nascem no discurso, no momento de elaboração da comunicação, e podem se espalhar e se apresentar em diferentes graus de entrincheiramento na língua. Podemos dizer que os elementos gramaticais são formas fixas com valores internos à língua que um dia já desempenharam funções mais discursivas.

Gramaticalização

Um grande número de trabalhos apresenta o fenômeno denominado *gramaticalização* como sendo um processo de mudança linguística segundo o qual itens lexicais passam a assumir funções gramaticais, ou elementos gramaticais passam a exercer funções ainda mais gramaticais (cf. Kurylowiscz, 1975; Heine et alii, 1991; Hopper e Traugott, 1993; Martelotta, Votre e Cezario, 1996).[2] O verbo *ir*, por exemplo, sofreu uma mudança no sentido de passar a ser um marcador de futuro (categoria gramatical), como em "Vai chover". O advérbio *aí* passou a desenvolver uma função de conectivo (categoria mais gramatical que a de advérbio), como no seguinte trecho de uma narrativa oral:

(1) "eu estava num barzinho sentada... no Leblon... com vários amigos... <u>aí</u>... eu olhei pra frente assim... e reconheci uma pessoa" (Raf)

Em várias línguas, como o Hebreu bíblico, o Hitita e o Grego antigo, conjunções integrantes ("complementizadores") derivam-se de conjunções subordinativas (com diferentes valores, como tempo, condição, dentre outros), o que demonstra que um elemento gramatical pode continuar o processo de gramaticalização, tornando-se mais abstrato e mais gramatical (Cristofaro, 1998).

Diversos trabalhos (Traugott e Heine, 1991; Heine, 1993; Bybee, 2003) demonstram que um item particular não sofre gramaticalização, mas toda a construção com itens lexicais particulares se torna gramaticalizada. Bybee (2003, 2010) postula que a frequência de uso de uma dada construção tem um papel fundamental no processo de gramaticalização:

> Argumentarei a favor de uma nova definição de gramaticalização, aquela que reconhece o papel crucial da repetição e caracteriza-a como um processo pelo qual uma sequência de palavras ou de morfemas usada frequentemente se torna mais automatizada como uma unidade de processamento único.[3]

Para Heine et alii (1991), a base da gramaticalização está fora da estrutura linguística, porque os fatores responsáveis por ela são de natureza cognitiva e o princípio que explica o uso de conceitos mais concretos (podemos dizer referenciais) para expressar conceitos gramaticais é: "Princípio da exploração de meios antigos para lidar com novas funções". Dessa forma, a mudança semântica pode ser interpretada como a resolução de um problema imediato de comunicação. O mecanismo é ativado quando se quer chegar a um determinado objetivo e a codificação não está disponível.

Pelo que vemos, essa concepção de Heine et alii é contrária a uma visão que concebe a língua como autônoma. A criação gramatical, para os autores, é um reflexo de um mecanismo que é ativado no dia a dia toda vez que temos que resolver problemas: aproveitamos nossas experiências anteriores e as usamos, adaptando-as ao contexto novo. Esse mecanismo cognitivo não é específico da comunicação humana, pois está presente nas atividades humanas em geral.

Assim, nossa experiência linguística apresenta conceitos que podem servir como base para criação de uma metáfora, ao adaptarmos aquele conceito a uma nova situação de comunicação. Essa criação pode se dar porque o falante quer ser expressivo, precisa usar criativamente sua linguagem ou simplesmente porque o falante não encontra um termo específico para aquele momento e usa um termo que lhe vem à mente através de transferência de domínio (de espaço para tempo, de parte do corpo para qualidade etc.).

Reanálise

Além do processo cognitivo de criação metafórica, também pode acontecer nos processos de gramaticalização um fenômeno mais formal: a reanálise. Trata-se de um mecanismo que atua no eixo sintagmático, caracterizando-se por uma reorganização da estrutura do enunciado, e uma reinterpretação dos elementos que o compõem. Foi o que ocorreu na formação do futuro do presente do português, em que dois vocábulos formais foram interpretados como um único elemento: "amar hei" > "amarei". O mesmo ocorreu com os advérbios em *mente*: a contiguidade do elemento *mente* junto a adjetivos levou a uma reestruturação sintática (reanálise), em que *mente* funciona como um sufixo: "mente tranquila"/ "tranquila mente" > "tranquilamente". Neste caso, diz-se que a mudança deu-se através de um processo metonímico, que, nos estudos sobre gramaticalização, explica a transformação ocorrida numa determinada forma em função do contexto linguístico (no caso, contiguidade posicional) em que está sendo utilizada.

Como exemplo, retoma-se aqui o verbo *ir*: a passagem do verbo a auxiliar é decorrente do fenômeno da reanálise, ao mesmo tempo que ocorre transferência metafórica:

(2) [João] [vai] [à escola].
(3) [João] [vai] [falar] [com o professor]. / [João] [vai falar] [com o professor].
(4) [João] [vai começar] [o trabalho] [amanhã].

No exemplo (2), o verbo *ir* expressa um movimento em direção a um objetivo espacial: a escola. No exemplo (3), o verbo é ambíguo, pois expressa (a) movimento e o objetivo é falar com o professor ("vai para falar com o professor"); ou (b) tempo futuro, sem movimento físico. Nesse caso, diz-se que o uso descrito em (a) gerou o uso descrito em (b). Provavelmente o processo de integração das duas cláusulas (a cláusula com o verbo *ir* e a cláusula final) iniciou-se no momento em que a preposição *para* foi omitida ("João saiu (para) trabalhar"). No exemplo (4), o item *ir* junta-se ao verbo *começar,* deixando de expressar movimento físico para atribuir à locução a noção de futuro. Na segunda interpretação de "vai falar" e em "vai começar", ocorre o fenômeno de reanálise e o verbo *ir* deixa de ser principal, passando a se comportar como um auxiliar. Como se vê, há também uma transferência metafórica do domínio do espaço para o do tempo.

Traugott e Dasher (2005) demonstram que o ouvinte/leitor faz, através do contexto linguístico, inferências que podem levar a novos usos semânticos e gramaticais de determinadas construções. Para os autores, essas inferências são sugeridas (*invited inferencing*) pelo falante/escritor no momento da negociação do sentido. Como há partes de um todo que dão pistas para o ouvinte/leitor, esses autores enfatizam que a metonímia se sobressai sobre a metáfora nas mudanças linguísticas em que esteja presente algum tipo de mudança semântica.

Frequência de uso

Assim, todos esses fenômenos que atuam no processo de gramaticalização nos fazem pensar na criatividade humana capaz de fazer transferências entre domínios, de ressaltar traços semânticos, de resolver problemas de comunicação, de ser diferente e usar determinados termos em contextos distintos de seu contexto usual. Por outro lado, o tempo todo está presente a repetição, pois sem ela não há reanálise e entrada de um item ou construção na gramática da língua. Por isso, Bybee (2003) ressalta a necessidade de se observar a frequência de uso de uma dada construção, pois são os itens ou construções mais frequentes é que normalmente se gramaticalizam. Portanto, não bastam a criatividade, a metaforização, ou as inferências sugeridas. Há algo a mais, relacionado à repetição de uso.

Para Haiman (1994: 201),

> [...] a gramaticalização pode ser pensada como uma forma de rotinização da língua. Uma forma ou combinação de formas ocorre no discurso com frequência crescente e, começando como uma forma não usual de fazer ou reforçar um ponto do discurso, passa a ser um meio usual e não marcado de desempenhar esse papel. A frequência com que tais expressões ocorrem será um fator que determina se a forma passa ou não a ser considerada gramatical pela comunidade de fala.[4]

A frequência de uso leva a uma automatização das formas, que podem reduzir-se foneticamente e também costumam emancipar-se no sentido de preencher novas funções em novos contextos, por exemplo: o aumento do uso do verbo *ir + infinitivo* com qualquer tipo de sujeito (animado ou inanimado) levou ao uso de ir como marcador de futuro (ao passo que a forma simples de futuro desaparece da fala[5]).

O aumento na frequência de uso de um item lexical também costuma levar a uma generalização ou opacidade de seu conteúdo semântico. Nas palavras de Furtado, Rios de Oliveira e Votre (1999: 91), “quando uma construção deixa de ser uma estratégia comum, previsível, a frequência com que ela ocorre indica que ela passou a ser considerada pela comunidade linguística como gramatical”.

Um item muito usado torna-se previsível, automático e geralmente tem sua forma fonológica reduzida. Além disso, devido à generalidade do uso do item, este tende a conservar-se por mais tempo na história da língua (“efeito da conservação”).

Assim Bybee (2003) propõe uma nova definição de gramaticalização: a que reconhece o papel crucial da repetição na gramaticalização e a caracteriza como um processo pelo qual sequências de palavras ou morfemas frequentemente usados se tornam automáticos como uma única unidade de processamento.

Haiman (1994) já havia observado esse papel importante da frequência, ao se referir ao que ele denomina *ritualização*. Os aspectos da ritualização (todos resultados da repetição) são: hábito, automatização (reanálise da sequência como um bloco), redução de formas e emancipação. Bybee aplica esses aspectos de ritualização no processo de gramaticalização e observa que:

(i) a frequência de uso leva ao enfraquecimento da força semântica pelo hábito: com o hábito o organismo para de responder o estímulo repetido da mesma forma;
(ii) ocorre redução e fusão fonológica com a repetição;
(iii) a frequência condiciona uma autonomia maior para a construção, o que significa que os componentes individuais da construção perdem ou enfraquecem suas associações com outros usos dos mesmos itens;
(iv) a perda da transparência semântica leva ao uso da construção em novos contextos com novas associações, estabelecendo mudança semântica;
(v) a autonomia do sintagma frequente o torna mais entrincheirado (*entrenched*) na língua, preservando características morfossintáticas antigas (por exemplo, os modais *can*, *must*, *should*, e outros, que preservam características de uma sintaxe antiga do inglês).

Nos estudos de gramaticalização é importante se observar o aumento da frequência do item ao longo do tempo ou num dado texto (*token frequency*), mas, como a gramaticalização não ocorre na verdade com o item – também envolve o contexto em que o item está –, é preciso também se observar a frequência de tudo que aparece junto com ele. Por exemplo, se estudamos a passagem de verbo pleno a auxiliar, é preciso verificar o tipo semântico de sujeitos, os tipos semânticos de verbos que ocorriam junto com o verbo em análise ou mesmo cada item verbal que se combina com o verbo *ir* na perífrase. Trata-se da observação da frequência de tipo (*type frequency*).

Por exemplo, no inglês de Shakespeare, a construção composta por verbo "*to be* flexionado + *going to*" só era usada com um referente-sujeito animado que podia se mover no espaço, e o verbo seguinte à preposição *to* expressava um sentido dinâmico. A oração que se iniciava com *to* indicava finalidade, propósito. O tipo de sujeito se expandiu, incluindo sujeitos inanimados e sujeitos que não se movem; e o verbo também teve seu paradigma expandido, incluindo construções com todo tipo de sentido, não mais o sentido de propósito, finalidade. O contexto mudou do mais específico para o mais geral. A frequência de ocorrência de unidades como *going to e gonna* também aumentou muito em consequência da generalização (cf. Bybee, 2003: 604-5).

Há uma relação entre frequência, redução fonética e fusão de sintagmas. Palavras com alta frequência sofrem mais mudanças sonoras do que palavras com baixa frequência. As mudanças fonológicas têm caráter redutivo por natureza. A redução fonética inicia-se pelo encurtamento de articulação e da duração da articulação. Há algumas hipóteses que explicam o fato de a redução fonética ocorrer primeiro nas palavras ou sintagmas mais frequentes.

Em morfologia e sintaxe, o processo é o contrário. A alta frequência pode reter características morfossintáticas em face de novos padrões produtivos. Por exemplo, segundo Bybee, há verbos irregulares em inglês que estão sendo usados como regulares com passado em *-ed*, mas formas como *ate, broke* e *wrote* mantêm-se sempre nessa estrutura porque sua frequência de uso é alta e o falante memoriza as construções assim, não precisando pensar no modo de fazer a flexão.

Os verbos modais do inglês (*can*, *may*, *might*, *will*, *must* etc.) têm um comportamento sintático diferente dos outros verbos não modais: uso de infinitivo sem *to*, inversão do sujeito em perguntas e marca de negação imediatamente após o modal. Como essas propriedades se desenvolveram? Na verdade, os modais *mantiveram* características que os outros verbos também tinham no passado. Por causa da frequência de uso, essas características permaneceram.

Desse modo, formas mais frequentes tendem a resistir a determinadas mudanças e, assim, mantêm características morfossintáticas mais antigas.

Lexicalização

Como na criação e recriação gramatical estão presentes aspectos criativos e a repetição, o mesmo acontece na lexicalização. Dentre os vários conceitos de lexicalização presentes na literatura, trabalharemos com o de Brinton e Traugott (2005), que tratam lexicalização e gramaticalização como fenômenos que pertencem a um mesmo contínuo de criação linguística, sendo regidos por princípios em comum. Formas lexicalizadas e formas gramaticalizadas prototípicas estariam em polos do contínuo léxico ↔ gramática.

Segundo Brinton e Traugott (2005: 96), a *lexicalização* é a mudança através da qual, em certos contextos linguísticos, falantes usam uma construção sintática com um conteúdo novo e com propriedades formais e semânticas que não são completamente deriváveis ou previsíveis pela análise dos constituintes da construção.

A lexicalização apresenta vários dos princípios também presentes na gramaticalização, mas seu produto é um item ou construção do léxico, tendo um sentido referencial e podendo exercer funções sintáticas próprias de nomes ou verbos. A lexicalização é um processo de criação de palavras com valor referencial e seu produto é uma forma idiossincrática, tal como *olho de sogra*, *Maria vai com as outras*, *ônibus-pirata* e *pé de moleque*.

As autoras identificam três graus de lexicalidade:

L1= sintagmas parcialmente fixos. Poderíamos citar como exemplos do português, construções como *perder de vista*, *concordar com* e *protestar contra*.
L2= formas complexas semi-idiossincráticas. Ex.: *apartamento-modelo*, *caminhão-bomba*.
L3= formas idiossincráticas inanalisáveis. Ex: *pé de moleque*, *Maria vai com as outras*.

Os itens do léxico vão de um nível mais transparente (L1) até o mais idiossincrático (L3). Pode-se fazer um refinamento da gradação de transparência, pois a trajetória de L1 > L3 obscurece algumas diferenças importantes. Por exemplo, *passatempo* é mais transparente do que *olho de sogra*; *caminhão bomba* é mais transparente do que *ônibus pirata*. Há vários graus. A mudança é sempre gradual, como na gramaticalização.

A mudança envolve institucionalização, mas isso é construído numa comunidade particular, num tempo particular. As motivações para a aceitação são sociais.

Como a gramaticalização, a lexicalização tipicamente envolve fusão (apagamento das fronteiras morfológicas e sintagmáticas), erosão fonética; e idiomatização, isto é, os componentes semânticos perdem sua composicionalidade, como em *mercado negro*.

Assim, como diz Martelotta (2010),

> A busca de novos rótulos mais expressivos reflete uma tendência cognitiva mais geral de utilizar termos de domínios concretos para expressar domínios abstratos e para veicular estratégias interativas. Esse processo, por ser essencial ao comportamento comunicativo humano, tende a refletir o modo mais eficaz através do qual falante e ouvinte negociam o sentido no ato da comunicação.

Repetição e criatividade no nível textual

A criatividade e a repetição podem ser vistas em todos os níveis da língua. Pudemos verificar essas duas noções na formação da gramática e do léxico. Mas podemos dizer que o mesmo acontece no nível textual, como na formação de gêneros textuais.

Os gêneros podem mudar conforme a época, podendo ainda haver desaparecimento de gêneros ou criação de novos. A necessidade de comunicação e uma nova realidade aliados à criatividade humana levam ao surgimento de um novo gênero, como o *e-mail*, o *blog* e o *twitter*, o último provavelmente uma inovação do século XXI. Mas eles nada mais são do que ações rotineiras para um determinado fim social. E como há elementos que se repetem, existe o reconhecimento de um gênero.

Marcuschi (2008: 155) esclarece que "os gêneros textuais são os textos que encontramos em nossa vida diária e que apresentam padrões sociocomunicativos característicos definidos por composições funcionais, objetivos enunciativos e estilos concretamente realizados na integração de forças históricas, sociais, institucionais e técnicas". São exemplos de gêneros textuais carta pessoal, carta comercial, bilhete, reportagem, aula expositiva, lista de compras, piada etc. Assim, numa simples análise de textos pertencentes a qualquer gênero, notaremos uma quantidade enorme de construções que se repetem e que contribuirão para construir a relação forma-função.

Quanto aos tipos de texto (narrativas, descrições, argumentações, por exemplo), estes são mais fixos, porém não menos trabalhados criativamente, pois é pela capacidade de se trabalhar de modo diferente um dado tipo de texto que o estilo de um autor se sobressai. A repetição está incluída também na própria noção de tipo textual. Dependendo do tipo de texto, podemos verificar diferenças nos tempos verbais, no uso de referentes agentivos e não agentivos, na apresentação dos eventos em sequência cronológica ou não.

A própria noção de texto é vista como uma metáfora, pois o texto é concebido como um espaço onde estão as ideias e as palavras. Por isso usamos expressões como "nos exemplos abaixo", "no quadro acima", "pelo que expus acima", o que fica muito claro ao se pensar em texto escrito. Mas o mesmo acontece na produção oral: usamos expressões como "o que eu disse lá no início de nossa conversa", "como vou mostrar mais adiante".

Elementos anafóricos e catafóricos, tais quais os pronomes *este/esse/aquele* e advérbios como *lá* e *aí*, apontam para diferentes partes do texto, evidenciando a natureza espacial da concepção de texto pelos usuários da língua.

Considerações finais

Diversos trabalhos demonstram que a criação linguística (lexical ou gramatical) é decorrente de processos cognitivos gerais, não específicos da língua. A frequência de uso, segundo Bybee (2010), é um dos elementos mais importantes para a mudança linguística e os mesmos mecanismos que regem a criação lexical regem a criação gramatical. A diferença está apenas na função que o item ou construção terá na língua, aproximando-se mais de uma categoria prototípico do polo do léxico ou uma categoria prototípica do polo da gramática, no contínuo léxico ↔ gramática. Um dos processos mais importantes é chamado *chunking*: duas ou mais palavras que são frequentemente usadas juntas. Tal processo é decorrente da repetição de uso, que leva à não percepção das unidades. Com o tempo, o *chunking* é visto como uma só unidade formal. Isso pode ocorrer tanto na formação de elementos puramente lexicais – por exemplo, "Maria vai com as outras", que se refere a uma qualidade em "Ela é uma maria vai com as outras" – quanto na formação de elementos com funções mais gramaticais, como *entretanto* (< *entre tanto*) ou na conjunção *embora* (< *em boa hora*), responsáveis pela ligação entre partes do texto.

O *chunking* leva à produção de construções que podem ser bastante fixas, como as expressões idiomáticas ou parcialmente fixas (em diferentes graus): ir + inf; adjetivo + mente, por exemplo.

A repetição de uso leva também à memorização das inferências para a compreensão de uma construção. Assim, uma construção parcialmente fixa como "O que X está fazendo em Y" (em "O que este sapato está fazendo na cama?", por exemplo) é memorizada juntamente com a inferência que deve ser feita para a compreensão. A repetição de instâncias dessa construção (juntamente com a inferência) faz com que ela tenha uma representação forte na memória.

Assim, percebemos que o uso de novas combinações de palavras (decorrentes de nossa criatividade e necessidades comunicativas) e a sua repetição em determinados contextos sociais e linguísticos são elementos essenciais para a constituição da gramática de uma língua, com consequências em todos os níveis – do fonológico ao textual.

Notas

1 Este é um resumo bastante simplificado desse subprincípio, que tem vários desdobramentos.

2 A definição de Kurylowicz (1975) é repetida nas outras obras citadas: "Grammaticalization consists in the increase of the range of a morpheme advancing from a lexical to a grammatical or from a less grammatical to a more grammatical status, eg. from a derivative formante to an inflexional one".

3 "I will argue for a new definition of grammaticization, one which recognizes the crucial role of repetition in grammaticization and characterizes it as the process by which a frequently-used sequence of words or

morphemes becomes automated as a single processing unit."(Bybee, 2003: 603)

4 [...] grammaticalization can be thought of as a form of routinization of language. A form or a combination of forms occurs in discourse with increasing frequency, and from being an "unusual" way of making or reinforcing a discourse point comes to be the "usual" and unremarkable way to do so. The frequency with which such expressions occur will be one factor that determines whether or not they come to be regarded by the speech community as "grammatical".

5 Tesch (2011) não encontrou uso da forma simples de futuro na fala capixaba (*corpus* PorVix). Futuro é expresso sempre através da "ir + inf" ou da forma verbal no presente. Na escrita (análise do Jornal *A Gazeta*), a forma com infinitivo aumentou paulatinamente ao longo do século XX.

Bibliografia

BYBEE, J. Mechanisms of change in grammaticization: the role of frequency. In: JOSEPH, B.; JANDA, R. (eds.). *A handbook of historical linguistics*. Oxford: Blackwell, 2003.

______. Language, usage and cognition. Cambridge: Cambridge University Press, 2010.

______. et al. "A quantitative approach to grammaticization". In: ___ (eds.). *The evolution of grammar:* tense, aspect and modality in the languages of the world. Chicago: The University of Chicago Press, 1994, pp. 106-24.

BRINTON, L. J.; TRAUGOTT, E. C. *Lexicalization and language change*. Cambridge: Cambridge University Press, 2005.

CUNHA, M. A. F.; OLIVEIRA, M. R. de; MARTELOTTA, M. E. (orgs.). *Linguística funcional:* teoria e prática. Rio de Janeiro: DPeA, 2003.

CRISTOFARO, S. Grammaticalization and clause linkage strategies: a typological approach with particular reference to Ancient Greek. In: RAMAT, A. G.; HOPPER, P. (eds.). *The limit of grammaticalization.* Amsterdam: John Benjamins, 1998.

FURTADO, A. M. *A passiva no discurso*. Rio de Janeiro, 1989. Tese (Doutorado em Linguística) – Universidade Federal do Rio de Janeiro.

______. Gramaticalização dos mecanismos de negação em Natal. In: MARTELOTTA, M.; VOTRE, S.; CEZARIO, M. (orgs.). *Gramaticalização no português do Brasil*: uma abordagem funcional. Rio de Janeiro: UFRJ, 1996, pp. 167-89.

______; OLIVEIRA, M. R. de; VOTRE, S. A interação sincronia/diacronia no estudo da sintaxe. *Delta*. São Paulo: Educ, 1999, vol. 15, n. 1, pp. 85-111.

GIVON, T. *Syntax:* a functional-typological introduction. Amsterdam: John Benjamins, 1990, v. 2.

______. *Functionalism and grammar*. Amsterdam/Philadelphia: John Benjamins, 1995.

GONÇALVES, S. C. L; LIMA-HERNANDES, M. C.; CASSEB-GALVÃO, V. C. (orgs.). *Introdução à gramaticalização*. São Paulo: Parábola, 2007.

HEINE, B.; CLAUDI, U.; HUNNEMEYER, F. *Grammaticalization*: a conceptual framework. Chicago: The University of Chicago Press, 1991.

______. *Auxiliaries*: cognitive forces and grammaticalization. New York/Oxford: Oxford University Press, 1993.

______. *Grammaticalization*. In: JOSEPH, B. D.; JANDA, R. D. *The handbook of historical linguistics*. Oxford: Blackwell, 2003.

HOPPER, P. Emergent grammar. *Berkeley Linguistic Society*, v. 13, 1987, pp.139-57.

______; THOMPSON, S. Transitivity in Grammar and Discourse. *Language*, v. 56, Baltimore, 1980.

______. Some principles of grammaticization. In: TRAUGOTT, E. C.; HEINE, B. *Approaches to grammaticalization*. Amsterdam: John Benjamins, 1991, pp. 1-35.

______; TRAUGOTT, E. C. *Grammaticalization*. Cambridge: Cambridge University Press, 1993.

JOSEPH, B. D.; JANDA, R. D. *The handbook of historical linguistics*. Oxford: Blackwell, 2003.

KURYLOWISCZ, J. The evolution of grammatical categories. *Esquisses Linguistiques*, v. 2, 1965/1975.

MARCUSCHI, L. A. *Produção textual, análise de gêneros e compreensão*. São Paulo: Parábola, 2008.

Martelotta, M. *Os circunstanciadores temporais e sua ordenação* – uma visão funcional. Rio de Janeiro, 1994. Tese (Doutorado em Linguística) – Universidade Federal do Rio de Janeiro.

______ (org.). *Manual de Linguística*. São Paulo: Contexto, 2008.

______. Unidirecionalidade na gramaticalização. In: Vitral, L.; Coelho, S. (orgs.). *Estudos de processos de gramaticalização em português*: metodologias e aplicações. Campinas: Mercado de Letras, 2010, pp. 139-72.

______; Votre, S.; Cezario M. M. (orgs.). *Gramaticalização no português do Brasil*: uma abordagem funcional. Rio de Janeiro: Tempo Brasileiro, 1996.

______; Cezario, M. M. Grammaticalization in Brazilian Portuguese. In: Narrog, H.; Heine, B. (eds.). *The handbook of grammaticalization*. Oxford: Oxford University Press, 2011.

Naro, A. J. Review article. Linguistic variation, models and methods. Sankoff, G. (ed.). New York: Academic Press, 1978 (1980), pp. 158-70.

______. The social and structural dimensions of a syntactic change. *Language*, lsa, 57 (1), 1981, pp. 63-98.

______; Votre, S. A. Emergência da sintaxe como um efeito discursivo. In: Naro, A. J. et al. Relatório final de pesquisa: *Projeto subsídios do Projeto Censo à educação*. Rio de Janeiro, ufrj, 1986, pp. 454-80.

Silva, V. L. P. da. *Cartas cariocas*: a variação em cartas pessoais. Rio de Janeiro, 1988. Tese (Doutorado em Linguística) – Universidade Federal do Rio de Janeiro.

Oliveira, M. R. de. *Repetição em diálogos*. Rio de Janeiro, 1994. Tese (Doutorado em Língua Portuguesa) – Universidade Federal do Rio de Janeiro.

______. Gramaticalização na repetição. In: Martelotta, M.; Votre, S.; Cezario, M. M. (orgs.). *Gramaticalização no português do Brasil:* uma abordagem funcional. Rio de Janeiro: Tempo Brasileiro, 1996, pp. 147-65.

Oliveira, M. R. de.; Cezario, M. M. (orgs.). *Adverbiais*: aspectos gramaticais e pressões discursivas. Niterói: uff. Inédito.

Tesch, L. M. *A expressão do tempo futuro no uso capixaba*: variação e gramaticalização. Rio de Janeiro, 2011. Tese (Doutorado em Língua Portuguesa) – Universidade Federal do Rio de Janeiro.

Tomasello, M. *Origens culturais da aquisição do conhecimento humano*. São Paulo: Martins Fontes, 2003.

Traugott, E. C.; Dasher, R. *Regularity in semantic change*. Cambridge: Cambridge University Press, 2005.

______; Heine B. (eds.). *Approaches to grammaticalization*. Amsterdam: John Benjamins, 1991 (Volume 1).

______; Trousdale, G. *Gradience, gradualness and grammaticalization*. Amsterdam/Philadelphia: John Benjamins, 2010.

Votre, S. *Linguística funcional*: teoria e prática. Rio de Janeiro: ufrj, 1992.

______. et al. Marcação e iconicidade na gramaticalização de construções complexas. *Gragoatá*. Revista do Instituto de Letras da uff, n. 5. Niterói: EdUFF, 1998, pp. 41-58.

Gramática emergente e o recorte de uma construção gramatical

Maria Alice Tavares

Gramática emergente

Neste texto, me dedico, em primeiro lugar, a apresentar a proposta de gramática emergente defendida por Paul J. Hopper e outros teóricos. Segundo essa proposta, a gramática é um repertório de construções linguísticas que, outrora, representavam estratégias retóricas criativas e expressivas para a constituição do discurso, mas que, devido à alta frequência de uso, acabaram se tornando rotinizadas, convencionalizadas, passando, assim, a fazer parte da gramática. Todavia, devido a pressões advindas da própria situação discursiva (incluindo aqui as tentativas de convergência entre as experiências particulares dos interlocutores com o emprego da língua na organização do discurso), as construções assim rotinizadas estão sempre sujeitas à remodelação, podendo dar origem a novas estratégias para a constituição do discurso, também sujeitas à rotinização. Para ilustrar a aplicação da proposta de gramática emergente no recorte de uma construção gramatical rotinizada, apresento, na segunda seção, o caso da construção que denominei "sequenciação retroativo-propulsora".

Paul J. Hopper opõe-se à visão de gramática como sistema abstrato e unificado de regras e princípios, lógica e biologicamente anterior, que constituiria um pré-requisito para o uso da língua e que seria partilhado por todos os indivíduos. Diferentemente, para ele a gramática está "[...] sempre ancorada na forma concreta específica de um enunciado" e é moldada no discurso pela experiência passada dos falantes individuais e pela sua "[...] avaliação do contexto presente, incluindo especialmente seus interlocutores, cujas experiências e avaliações podem ser completamente diferentes" (Hopper, 1987: 142).[1]

A gramática nomeia o conjunto vagamente definido de "parciais recorrentes sedimentados" – construções cujo *status* é constantemente renegociado na fala (Hopper, 1988: 18). Um modo paralelo de ver a língua é o da metáfora do enxerto de Derrida,[2] segundo a qual atos de fala novos são enxertados em atos de fala antigos, que servem por sua vez como o espaço para o enxerto de novos atos de fala. Compomos e falamos simultaneamente, buscando na memória um repertório de estratégias de construção de discursos e agrupando-as de modo improvisado.

O discurso pode ser definido como um mosaico sempre provisório, que é composto pela organização em andamento de construções[3] lexicais e gramaticais concatenadas e encaixadas umas nas outras, sob influência de uma gama de fatores que condicionam cada situação discursiva (fatores cognitivos, comunicativos, sociais, estilísticos etc.).[4] E a gramática é "[...] o agregado maleável e internalizado das formações vindas da língua em uso" – do discurso, das experiências com a interação linguística que acumulamos durante a vida (Bybee e Hopper, 2001: 7). Como tal, a gramática é uma atividade em tempo real, *on-line*, que emerge do seu contexto discursivo e, dessa forma, é inseparável desse contexto. Não é, portanto, algo distinto do discurso, e sim toma parte ativa em sua constituição, sempre que interagimos.

Na constituição do discurso, temos, por um lado, a repetição de construções gramaticais já rotinizadas, reforçando-se cada vez mais sua regularização. Essa é a gramática em sua face mais habitual, aquela que tende ao reaparecimento na fala de diversos indivíduos. Por outro lado, a gramática pode emergir diferente a cada vez que é usada, pois as construções gramaticais são suscetíveis ao rearranjo e à remodelação a cada situação comunicativa.[5] Desse agrupamento diversificado, podem surgir novas estratégias de constituição do discurso, das quais apenas umas poucas se tornam de fato gramaticais.

Isso faz com que a gramática não seja estável, fechada e autocontida, mas sim aberta, fortemente suscetível à mudança e intensamente afetada pelo uso que lhe é dado no dia a dia. Segundo Hopper (2008), as "[...] formas gramaticais de fato emergem dos eventos discursivos; mas essa emergência não é um *fait accompli* não histórico, e sim um processo em andamento". Assim sendo, as regularidades encontradas em certa fatia de tempo são provisórias e continuamente sujeitas à renovação e ao abandono.

O sistema gramatical existe, mas no sentido da releitura de Saussure por Coseriu (1979), em que temos não um sistema de inter-relações estáticas, mas sim a constante ressistematização do feixe de relações imbricadas que constitui a língua. O estabelecimento de porções linguísticas como unidades estruturais rotinizadas e reconhecíveis (morfemas, palavras, sintagmas e demais construções gramaticais) é um processo em movimento. Assim, o que é fixo hoje pode não sê-lo amanhã. Do mesmo modo, o que é um recurso retórico passível de nunca mais ser repetido pode, porventura, reaparecer e quiçá se fixar como gramatical. A gramática está sempre recebendo novos membros e se despedindo de antigos usos, agora abandonados.

O processo de constituição da gramática é constante, gradual e sempre dirigido pelo discurso (Hopper, 2008): as construções gramaticais rotinizadas não são eternamente estáveis, mas sim adaptáveis e negociáveis na interação face a face. Ou seja, "[...] as estruturas estão constantemente sendo modificadas e negociadas durante o uso" (Hopper, 2011). As adaptações e negociações se dão a partir das experiências anteriores imediatas e de longa duração de cada um dos interlocutores com o uso das construções gramaticais em situações discursivas variadas. O material gramatical é, em sua base, variável e probabilístico por natureza e derivado da experiência do usuário com a língua (cf. Pierrehumbert, 1994).

Como as experiências do falante e do ouvinte com a língua são particulares e podem ser distintas em diversos graus, eles têm de se esforçar para se fazer entender e para tentar entender, negociando e adaptando funções e formas para levar sua interação linguística adiante, o que instiga a mudança: adaptações feitas durante a interação, como tentativa de obtenção de êxito no processo de troca verbal, podem ocasionar o surgimento de novas estratégias para a constituição do discurso, que, se frequentemente repetidas, rotinizam-se, tornando-se parte da gramática da língua.

Como já mencionei, nem todos os novos modos de fazer discurso que assim emergem farão parte da gramática. Somente alguns poucos aspectos são convencionalizados: os mais "vivos", mais em uso pelos falantes de uma língua (cf. Thompson, 1993). A frequência de ocorrência das construções é fundamental para que adquiram *status* gramatical. Uma construção que tem sua frequência aumentada passa de um modo não usual de constituir ou reforçar um ponto no discurso para um modo usual de fazê-lo. Transforma-se, dessa maneira, em uma estratégia comum, previsível. Essa compreensão de como as estratégias gramaticais surgem é de suma importância para o estudo da mudança linguística. É possível observar, em padrões discursivos que sofrem alterações, construções gramaticais sendo geradas. O papel do linguista é identificar estratégias recorrentes de construção de discursos, buscando assim as regularidades – a gramática. Tais regularidades podem estar enraizadas há bastante tempo ou ser mais recentes (e talvez menos difundidas na gramática da comunidade como um todo), o que somente um estudo diacrônico pode revelar.

Não se podem desprezar as pressões que o processo de constituição do discurso recebe por parte das estratégias gramaticais caracterizadas, a dado momento histórico da língua, como mais fixas, regulares e automáticas. Utilizamos com frequência construções gramaticais com as quais temos maior experiência, o que reforça seu caráter gramatical. No caso da mudança, tendemos a nos valer das construções gramaticais com as quais já temos familiaridade. Consequentemente, quando as inovações surgem, não são frutas caídas muito longe do pé. O normal é o uso de formas já existentes no desempenho de novas funções, e não a criação de novas formas. Além disso, geralmente a função nova avizinha-se da que lhe deu origem, possuindo traços semânticos e estruturais em comum ou próximos.

Ressalto mais uma vez que a frequência de uso é um importante fator no estabelecimento e na manutenção da gramática, possibilitando a emergência de novas construções e rotinizando-as. É no momento da interação que o falante organiza os nacos da língua de acordo com a tendência de repetição das experiências passadas, valendo-se de construções lexicais e gramaticais já consolidadas. No entanto, para construir seu discurso de modo a ser entendido, é comum que o falante tenha de ajustar as construções linguísticas em uma tentativa de levar à convergência sua intenção e a interpretação do ouvinte, convergência essa que é dificultada pelas distintas experiências com a língua acumuladas por cada um.

Essa negociação *on-line* de funções e formas resulta em uma colagem diversificada de construções linguísticas, dando-lhes uma nova feição. Modos inovadores de organizar – recortar e colar – as porções da língua podem acarretar alterações na estrutura e na função das construções. Se essas alterações forem frequentemente repetidas, podem se tornar habituais e, assim, passar a fazer parte do agregado maleável e internalizado de construções gramaticais – a gramática. Portanto, a estrutura linguística não é imanente: as construções gramaticais têm sua origem na repetição de agrupamentos de palavras no discurso. Nessa ótica, pode-se dizer que a gramática é composta por "[...] esquemas e padrões rotinizados, que são generalizados das estruturas que mais frequentemente emergem para preencher os objetivos comunicativos dos falantes" (Englebreston, 2003: 89).

A gramática é adaptada para o uso diário da língua e é por ele constantemente reconfigurada. Não se trata de uma propriedade fixa dos cérebros humanos, mas sim de um sistema dinâmico, emergente, que sofre revisão constante em termos de estocagem cognitiva à medida que é organizado e reprojetado na fala cotidiana. As construções gramaticais são unidades de processamento, armazenadas, acessadas e constantemente afetadas pela experiência, inclusive pela frequência, pois a representação cognitiva pode ser alterada pela exposição de uma construção inovadora a repetidas instâncias de discurso.[6]

Dessa perspectiva, a representação mental da gramática é dinâmica, instável, provisória, variando entre falantes e ao longo do tempo, como resposta contínua à coação do discurso: a gramática é um sistema adaptativo complexo (Hopper, 1987; Ellis e Larsen-Freeman, 2006). Sensível e adaptável ao uso que é, a gramática não tem existência autônoma além da estocagem local e do processamento em tempo real (cf. Bybee, 2003). Ela existe apenas em uso: o que não é experienciado não faz parte da gramática.

É importante apontar que a gramática, na perspectiva emergente, não abriga apenas construções tradicionalmente consideradas como pertinentes ao âmbito gramatical, mas também quaisquer porções linguísticas recorrentes, como expressões idiomáticas, provérbios, clichês, fórmulas, sintagmas especializados, transições, aberturas, fechamentos. Tais elementos tendem à rotinização e à fixação, e são sujeitos às pressões contextuais, como todas as construções gramaticais (cf. Hopper, 1987). Trata-se de construções bastante recorrentes que preenchem um espaço sintático previsível. Tabor e Traugott (1998: 255), fazendo coro com Fraser (1988: 32), afirmam que elementos de alta frequência, sintática e entoacionalmente restritos, devem ser considerados "[...] parte da gramática de uma língua".

Atentemos ainda para alguns procedimentos metodológicos necessários para o estudo da emergência de itens gramaticais: (i) a visão de gramática emergente requer que o analista examine a construção gramatical em que está interessado apenas quando usada por falantes reais em contextos reais; (ii) há a necessidade de que a construção gramatical seja atestada por um bom número de ocorrências para que se confirme que realmente faz parte do repertório gramatical dos usuários da língua (cf. Bybee e Hopper, 2001). A observação de padrões discursivos permite mapear as construções gramaticais efetivamente em uso em uma comunidade linguística em certo período de tempo.

Na próxima seção, aponto a possibilidade de recorte, nas tramas do discurso, de uma construção gramatical que denomino "sequenciação retroativo-propulsora".

Qual a justificativa para o recorte dessa construção? A sequenciação retroativo-propulsora aparece com regularidade na constituição do discurso, realizando a interligação anafórica/catafórica entre enunciados. Trata-se, portanto, de uma construção rotinizada, que integra a gramática da língua. E, como tal, está sujeita à constante remodelação sob a influência de pressões discursivas.

Recortando a sequenciação retroativo-propulsora

Para o recorte da sequenciação retroativo-propulsora, utilizei quarenta e oito entrevistas sociolinguísticas integrantes do banco de dados denominado Variação Linguística Urbana na Região Sul (Varsul), referentes ao município de Florianópolis (SC). Considerei os trinta minutos finais das entrevistas (que possuem, cada uma, cerca de sessenta minutos de duração). Trata-se de entrevistas feitas com trinta e seis florianopolitanos nativos distribuídos homogeneamente em relação às variáveis sociais sexo, idade e escolaridade, do que resulta a seguinte estratificação: (i) três níveis de escolarização: quatro anos (ou o equivalente ao 5º ano do ensino fundamental); oito anos (9º ano do ensino fundamental); onze anos (3º ano do ensino médio); (ii) três faixas etárias: de 15 a 21 anos; de 25 a 45 anos; mais de 50 anos. Recorri ainda a uma amostra complementar, também pertencente ao banco de dados Varsul, composta por doze entrevistas com informantes florianopolitanos com idades entre 09 e 12 anos, perfazendo um total de quarenta e oito entrevistas.

Cumpre justificar a seleção dessa amostra de fala. A sociolinguística variacionista considera como melhor fonte para a coleta de dados sistemáticos e inconscientes a fala espontânea, denominada "vernáculo". No entanto, pesquisas variacionistas normalmente se valem de *corpora* constituídos por entrevistas em que o informante é instigado a falar sobre diversos tópicos. Trata-se, por conseguinte, de um tipo de situação comunicativa que, embora seja informal, é geralmente mais formal e consciente do que a fala espontânea, pois corresponde a uma situação assimétrica, conduzida por um entrevistador e em que o informante mantém a palavra a maior parte do tempo. Esse tipo de *corpus* é empregado com o intuito de obtenção de um grande número de dados, difícil de ser extraído da fala cotidiana e necessário para a aplicação de instrumental estatístico.

A comunicação oral espontânea também é considerada o meio mais revelador da língua para adotar os preceitos da gramática emergente. Pesquisas feitas na esteira dessa perspectiva teórica utilizam *corpora* diversos, mas dão preferência à conversação cotidiana. Todavia, optei por analisar as entrevistas sociolinguísticas do banco de dados Varsul por elas constituírem uma grande amostra de fala informal (2.888 horas de gravação no total), permitindo a observação de fenômenos linguísticos de frequência de uso variada. Além disso, apesar de as entrevistas em questão não constituírem um gênero de fato existente em uma comunidade de fala, as identidades que emergem durante tais interações não são menos situadas – e os contextos não são menos dinâmicos e emergentes – que aquelas que surgem durante outras atividades humanas (Schiffrin, 1997). Assim, as entrevistas sociolinguísticas se aproximam das produções linguísticas encontradas nas situações de comunicação naturais – embora não se igualem.

A sequenciação retroativo-propulsora é uma construção gramatical cuja função é estabelecer uma relação coesiva entre enunciados, de modo que o primeiro serve de base para o que será dito no segundo.[7] Essa construção realiza um movimento duplo: anafórico e catafórico (↰↱), pois, ao mesmo tempo que se volta para o enunciado passado como uma fonte de informações para o discurso subsequente, direciona a atenção a um enunciado que está por vir. É o que tento apreender com a denominação "sequenciação retroativo-propulsora": os movimentos simultâneos de retroagir – guiando a atenção para trás – e de propulsionar – guiando a atenção para a frente. Em resumo, a sequenciação indica que o que vem depois no discurso tem a ver com o que vem antes, em uma relação de continuidade e consonância.

A sequenciação retroativo-propulsora é marcada linguisticamente, na amostra utilizada, pelos conectores *e, aí, daí* e *então*. Obtive um total de 4.300 dados dessa construção, dos quais 1.978 (41%) são de *e*, 924 (22%) de *aí*, 887 (21%) de *daí* e 690 (16) de *então*. Vejamos a seguir dois exemplos:

(1) Íamos todos pra lá. *Então* a gente descia assim com- com as cestas, com- quer dizer, descia de táxi *e* levava até lá. *E* era combinado assim: ele ia nos buscar às cinco horas. Se chovesse, que não dava pra descer o morro, ele ficava lá em cima no morro *e* fazia sinal com o farol, *aí* a gente subia o morro com aquelas tralhas todas. (ZO/FLP24:1258)[8]

(2) Ela tava assim fazendo um barulhinho, esse barulhinho é quando ela chora, *então* tu vai dando uma coisa. *Daí* foi doendo a perna que a minha prima jogou, *aí* bateu nela. (FR/FLP02C:42)

Para facilitar a análise, os exemplos (1) e (2) foram organizados nos seguintes quadros:

Quadro 1 – Exemplo (1)

Informação prévia	Conector	Informação subsequente
Íamos todos pra lá.	Então	a gente descia assim com- com as cestas, com- quer dizer, descia de táxi e levava até lá.
descia de táxi	e	levava até lá.
Íamos todos pra lá. Então a gente descia assim com- com as cestas, com- quer dizer, descia de táxi e levava até lá.	E	era combinado assim: ele ia nos buscar às cinco horas.
Se chovesse, que não dava pra descer o morro, ele ficava lá em cima no morro	e	fazia sinal com o farol
Se chovesse, que não dava pra descer o morro, ele ficava lá em cima no morro e fazia sinal com o farol,	aí	a gente subia o morro com aquelas tralhas todas.

No exemplo (1), as informações introduzidas pelos enunciados na terceira coluna sucedem-se temporalmente em relação às informações já dadas pelos enunciados na primeira coluna. Em cada caso, os enunciados prévios servem de base para os enunciados que se seguem. O conector sequenciador aponta para a informação passada ressaltando que ela se relacionará com algo que aparecerá a seguir, e, assim, cria a expectativa desse aparecimento e instiga a procura por relações entre os enunciados interligados.

Quadro 2 – Exemplo (2)

Informação prévia	Conector	Informação subsequente
Ela tava assim fazendo um barulhinho, esse barulhinho é quando ela chora,	então	tu vai dando uma coisa.
Ela tava assim fazendo um barulhinho, esse barulhinho é quando ela chora, então tu vai dando uma coisa.	Daí	foi doendo a perna que a minha prima jogou, aí bateu nela.
Daí foi doendo a perna que a minha prima jogou,	aí	bateu nela.

No exemplo (2), o *então* introduz *tu vai dando uma coisa*, que é consequência do enunciado anterior *esse barulhinho é quando ela chora*. Uma interpretação possível é que, quando a porquinha da índia – referida como *ela* – chora, sua dona, a informante, fica nervosa. Por sua vez, o *daí* introduz um enunciado que acaba por explicar por que a porquinha estava chorando: a prima da informante havia jogado o animal e batido nele, machucando sua perna. Finalmente, o *aí* introduz *bateu nela*, que se conecta a *que a minha prima jogou*, revelando sequência temporal: primeiro a prima jogou a porquinha, depois bateu nela. Cada um desses conectores marca a indicação de um ponto passado no discurso e, concomitantemente, marca a indicação de um ponto futuro, que se relaciona ao primeiro por se seguir a ele.

O movimento anafórico/catafórico da sequenciação (⮪⮫) refere-se ao movimento de retroação/propulsão entre enunciados exibido pelos conectores sequenciadores, não devendo ser confundido com o tipo de relação estabelecida por itens anafóricos e catafóricos, que põem em foco um ponto do discurso antes referido ou que será referido logo a seguir. Esses itens manifestam uma relação que pode ser dita de correferência, o que não é o caso da relação estabelecida pela sequenciação retroativo-propulsora. A forma *aí*, por exemplo, é utilizada como conector sequenciador, apontando para trás e para frente no discurso, mas também é utilizada como um advérbio anafórico locativo, apontando para um lugar mencionado anteriormente. Os exemplos (3) e (4) ilustram esse tipo de uso: em (3), o *aí* aponta para "nesse hospital", e, em (4), aponta para "no armário".

(3) Aí procuramos, procuramos, batemos *nesse hospital*, que é um hospital e maternidade, *aí* que ele estava. (RO/FLP03:889)

(4) Nós gostávamos de abrir *o armário* porque ele era muito grande e era muito alto. Então a gente se pendurava *aí* e ficava assim. (RO/FLP03:770)

Delimitei, com base na análise do comportamento da sequenciação retroativo-propulsora nas diferentes situações discursivas que compõem a amostra considerada, cinco relações semântico-pragmáticas ligadas aos contextos de uso dessa construção: sequenciação textual, sequenciação temporal, consequência, retomada e finalização. Essas relações podem ser percebidas a partir de indícios *on-line* vários: o que foi dito antes, o que se seguiu, inferências e implicaturas em jogo no momento da interação. Também contam as experiências anteriores de cada um dos interlocutores, a sua familiaridade com a miríade de tonalidades semântico-pragmáticas passíveis de estarem envolvidas nas teias trançadas entre enunciados pela sequenciação retroativo-propulsora.

A seguir, descrevo e exemplifico as cinco relações semântico-pragmáticas ligadas à sequenciação retroativo-propulsora, lembrando que o movimento anafórico/catafórico (⮌⮍) característico dessa construção se faz presente a cada caso.

1. Sequenciação textual: trata-se de uma estratégia linguística coesiva que assinala a ordem pela qual as unidades conectadas sucedem-se ao longo do tempo discursivo. Despida de caráter argumentativo ou de indicação de cronologia temporal, a sequenciação textual salienta o encadeamento de uma porção textual anterior com uma posterior, evidenciando que esta se relaciona com informações já dadas. Vejamos alguns exemplos:

(5) Quando ela- nós pegávamos goiaba, que ela tirava tudo da nossa mão, corria atrás de nós, às vezes até chegava dar em nós, né? Eram as coisas mais engraçadas. *E* às vezes nós brincávamos de bandeirinha, de pegar, essas coisas, quando éramos mais pequenas, né? (JR/FLP02J:1041)

(6) No verão é assim, pra praia, pra ir à praia, (hes) tem acesso assim não muito bom, né? assim, é o que eu digo a- a- o asfalto é bom, só que as pistas poderiam ser duplas, né? pra evitar congestionamento. *Aí* pegando as praias mais movimentadas como é Canasvieiras, eu acho um nojo aquela praia lá, um nojo, um lixo, um lixo mesmo. (LU/FLP01J:1105)

(7) Só que tem que tomar cuidado por causa que ela é um gato de carne, né? daí quando vai pra rua os cachorros querem comer ela, né? *daí* a minha mãe tem um cachorro, e ele avança nesse gato, nessa gata, quando o gato fica- vai pra casa os cachorros só ficam olhando, né? (KA/FLP08C:127)

(8) E sexta-feira eu não trabalhei, e eu fui lá. A criança está amarrada assim numa corrente. Criança tem treze anos. *Então* é uma família que o pai teve um acidente, não trabalha. Ganha o salário mínimo, é do Inamps. E a mãe é toda complicada, também. (TE/FLP16:645)

2. Sequenciação temporal: eventos são apresentados no discurso de acordo com a ordem em que ocorreram no tempo, envolvendo a pressuposição de que o segundo evento ocorreu mais tarde em relação ao primeiro. Vejamos alguns exemplos:

(9) Ele pegava o bambu, pegava- amarrava uma tocha *e* tocava fogo. (JQ/FLP01:1233)

(10) E debaixo daquele aço sai um tubo desses de encanamento de água, aqueles tubos grandes, vão todos- Aí eles se metem dentro, *aí* estoura tudo, *aí* vem a máquina, vai tirando aquelas pedras menores, né? ficam mais ou menos assim, põe dentro do britador, *aí* eles vão pra outra barreira de pedra que tem. (MC/FLP09J: 1200)

(11) Ela vai lá, cheira o rato, vê se tem um ratinho ali, *daí* ela pega a patinha e esmaga ele com a patinha, aqueles que são bem pequenininhos. (FR/FLP02C:38)

(12) Botava o espetinho, assim, dentro do fogão a lenha, que na época não existia fogão a gás. Botava, assim, deixava assar aquela manta de carne seca. *Então* ela passava a mão, dividia aquele alguidar em- Lógico, ela não botava até em cima, botava até certa altura. (PE/FLP02:1081)

3. Consequência: introdução de informações que representam consequência em relação a uma causa mencionada previamente. Vejamos alguns exemplos:

(13) É nessa área do Santa Mônica, ali tem muito, muito cachorro *e* o carteiro ali é bem incomodado. (MA/FLP14:1143)
(14) A gente dava o banho, dava um purgante, *aí* a criança ficava boa. (NI/FLP08:588)
(15) Talvez ela vai vender um terreno que ela ganhou e talvez ela compre um terreno e compre um cachorro pra gente, porque lá em casa não tem muito espaço, *daí* ela não quer comprar um cachorro. (TH/FLP07C:26)
(16) Ah, tu estás com fome, tu estás olhando, *ENTÃO* agora tu vais comer. Agora tu vais comer tudo. (JQ/FLP01:488)

4. Retomada: ocorre um alerta direcionado ao ouvinte para que este perceba um movimento de recuperação do fluxo temático anterior, interrompido por uma digressão.[9] Após a retomada, a fala progride ao longo da orientação discursiva anterior. O elo não é estabelecido entre informações imediatamente contíguas, pois a digressão constitui-se em material interveniente entre uma parte do tópico/assunto e sua continuidade. Geralmente, no processo de retomada, a informação reatada com o trecho discursivo subsequente reaparece de forma literal ou com a alteração de alguns vocábulos (cf. construções sublinhadas em (17), (18) e (19)). Vejamos alguns exemplos:

(17) Contar o filme? Contar uma coisa só, né? Uma moça que ela era freira, <u>era noviça</u>, né? [Eu adoro filmes assim. Realmente é dois- Eu gosto de filmes assim. Lá uma vez ou outra eu gosto de assis- de filmes de guerra, assim como Rambo, essas coisas assim. Mas não é filme que me atrai, né?] *E* <u>ela é noviça</u>. E ela- ela- onde ela estava, que ela foi estudar, ela queria sair, ela queria conhecer a vida fora. <u>Ela foi numa imagem duma san- duma Nossa Senhora</u>, [que Nossa Senhora é Nossa Senhora, santas são santos, né? Tem a Santa Teresinha, a Santa Rita de Cássia, são santas, pessoas que morreram santas. Nossa Senhora é só uma. É Nossa Senhora porque ela apareceu em diversos lugares, né? Nossa Senhora de Fátima, Nossa Senhora de Lourdes, Nossa Senhora-] *Então* <u>ela foi na frente da Nossa Senhora</u> e tirou a- a roupa de freira que ela vestia, deixou ali e saiu pro mundo. Nossa Senhora saiu do altar aonde ela estava, sabes? Se vestiu com a roupa dela e ficou no lugar dela ali no convento. (JU/FLP11:1325)[10]

(18) E a minha tia também contava que- que de noite, às vezes elas estavam fazendo renda, que lá no sítio nós fazíamos muita renda, né? Eles estavam fazendo renda, daqui a pouco saía aquela barulhada, aquelas gargalhadas, aí ela diz que ia (inint): "Quem que está aí na rua?" Aí elas foram, espiaram pelo buraquinho da porta, apagaram a luz de dentro de casa, **[** que era luz de querosene, e eles tratavam pomboca, aquela lamparina grande, eles tratavam pomboca porque não tinha (inint) luz elétrica. **]** *Aí* eles apagaram a tal de pomboca e aí ficaram espiando, assim, pela janela, diz que era um- umas- umas sete mulheres. Uma mulher vestida de branco, outra- outras sem roupas pegando uma canoa. Tudo naquele barulho, atravessaram o rio que foram pro outro lado do rio. (NI/FLP08:499)

(19) **F:** Entramos debaixo da- da pilha de madeira e virou. Era desse tamanho assim (inint). Eu quebrei o fêmur. A mãe quase se matando, gritando. A mãe do outro também, berrando a mãe do outro, porque eram dois- dois irmãos, né?
E: Eram os vizinhos?
F: Daí estávamos todos juntos. Sei que me levaram. **[** Naquele tempo tinha o SANDU, no Estreito. Hoje não existe mais o SANDU. SANDU é órgão do INPS. Ele ficava (hes) bem ali, próximo, ali no- Como é que eles chamam ali, assim? A SANDU ficava um- mais um pouco à- à frente. Nós passávamos muito pelo Estreito, né? **]** *Daí* parece que me levaram, só me deram calmante lá, um- Não sei, fiquei chap- dopado, no caso, chapado, né? (inint) Isso marcou. (FE/FLP19:1177)[11]

5. Finalização: marca a adição de um enunciado que sinaliza o final de um tópico/assunto. Nota-se em tal enunciado a presença de elementos anafóricos (como *isso*, *essa*, *assim* etc.). Depois da introdução do enunciado finalizador, seguem-se o silêncio indicador do abandono do turno de fala ou então repetições e hesitações, sinais de desgaste do tópico, manifestando a intenção do falante em abandoná-lo. Vejamos alguns exemplos:

(20) É- é uma disputa, às vez- a- acontece muita panela, entendeu? de o cara ter um nome, de- de- dele já ser reconhecido no- no circuito, tem o circuito brasileiro, circuito catarinense, né? tem os circuitos regionais, tem o circuito brasileiro e tem o circuito mundial, mundial é o grande circo, né? é bem, legal. (hes) *E* é assim. (EV/FLP08J:811)

(21) É "Mulheres sem dono". É prostituição mesmo, assim. É mulher que- Até está lá em casa. Até vou trazer pra tu leres um dia. Deixa eu terminar que ainda não terminei o livro. Mas é baseado em prostituição, não tem? A mulher do cara viaja, ele vai encontrar com ela. Aí ela estava no- no- tipo- Como é que ela- ela veste? *Aí* é baseado nisso aí. (TE/FLP16:1019)

(22) Aí fez gol, mas eu nem sabia, depois que o meu pai falou: "Fez gol!" Nem o Rafael, uns amigos do meu pai que se casou até ontem, ninguém sabia. Aí depois eu: "Foi zero a zero, né pai?" "Claro que não, foi um a zero." Aí a- a J.: "Ah, mas tu não presta atenção, só vai mesmo pra comer, não fala nada." Ah, meu deus! *Daí* é assim. (CA/FLP03C:28)

(23) Eu, por exemplo, tinha uma senhora de uns setenta anos que comprava comigo, era minha cliente. Não comprava com outra pessoa a não ser comigo. Ela acostumou. (...) Pessoa de idade é assim: ela gosta duma pessoa, e se pega a firmeza naquela pessoa, ela- *Então* o comércio era assim. (NL/FLP04:985)

A opção que fiz de distinguir entre si as cinco relações semântico-pragmáticas vinculadas aos contextos de uso da sequenciação retroativo-propulsora foi pautada na observação do grau de rotinização dessas relações: elas são mapeadas com regularidade na fala dos florianopolitanos cujas entrevistas integram a amostra considerada. Também corrobora com a validade da distinção entre as relações semântico-pragmáticas em questão o fato de que nuanças idênticas ou semelhantes também são apontadas em outros estudos – diversos pesquisadores as observaram em amostras de fala diversas, o que indica que são salientes no discurso. Seguem-se alguns trabalhos de que tenho notícia:

- Abreu (1992) aborda segmentos continuativos (sequenciação textual)[12] e relações temporais (sequenciação temporal) marcados pelo *e* e pelo *aí*.
- Andrade (1997) cita *e* e *então* na lista dos recursos coesivos empregados para voltar ao tópico prévio, logo após o trecho digressivo (retomada).
- Fávero (1997) comenta a possibilidade de o tópico ser reintroduzido por meio de um conector (retomada).
- Koch (1987) diferencia sequencialidade temporal de sequencialidade textual.
- Martelotta (1994) descreve os seguintes usos do *aí* e do *então*: sequencial (sequenciação temporal) e introduzindo informações livres (sequenciação textual). Menciona ainda o uso "retomando assunto" (retomada) como específico do *então*. Martelotta e Rodrigues (1996) acrescentam o uso resumitivo (finalização) também como específico do *então*.
- Risso (1996) apresenta como usos do *então* articulador discursivo: (i) sequenciação aditiva de tópicos (sequenciação textual); (ii) interligação de eventos e ações que se sucedem temporalmente (sequenciação temporal); (iii) indicação de relações de causa-efeito (consequência); (iv) fechamento parcial ou geral das considerações (finalização); (v) retomada.
- Conforme Silva e Macedo (1992), o *aí* funciona como conjunção sequencial (sequenciação temporal), mas também marca etapas ou parágrafos no discurso (sequenciação textual).

A focalização da gramática de um ponto de vista emergente favorece a libertação do compromisso com categorias e modos tradicionais de ver, permitindo repensar os picotes costumeiros da língua. No que diz respeito às relações semântico-pragmáticas ligadas à sequenciação, propus a distinção entre a sequenciação textual, a sequenciação temporal e a consequência, relações essas que costumam ser agrupadas e exemplificadas sob o rótulo de "coordenação aditiva".[13]

Essas relações semântico-pragmáticas são fluidas, o que torna impossível o estabelecimento de distinções categóricas entre fronteiras que, na verdade, se interpenetram. Como relações semântico-pragmáticas de âmbito gramatical sempre sujeitas a emergências e submersões, não lhes cabe um recorte rígido: há diversos casos em que se percebe a presença de mais de uma relação semântico-pragmática ao mesmo tempo (casos de sobreposição), ou em que é delicado definir qual das relações é de fato a pretendida pelo falante (casos de ambiguidade). Apresento a seguir alguns exemplos que ilustram esses fenômenos.

Quando a relação semântico-pragmática de consequência é manifestada entre dois eventos que se sucedem cronologicamente, o primeiro deles representando a causa e o segundo a consequência, a relação semântico-pragmática de sequenciação temporal está presente com maior ou menor intensidade, sobrepondo-se à consequência. Vejamos:

(24) Aconteceu muitas amigas minhas, mesmo, que não chegaram a casar, engravidaram *e* eles deixaram elas. (NI/FLP08:762)

(25) Eles botaram ela, assim, num monte de aparelhos, sabe? *Aí* ela deu uma melhorazinha. (RO/FLP03:1222)

(26) Quando ela está fazendo alguma coisa e a gente está brincando ela se irrita com o barulho, *daí* ela dá tapa em nós, *daí* ela apanha também do pai, não vai deixar a gente apanhar de graça. (AO/FLP11C:06)

Pode haver ambiguidade entre a consequência e a sequenciação textual, como nos exemplos a seguir:

(27) E raramente nós temos um problema de- de roubo ou qualquer coisa no bairro. É realmente uma- uma comunidade pacata que vive do seu trabalho e- *e* não tem maiores problemas, assim, de agitação no bairro. (AC/FLP21:1026)

(28) Pode, pode, quer dizer, pode ir à praia porque praia não tem nada a ver, eu acho que com nenhuma religião, isso é uma coisa que não está escrito não- não foi publicado nada *e* pode usar roupa até o limite que tu acha que tu deve de usar, claro que se tu pode colocar uma roupa tu está te sentindo bem, de repente uma pessoa não está. (BE/FLP03J:869)

(29) E eu, como era menina, achava que devia ter uma bicicleta bonitinha de acordo com a menina. *Aí* ganhei, que ficou pra mim e pra minha irmã, né? Mas não fiquei muito contente porque eu queria pra mim, né? (JQ/FLP01:1154)

Em (27), a falta de problemas pode ser mais uma informação acerca do bairro – um caso de sequenciação textual, portanto – ou uma consequência de a comunidade ser pacata e viver de seu trabalho. Já em (28), é possível que *e pode usar roupa até o limite que tu acha que tu deve de usar* seja mais uma das atitudes permitidas a um crente, ao lado de *pode ir à praia*, mas também cabe uma interpretação de consequência: do fato de nada ter sido publicado em contrário, o falante deduz que as pessoas podem usar roupa até o limite que desejarem. Finalmente, em (29), a bicicleta pode ter sido ganha em consequência de ser desejada, mas também é possível que a informação de que a falante ganhou a bicicleta seja um desdobramento do tópico em desenvolvimento – uma sequenciação textual, sem implicar relação de consequência.

Também pode haver ambiguidade entre a sequenciação textual e a sequenciação temporal, fenômeno ilustrado pelos seguintes exemplos:

(30) Eu cuidava dos filhos *e* lavava aqui em casa. Sempre trabalhei um pouco em casa pra ajudar o marido. Ele era assalariado. (ID/FLP07:700)

(31) Que com muito custo na época, quando eu casei, eu trabalhei até no pesado, mas depois foi indo, foi indo, desenvolvendo, com a boa vontade eu passei, tirei a carteira. Então eu saí do último emprego que eu tinha e peguei na repartição, *então* peguei como motorista. (PE/FLP02:216)

Em (30), temos, a princípio, um caso de sequenciação textual: a informante provavelmente está descrevendo as atividades que realizava em casa em um certo período de sua vida, tarefas levadas a cabo independentemente de ordenação cronológica. Contudo, a presença de uma inferência temporal não pode ser eliminada de imediato: a informante também poderia estar afirmando que primeiro cuidava dos filhos e posteriormente lavava roupa.

Em (31), o falante está contando que primeiro trabalhou na repartição e depois como motorista – um caso de sucessão temporal –, ou que seu trabalho na repartição era como motorista – caso em que estaria em jogo a sequenciação textual, acrescentando mais uma informação relevante ao tópico tratado? Pelas informações anteriores (*tirei a carteira*), a leitura tende à segunda opção, mas a primeira não pode ser descartada.

Há também contextos que fornecem indícios da ocorrência, ao mesmo tempo, de três relações semântico-pragmáticas. Observemos alguns desses casos:

(32) Então teve que dar os terrenos pras pessoas que ele teve uma ("falta"). Então tu vês, o pai voltou a nada. E o meu avô era tratorista da prefeitura há muito tempo. Se aposentou pela prefeitura. *Então* ele ensinou a profissão de tratorista pro pai. Aí o pai começou trabalhar como tratorista e começou a levantar tudo novamente. (IR/FLP13:756)

(33) Termina que os dois casaram *e* o pai dela entendeu que ela gostava dele, *daí* eles viveram felizes pra sempre. (JL/FLP09C:6)

Em (32), além de promover a propulsão da narrativa rumo à sua continuidade, é possível que o *então* de *então ele ensinou a profissão de tratorista pro meu pai* evidencie uma leve consequência em relação a *o meu avô era tratorista da prefeitura há muito tempo* e/ou indique uma leve sequência cronológica em relação a *se aposentou pela prefeitura.* Em (33), o *e* de *e o pai dela entendeu que ela gostava dele* pode estar ressaltando sequência temporal e/ou consequência em relação à informação anterior, ou somente destacando uma informação que se conecta com a primeira sem implicações de tempo ou efeito. O mesmo vale para o *daí* de *daí eles viveram felizes para sempre* em relação a *o pai dela entendeu que ela gostava dele.*

As relações semântico-pragmáticas ligadas à sequenciação retroativo-propulsora representam distinções ora bastante ressaltadas, ora bastante tênues, imbricando-se de vários modos, pois seu caráter gramatical as assujeita a manipulações diversas. Além disso, para um dado falante uma informação pode ser causa suficiente para definir a seguinte como consequência e uma certa ordenação pode ser indicadora de sucessão textual ou sucessão temporal, mas, para seu interlocutor, as relações estabelecidas podem ter natureza diversa, o que pode ser um gatilho não só às situações de sobreposição e ambiguidade, mas também para que novas possibilidades de uso emirjam.

Por exemplo, em (34) e em (35), temos favorecida a leitura de consequência, mas o contexto também pode deixar transparecer uma leitura explicativa suave, como se o enunciado subsequente estivesse fornecendo uma razão, uma justificativa para o enunciado precedente. A repetição de uso em contextos como esse poderia levar os conectores sequenciadores a serem relacionados, pelos usuários da língua, à explicação, vindo quiçá a se habitualizar como uma de suas formas de expressão – como marcas linguísticas de uma construção explicativa, portanto.

(34) A maionese, eu faço uma bacia assim, *aí* todo mundo gosta. Inclusive, esse ano eu não queria fazer no sorteio, meu sogro: "Não, não, tu vais fazer." Então todo mundo quer minha maionese. (AT/FLP09:408)

(35) Porque se a gente não estudar, a gente não vai ser nada na vida, né? [vai ser]- a gente vai sofrer, cair pelas ruas, não tem nada pra fazer. Eu acho importante estudar, *daí* a gente pode trabalhar, *daí* pode fazer um monte de coisa, dançar. (RA/FLP12C:19)

Trata-se de um caso de remodelação da gramática devido a pressões provenientes da troca discursiva, do jogo entabulado entre falante e ouvinte? Caso reapareçam com frequência como marcas da sequenciação retroativo-propulsora em certos contextos discursivos em que o falante possivelmente pretenda tramar uma relação de consequência e o ouvinte talvez perceba notas de explicação, os conectores *aí* e *daí* podem vir de fato a ser utilizados como marcas de outra construção gramatical, a explicativa (da qual a marca mais recorrente é o conector *porque*).

Contudo, as ocorrências de *aí* e de *daí* em contextos de suave leitura explicativa são pouco frequentes na amostra considerada, e são encontradiças apenas na fala de quatro indivíduos. Assim, embora haja, em virtude da natureza instável e mutável da gramática, a possibilidade de estarmos diante da germinação de um processo de emergência de um novo uso para os conectores *aí* e *daí*, o que apontamos de momento é a existência de nuanças semântico-pragmáticas ligadas à sequenciação retroativo-propulsora que são sobrepostas, difusas, indistintas, podendo delas derivar novas estratégias de construção do discurso.

Notas

1 Todas as traduções são de minha responsabilidade.

2 Segundo Weber (1997), a proposta de Hopper (1987, 1988) encontra paralelo em disciplinas como Historiografia (White, 1987), Antropologia (Clifford, 1986) e Crítica Literária (Culler, 1982), envolvendo argumentos que se relacionam de algum modo ao trabalho de Jacques Derrida.

3 O termo "construção" é aqui empregado em referência a quaisquer formas linguísticas, como morfemas, palavras, sintagmas, orações. O vocabulário das línguas é composto por construções de dois tipos: lexical (de conteúdo) e gramatical (funcionais). Construções lexicais codificam conceitos relativamente estáveis e culturalmente partilhados: elas referem-se a coisas do universo humano – entidades, ações, qualidades –, em seus aspectos biofísicos e socioculturais. Costumam ser consideradas palavras típicas do âmbito lexical os nomes e os verbos. Em contraste, as construções gramaticais atuam na organização das construções lexicais no discurso. Como tal, desempenham papéis variados, entre os quais se destacam: relacionar nomes (preposições), interligar partes do discurso (conectores), indicar se as entidades e participantes de um discurso já foram identificados ou não (pronomes e artigos), mostrar se eles estão próximos do falante ou do ouvinte (dêiticos), indicar tempo, aspecto e/ou modo (verbos auxiliares, clíticos, afixos, entre outros), sinalizar papel semântico, gênero e número (clíticos, afixos) etc.

[4] É importante observar que a distinção dos fatores condicionadores do discurso em quatro tipos – cognitivos, comunicativos, sociais e estilísticos – não implica a existência de um recorte rígido entre esses tipos, pois, a cada situação discursiva, motivações diversas atuam conjuntamente. Além disso, é difícil estabelecerem-se fronteiras claras entre o que é cognitivo, o que é comunicativo, o que é social e o que estilístico, pois se trata de conceitos que por vezes se inter-relacionam e se interpenetram.

[5] Hopper, em comunicação pessoal, comparou a gramática à massa de modelar de crianças (ou à geleka!), que a cada vez que é usada não retorna ao formato prévio, diferentemente de um elástico ou uma borrachinha de cozinha, que, após serem usados, voltam ao formato inicial.

[6] Conferir em Pierrehumbert (2001) e Bush (2001) evidências da influência exercida sobre o armazenamento de construções gramaticais pelo contato recorrente dos usuários da língua com essas construções.

[7] A inspiração para o nome foi a leitura do excelente texto "O articulador discursivo *então*" (Risso, 1996), em que *então* é caracterizado como item "remissivo retroativo".

[8] O código que segue o trecho da entrevista a identifica. Por exemplo, (ZO/FLP24:1258) = informante ZO, natural de Florianópolis (FLP), entrevista número 24, linha 1258. *E* é o código que marca a fala do entrevistador, *F* a fala do informante e *I* identifica um indivíduo interveniente. Nos casos em que há uma letra após o número da entrevista, podemos ter ou J = informante de 15 a 21 anos ou C = informante de 09 a 12 anos. Nos códigos referentes a entrevistas com informantes de 09 a 12 anos, o número final à página em que consta o dado.

[9] "Digressão" pode ser definida como uma porção do discurso que não se acha diretamente relacionada com o tópico em andamento (Fávero, 1997), uma unidade parentética inserida na linha focal de uma informação que vinha em curso (cf. Risso, 1996).

[10] O símbolo **[**, acrescentado nos exemplos por mim, marca o início da digressão feita pelo falante, e **]** marca o seu final.

[11] E = entrevistador; F = informante.

[12] O que se encontra entre parênteses corresponde à denominação dada por mim.

[13] Nas gramáticas normativas, as relações semântico-pragmáticas de sequenciação textual, sequenciação temporal e consequência são, em geral, incluídas sob o rótulo de "coordenação aditiva" e exemplificadas com o conector E. Vejam-se alguns exemplos: *Deram o braço e desceram a rua. Tio Cosme acomodava as carnes, e a besta partia a trote* (Cunha, 1994: 534 e 554); *O galho partiu e o menino caiu da árvore. Eu li a carta e entreguei-a a Pedro* (Said Ali, 1969: 105 e 133); *A alegria prolonga a vida e dá saúde* (Sacconi, 2008: 161).

Bibliografia

ABREU, M. T. V. *Elementos conjuntivos*: sua variação em narrativas orais e escritas. Rio de Janeiro, 1992. Dissertação (Mestrado em Linguística) – Universidade Federal do Rio de Janeiro.

ANDRADE, M. L. C. V. O. Digressão: uma estratégia na condução do jogo textual-interativo. In: KOCH, I. V.; BARROS, K. S. M. (orgs.). *Tópicos em linguística de texto e análise da conversação*. Natal: EDUFRN, 1997, pp. 180-4.

BUSH, N. Frequency effects and word-boundary palatalization in English. In: BYBEE, J.; HOPPER, P. J. (eds.). *Frequency and the emergence of linguistic structure*. Amsterdam: John Benjamins, 2001, pp. 255-80.

BYBEE, J. Cognitive processes in grammaticalization. In: TOMASELLO, M. (ed.). *The new psychology of language*. v. II. New Jersey: Lawrence Erlbaum, 2003, pp. 145-67.

______; HOPPER, P. J. Introduction to frequency and the emergence of linguistic structure. In: BYBEE, J.; HOPPER, P. J. (eds.). *Frequency and the emergence of linguistic structure*. Amsterdam: John Benjamins, 2001, pp. 01-24.

ELLIS, N. C.; LARSEN-FREEMAN, D. Language emergence: implications for applied linguistics. *Applied linguistics*, 2006, v. 27, n. 4, pp. 558-89.

ENGLEBRESTON, R. *Searching for structure*: the problem of complementation in colloquial Indonesian conversation. Amsterdam: Benjamins, 2003.

Fávero, L. L. O tópico discursivo. In: Preti, D. (org.). *Análise de textos orais*. 3. ed. São Paulo: Humanitas Publicações FFLHC/USP, 1997, pp. 33-53.

Fraser, B. Types of English discourse markers. *Acta Linguistica Hungarica*, 1988, v. 38, pp. 19-33.

Hopper, P. J. Emergent grammar. Berkeley Linguistic Society, 1987, v. 13, pp.139-57.

______. Emergent grammar and the *a priori* grammar postulate. In: Tannen, D. (ed.). *Linguistics in context*: connecting, observation, and understanding. Norwood: Ablex, 1988, pp. 117-34.

______. Emergent serialization in English: pragmatics and typology. In: Good, J. (ed.). *Language universals and language change*. Oxford: Oxford University Press, 2008, pp. 253–84.

______. Emergent grammar and temporality in interactional linguistics. In: Auer, P.; Pfänder, S. (eds.) *Constructions*: emerging and emergent. Berlin: De Gruyter, 2011, pp. 22-44.

Koch, I. G. V. Dificuldade na leitura/produção de textos: os conectores interfrásticos. In: Kist, M.; Clemente, E. (org.) *Linguística aplicada ao ensino de português*. Porto Alegre: Mercado Aberto, 1987, pp. 83-98.

Martelotta, M. E. T. O*s circunstanciadores temporais e sua ordenação*: uma visão funcional. Rio de Janeiro, 1994. Tese (Doutorado em Linguística) – Universidade Federal do Rio de Janeiro.

______; Rodrigues, L. Gramaticalização de *então*. In: Martelotta, M. E.; Votre, S. J.; Cezario, M. M. (orgs.). *Gramaticalização no português do Brasil*: uma abordagem funcional. Rio de Janeiro: Tempo Brasileiro, 1996, pp. 221-35.

Pierrehumbert, J. B. Knowledge of variation. *CLS*, 1994, v. 30, pp. 232-56.

______. Exemplar dynamics: word frequency, and lexical analysis. In: Bybee, J.; Hopper, P. J. (eds.). *Frequency and the emergence of linguistic structure*. Amsterdam: John Benjamins, 2001, pp. 137-57.

Risso, M. S. O articulador discursivo "então". In: Castilho, A. T.; Basílio, M. (orgs.). *Gramática do português falado*. Campinas: Unicamp/ Fapesp, 1996, pp. 423-51 (Volume 4).

Schiffrin, D. The transformation of experience, identity and context. In: Guy, G. R.; Feagin, C.; Schiffrin, D. et al. (eds.). *Towards a social science of language*. Amsterdam: John Benjamins, 1997, pp. 41-55 (Volume 2).

Silva, G. M. de O.; Macedo A. V. T. *Os marcadores conversacionais em português*. Rio de Janeiro, UFRJ, 1992. Impresso.

Tabor, W.; Traugott, E. C. Structural scope expansion and grammaticalization. In: Ramat, A. G.; Hopper, P. J. (eds.). *The limits of grammaticalization*. Amsterdam: John Benjamins, 1998, pp. 229-72.

Thompson, S. O discurso e a gramática. Entrevista de Rosália Dutra. *Delta*, 1993, v. 9, n. 2, pp. 217-36.

Weber, T. The emergence of linguistic structure: Paul Hopper's emergent grammar hypothesis revisited. *Language Science*, 1997, v. 19, n. 2, pp. 177-96.

Multifuncionalidade categorial e funcional da proforma *aí*

Maria Luiza Braga
Maria da Conceição de Paiva

No português do Brasil, principalmente nas situações de fala coloquiais ou semicoloquiais, a palavra *aí* é usada em variados contextos, instanciando papéis gramaticais e textuais diversificados. A par dos seus usos *dêiticos* e *endofóricos*, pode ser empregada para sinalizar a vinculação de orações, uso aqui denominado de *juntivo*, auxiliar na organização do tópico discursivo e da interação verbal e, ainda, ser justaposta ao último elemento de um SN ou SV, funções associadas aos marcadores discursivos, razão pela qual serão aqui rotuladas de *discursivas*.

Essa multiplicidade de usos da palavra *aí* suscita uma questão pertinente que diz respeito às motivações que favoreceram a seleção de um item específico, dentro de um grupo circunscrito de proformas locativas (*aqui, aí, ali, cá, lá*), para o exercício de múltiplas funções, cada uma associada a um diferente estatuto categorial.

Para abordar a questão colocada acima, analisamos um extenso conjunto de dados, extraídos das amostras de fala que integram o acervo do Programa de Estudos Sobre o Uso da Língua[1] (Peul). As ocorrências foram analisadas segundo variáveis linguísticas e extralinguísticas, no espírito do modelo variacionista, e os resultados interpretados à luz dos pressupostos dos estudos sobre gramaticalização.[2]

O artigo compõe-se de três partes: na primeira, localizamos o item *aí* no sistema das proformas locativas do português do Brasil; na segunda, analisamos seus diversos valores, focalizando os contextos que possibilitaram sua reanálise e consequente reinterpretação categorial; na terceira, confrontamos esse item às demais proformas locativas do português, procurando depreender as motivações que favoreceram sua escolha como marcador de funções gramaticais e discursivas. As conclusões e as referências bibliográficas vêm a seguir.

O sistema de proformas locativas do português do Brasil

O português dispõe de um sistema tripartido de proformas locativas que se distribuem em duas séries – série em [i] e série em [a] – em correspondência com o sistema de pronomes demonstrativos e o sistema de pronomes pessoais, como esquematizado no quadro 1.

Quadro 1 – Sistema de proformas locativas do português

Pessoa do discurso	Série em i			Série em a		
	Dist. 1	Dist. 2	Dist. 3	Dist. 1	Dist. 2	Dist. 3
1ª pessoa	Aqui			Cá		
2ª pessoa		Aí				
3ª pessoa			Ali			Lá/acolá

A distinção entre essas formas resulta da conjugação de duas dimensões: a geográfica, envolvendo um recorte *espacial-geográfico* de maior ou menor distanciamento, e a *pessoa do discurso*, cujo ponto de referência é o contexto enunciativo. As diferenças entre elas não são totalmente simétricas e dependem da dimensão distintiva considerada. Assim, do ponto de vista de um *continuum* de distância, opõem-se a*qui*/*cá* (menor distância), *aí* (distância média) e *ali*/*lá* (maior distância). Com respeito à pessoa do discurso, distinguem-se *aqui* (o que está próximo do falante), *aí* (o que está próximo do ouvinte) e *ali*/*lá* (o que está fora da esfera de ambos os participantes do discurso). A caracterização da forma *aí* dentro desse conjunto requer, portanto, referência a dimensões distintas: de um lado opõe-se a *aqui*, em termos de pessoa, e, de outro, a *ali*, em termos de distância.

As séries em [i] e em [a] divergem pela maneira como procedem à localização dos estados de coisas e pelo equilíbrio sistêmico das proformas que as integram: a primeira é mais pontual, enquanto a segunda parece estar mais associada à indicação de direcionalidade em relação ao centro dêitico. Nesse sentido, o sistema do português assemelha-se ao do espanhol, no qual as formas adverbiais em [a] parecem exprimir, de acordo com Villegas (1992), a ideia de amplitude ou de extensão. A outra distinção concerne ao número e distribuição dos elementos por cada série: a série em [i] constitui um conjunto completo e equilibrado, diferentemente da série em [a], mais defectiva em virtude do emprego praticamente nulo, no português do Brasil, de *acolá* e do uso menos frequente de *cá*, restrito a contextos particulares.

De acordo com uma abordagem localista (Lyons, 1977), o uso das proformas adverbiais é explicado com referência à dimensão físico-espacial: elas se incluem entre os elementos que servem para localizar eventos/estados de coisas num *continuum* espacial, orientando a atenção do ouvinte para pontos específicos, como nos exemplos prototípicos:

(1) F: (Falando com a neta) Vem *aqui*, vem *aqui* falar com o vovô. (Peul, Amostra Censo-80, fal. 07)

(2) F: "A senhora quer um peixe de agora?" "Mas esse peixe é de agora. Só se eu for *ali* e pescar ele agora, porque esse peixe veio de manhã", ou veio ontem, ou veio antes de ontem, mas está aqui na freezer e ele está conservado. (Peul, Amostra Censo-80, fal. 03)

(3) E: Você já morou no Jardim Botânico, agora você mora no Rio Comprido. Qual o lugar que você acha melhor: aqui, no Jardim Botânico ou lá no Rio Comprido?
F: Bom, eu acho os dois lugares bom, né? Porque bem dizer eu fui nascida e criada aqui, né? E lá eu tenho minhas amizades, no Rio Comprido peguei amizade muito rápida lá, entendeu? O pessoal lá me trata muito bem, inclusive tem uma família *lá* que me considera como se eu fosse uma irmã delas. E tudo que tem, algum tipo de festa, se eu num tou *lá*, elas ligam prá *cá* pra casa da minha mãe: "A Leila tá *aí*? Leila, tem festa". (Peul, Amostra Censo-80, fal. 04)

A consideração dos fatos da língua mostra, no entanto, que as duas dimensões referidas acima – *distância* e *pessoa do discurso* – não preexistem ao ato comunicativo; ao contrário, as formas mencionadas anteriormente recortam o *continuum* espacial segundo a avaliação do falante quanto à proximidade ou ao afastamento do alvo (o objeto ou estado de coisas localizado no espaço) em relação a si mesmo. Em outras palavras, na determinação da localização físico-geográfica, o falante faz intervir a sua própria posição no espaço e, a partir dela, fixa as coordenadas espaciais. A atuação polarizadora do enunciador na delimitação de coordenadas espaciais conduz à revisão do pressuposto de que a indicação geográfica, concreta dos objetos e estados de coisas, constitui o significado básico dos elementos dêiticos (Hopper, comunicação pessoal; Laury, 1997; Hanks, 1992). Mais do que utilizar formas preexistentes para indicar a posição concreta de objetos ou circunstanciar estados de coisas, o falante as recruta para perspectivizar não apenas sua visão do mundo físico, mas também sua relação com as entidades de que fala e com o interlocutor. Esse dinamismo subjacente à utilização das formas dêiticas está na origem da ambiguidade que, frequentemente, as caracteriza, requerendo a intervenção de fatores pragmáticos que extrapolam o simples conhecimento dessas formas. Seguindo a posição de Hanks (1992), o processo indexical é instável e o campo dêitico é constantemente transformado, a depender das intenções do falante.

Além de contribuírem para a delimitação de recortes espaciais, as proformas locativas funcionam como índices de subjetivização do discurso, na medida em que constroem a perspectivização do falante a propósito dos eventos sobre os quais discorre. Evidências a favor desta hipótese são as ocorrências nas quais o falante procede à circunscrição espacial de uma entidade por meio de uma determinada proforma locativa e, a seguir, vale-se de outra proforma em referência àquela entidade recém-mencionada.

(4) Tem um posto de saudezinho *aí* embaixo que parece que faz *ali* uns curativozinho de vez em quando. (Peul, Amostra Censo 80, fal. 03)

Em (4), duas proformas distintas concorrem e se sucedem na referência, aparentemente, a uma mesma entidade no espaço físico: (*posto de saúde*). Na primeira menção, o referente é localizado através de *aí*, que, de acordo com a caracterização do quadro 1, sinaliza proximidade com relação ao ouvinte. É interessante observar, no entanto, que *aí* não remete necessariamente a um ponto próximo ao ouvinte (a 2ª pessoa), visto que, no caso, os dois interlocutores estão situados no mesmo espaço físico e o *posto de saúde* em causa está distanciado de ambos. Assim, *aí* pode ser interpretado como uma sinalização de afastamento em relação ao centro dêitico, o que é reforçado pelo uso de *ali*, proforma indicadora de maior distância geográfica tanto em relação ao falante (o centro dêitico) quanto ao ouvinte. Parece, portanto, que as duas formas cumprem objetivos distintos: *aí,* mais do que situar geograficamente, se investe de um papel enunciativo, cumprindo uma função argumentativa particular. Em outras palavras, é possível que o falante recorra a um ou outro desses itens – *aí* e *ali* – para deixar transparecer sua avaliação quanto à entidade em pauta: *um posto de saúde aí* é um posto de saúde que não atende integralmente às necessidades do bairro, cujas carências em termos de assistência médica são muito maiores. Vale lembrar, também, que a distância textual entre as várias menções de uma entidade pode ser sinalizada por termos de distância geográfica, por expressões linguísticas que recortam o *continuum* físico-geográfico de uma forma diferente (Hanks, 1992; Laury, 1997). Assim, a segunda menção de *posto de saúde* é associada à forma *ali*, indicativa de maior distância do que *aí.*

Exemplos como (4) colocam em pauta, também, a questão dos delicados limites entre remissão exofórica e endofórica – anafóricas e catafóricas (Halliday, 1976). Para muitos autores, a pertinência dessa distinção relaciona-se, principalmente, ao fato de que, na ancoragem situacional (ou geográfico-temporal), o referente pode ser percebido diretamente e, portanto, apontado. Ou seja, nessa circunstância, realiza-se a pressuposta função ostensiva dos elementos dêiticos. No caso da localização textual, o referente não pode ser visto, só pode ser recuperado pela compreensão das relações intertextuais. Nem sempre a distinção entre as duas formas de remissão é nítida, visto que, em ambas, intervêm necessariamente os conhecimentos dos interlocutores acerca da acessibilidade de um referente, o que, sob certos aspectos, esvazia essa distinção. Mais importante, como lembra Kleiber (1992), é considerar a maneira como se procede à recuperação do referente ou das coordenadas espaçotemporais, isto é, o *site* de ancoragem.

Ainda com referências às proformas locativas arroladas no quadro 1, vale lembrar que elas não constituem um conjunto uniforme no que diz respeito às funções dêitica e endofórica (anafórica e catafórica). A análise do uso dessas formas no discurso oral, produzido em situações semicoloquias, permite mostrar que elas se diferenciam quanto à forma de remissão, como mostra o gráfico 1, em que consideramos o percentual de uso de cada uma, segundo as funções dêitica, anafórica ou catafórica.[3]

Gráfico 1 – Distribuição de usos das proformas locativas

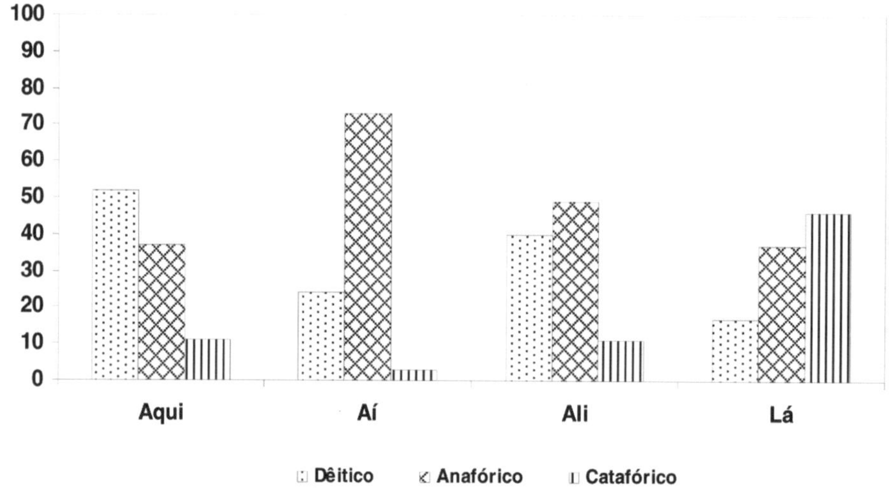

A representação gráfica acima permite visualizar a especificidade de cada proforma quer pelo papel preferencial a que serve, quer pelas diferenças estatísticas entre as funções que desempenham. *Aqui* é empregado preferencialmente em remissões exofóricas (dêiticas), ou seja, introduz uma coordenada espacial que adquire saliência discursiva; *aí* e *ali*, não obstante as diferenças percentuais, são utilizadas preponderantemente para remissões anafóricas, retomando informações já mencionadas no discurso; *lá*, por sua vez, apresenta uma distribuição equilibrada no que diz respeito às referências catafóricas e anafóricas. A predominância da proforma *aqui* com ancoragem na situação de fala vem reforçar a importância do "ego" como centro dêitico, ou seja, *site* de avaliação da distância geográfica de uma entidade ou de um estado de coisas. O falante se situa explicitamente como o ponto a partir do qual avalia a proximidade ou o afastamento da entidade que deseja situar.

Na sua função textual (anafórica ou catafórica), as proformas adverbiais não se restringem, como se poderia esperar, à remissão a constituintes com o traço [+locativo]. Cataforicamente, elas podem remeter a categorias distintas, tais como localização, tempo, processo, objeto, pessoa, inclusão. Anaforicamente, elas podem se vincular a constituintes sintáticos distintos (sintagma ou oração) que codificam categorias cognitivas como lugar, tempo, condição, causa e modo (cf. Braga e Paiva). No que concerne à relação anafórica, a síntese do quadro 3 mostra, no entanto, que, mais uma vez, observam-se diferenças entre as várias proformas, no que concerne à maior ou menor amplitude de categorias cognitivas com que se associam.

Quadro 2 – Remissão anafórica e categorias cognitivas

Proforma		**Categoria cognitiva**				
Antecedente		Lugar	Tempo	Condição	Causa	Modo
Aqui	SPREP	X				
Aí	SPREP	X				
	Oração	X	X	X	X	
Ali	SPREP	X	X	X	X	
Lá	SPREP	X				X

No interior do paradigma de proformas locativas, destaca-se o comportamento particular da proforma *aí*. Enquanto a*qui*, *ali* e *lá* são usados não marcadamente para recuperar informação de natureza locativa, codificada sob a forma de um SPREP, *ai* remete a SPREPS e, principalmente, a orações que podem codificar categorias como tempo, causa e condição. Essa especificidade de *aí* nos fornece os indícios necessários para explicar a multiplicidade funcional e categorial dessa forma, como discutiremos na seção seguinte.

Deslocamentos funcionais de *aí*

Na seção anterior, destacamos o fato de que a fronteira entre função exofórica e função endofórica nem sempre é incontroversa, o que, muitas vezes, acarreta problemas para uma análise que busca comprovação de suas hipóteses no uso das proformas locativas em situações naturais de comunicação verbal. Salientamos também que, no conjunto de proformas adverbiais, *aí* se particulariza no que tange à remissão anafórica: esse elemento é raramente utilizado para a retomada de referentes expressos como SPREPS, como em (5); ao contrário, predomina na remitência a conteúdos expressos sob a forma de orações ou porções textuais maiores, conforme ilustram os trechos a seguir:

(5) F: E isso não é só na Rural não, na Fundação Getúlio Vargas, eu já vi muita coisa, mas eu trabalhei tudo quanto foi a ... Na Fundação Getúlio Vargas, *aí* você vê muita coisa. (Peul, Amostra Censo-80, fal. 42)

(6) F: ...minha mãe fala que às vezes assim, dá sete horas assim, dá oito hora assim, não tem mais serviço, ela fica lá à toa.
E: Hm.
F: Ela queria que tivesse uma televisão lá, que *aí* ela via as novela e trabalhava (Peul, Amostra Censo-80, fal. 63)

(7) F: O candidato que ganharia voto, (que) seria eleito pela unanimidade era aquele que chegasse lá e falasse: "Não, eu vou tirar um pouquinho, mas vou deixar para... vou fazer por vocês." Mas ninguém fala! Só fala que... que é honesto. Mas se ele falar: "Não, vou tirar, mas vou fazer por vocês." *Aí* seria eleito facilmente. (Peul, Amostra Censo-80, fal. 09).

Diferentemente do exemplo (5), em que a proforma *aí* retoma nitidamente uma entidade locativa expressa pelo SPREP "na fundação Getúlio Vargas", nos exemplos (6) e (7), a identificação das fronteiras entre as porções textuais recuperadas por *aí* é mais problemática, não se podendo definir com precisão o início e o fim de cada uma delas. Em alguns contextos, como em (6), informações contextuais auxiliam na definição do tipo de relação semântica que a oração encabeçada por *aí* estabelece com o contexto discursivo anterior. No caso, a emergência da relação causa-efeito é reforçada pela presença da conjunção *(por)que.*

A distinção entre usos dêitico e anafórico de *aí* é sensível à informação de natureza estrutural, vale dizer, à fronteira de constituinte: *aí* com valor dêitico tende a ocupar, não marcadamente, as posições pós-verbais, especialmente a margem direita da oração seguindo a tendência dos circunstanciais locativos em geral (Paiva, 2002, 2008); *aí* com papel anafórico, ao contrário, tende a se situar na margem esquerda, na primeira fronteira da oração, posição reservada à grande maioria dos elementos juntivos (Braga, 2000). A combinação dessas duas propriedades, uma de caráter estrutural – a posição na oração – e outra de caráter semântico-pragmático – a recuperação da informação expressa por oração ou sequência de orações –, cria as condições propícias à reanálise de *aí* como um elemento juntivo.

No seu uso juntivo, *aí* sinaliza a vinculação entre orações, simples ou complexas, deslizando do seu uso intraoracional para um uso interoracional. Nesse caso, *aí* inicia orações para as quais a ordenação temporal, com relação a um estado de coisas referido previamente, é relevante. Incluem-se nessa categoria as orações narrativas, aquelas que obedecem à juntura temporal referida por Labov (1972), as orações constitutivas dos textos procedurais (Longacre, 1976) e das descrições de vida. Outros contextos menos prototípicos compreendem as orações que codificam eventos simultâneos, informação de fundo e membros de lista. Esses subtipos são ilustrados em (8):[4]

(8) E: Por que que... as mães não se acertam muito?
F: Não sei! Não sei se...
E: Tem alguma história aí por baixo?

F: Não sei! Que acho que elas... que elas não se acertam muito talvez seja por causa de minha irmã, sabe?
E: Ham.
F: Teve uma vez que eu não estava em casa não, mas minha avó falou que a mãe dela chegou na minha casa, *aí minha mãe estava deitada, aí a mãe dela estava conversando com minha avó*, elas estava conversando um pouco alto, *aí minha irmã veio falando ignorâncias pra ela, aí ela*, como já é uma pessoa de idade, *aí falou pra minha irmã não falar assim com ela,* que tinha que respeitar um pouco mais, sabe? que a filha dela respeitava muito minha mãe, *aí minha mãe acordou,* aí as... foi assim que as duas se desentenderam (Peul, Amostra Censo-80, fal. 01).

Conforme já mostramos em outra ocasião (Braga, 2000), diversas relações proposicionais (tempo, causa, contraste, entre outras) podem emergir entre duas orações interligadas por *aí*, propiciadas por inferências autorizadas pelo contexto e por conhecimentos pragmáticos partilhados pelos interlocutores. A análise do discurso oral permite constatar, no entanto, a significativa predominância de exemplos similares a (8), sugerindo que *aí* está se gramaticalizando como uma conjunção sinalizadora de sequenciação temporal e textual.

Deslocando-se do nível mais local da combinação de orações, a proforma *aí* pode ainda ocorrer em orações que auxiliam na organização do tópico discursivo ou integrar expressões formulaicas que colaboram na interação verbal. Operando na construção do tópico discursivo, *aí* encabeça orações que sinalizam fechamento e reintrodução de subtópico discursivo, como ilustra (9), a seguir.

(9) F:... passando, assim, um sermão. Aí lá pelas tantas do sermão, eu parei, olhei para ela... e ela quietinha me ouvindo. A Nique, ela, sabe? um... uma coisa assim, que ela só escuta...
E: Ham.
E: Ela só assim: "Oh, mãe, não tanto assim, mãe. Mãezinha, não assim..." Mas isso, o máximo que ela diz... *Aí* lá pelas tantas, eu parei, olhei para a carinha dela. (Peul, Amostra Censo-80, fal. 43).

Como elemento que colabora na organização da interação, *aí* integra expressões formulaicas, com variados graus de cristalização: *(es)pera aí, calma aí, olha aí, (es)tá aí, e aí? aí? é isso aí*, *(e) por aí (vai),* entre outras. A identificação do valor de cada uma delas depende da forma de ancoragem, dêitica ou textual, da situação interacional e da entonação. A título de exemplo, consideremos *(e) por aí vai,* por um lado, e *(es)pera aí*, *calma aí*, por outro. A primeira delas ainda admite uma interpretação dêitica como elemento que aponta para um ponto de um *continuum* geográfico, segundo as coordenadas a que nos referimos na seção "O sistema de proformas locativas do português do Brasil". Muito mais usual, no entanto, é sua utilização textual, como índice de indeterminação. Deslocamentos semânticos similares se verificam a respeito de *(es)pera aí, calma aí,* consoante seu emprego no nível predominantemente proposicional ou textual: na primeira situação funciona como um recurso injuntivo usado para obter um certo comportamento do interlocutor; na segunda, como estratégia para sinalizar uma discordância e a introdução de uma nova orientação argumentativa. O exemplo (10) é ilustrativo.

(10) F: Se a minha vida melhorar, eu vou ter outro (filho); se não melhorar também, sei lá, um só, eu sei que um é ruim, mas o que eu posso fazer? Se eu quero dar um conforto pra ela, mas, uma escola boa, curso de inglês, e o que eu puder dar pra ela de bom, eu vou poder ter dois. Pra num... Acho que não é *por aí*, não. Mas, que é muita pressão pra mulher é. Aí, eu chego aqui, o outro: "Ah! Não tem nada pra comer?" "Ah! casa tá suja". Ah! *calma aí*, daí... tem que ter uma compreensão por parte da pe... do marido. Que tem que saber que, *peraí*, tu não tá lá de bobeira não, tá... tá.. tá... tá trabalhando. (Peul, Amostra Censo 2000, fal. 59)

No trecho acima, as duas expressões "*calma aí*" e "*(es)pera aí*" sinalizam o desacordo do falante com relação às cobranças a que a mulher está submetida na sociedade moderna. A utilização da proforma de segunda pessoa demarca assim, espaços argumentativos distintos: aquele que é assumido por ela e o que é atribuído a um interlocutor virtual, constituído, no caso, pelas ideias vigentes sobre o papel feminino.

O exemplo (10) confirma a importância do que Laury (1997) denomina de esfera do locutor no uso de formas locativas. Esses elementos, mais do que proceder à indicação de coordenadas dêiticas, são utilizados para delimitar o espaço discursivo ou argumentativo em que o falante se inscreve, distinguindo-o do espaço atribuído ao outro. Admitindo a validade dessa proposta, os usos de *aí* nos exemplos anteriores podem ser interpretados em termos de saliência da dimensão de pessoa sobre a dimensão distância.

A predominância do traço de pessoa pode ser observada também num outro uso discursivo de *aí*, já ressaltado em outros trabalhos (Braga e Paiva, 2003, Tavares, 2003): consiste na sua justaposição ao último elemento de um SN, investindo-o de uma indeterminação, como mostram os exemplos (11) e (12):

(11) E: Que que tem de bom aqui, o que que tem de ruim?
F: Olha, bom não tem nada; ruim tem fofoca, tem não tem ninguém na rua, isso é péssimo sei lá, e quando tem (latido cão) não, sempre tem! Tem um grupinho de

mulher ali que fica ali, sabe? (de) antena ligada para ver se sai *alguma fofoquinha aí.* (Peul, Amostra Censo-80, fal. 63)

(12) F: Na época eu devia ter uns...uns dezessete anos, dezesseis. Mas foi muito homem! Já pensou se eles tivessem conseguido me pegar? Eles tinham acabado comigo! Hoje em dia eu tava até *com uma AIDS aí*, alguma coisa! Não fizeram nada, foi impressionante. Foi um milagre mesmo! (Peul, Amostra Censo-2000, fal.13)

Este último contexto coloca problemas particularmente relevantes quanto ao estatuto categorial e ao papel discursivo de *aí*. Do ponto de vista das suas propriedades semânticas e discursivas, o nome ao qual se justapõe a proforma *aí* é mais frequentemente precedido de um artigo indefinido ou admite uma interpretação genérica. Do ponto de vista discursivo, a justaposição de *aí* desempenha uma função importante na conceptualização do referente introduzido no discurso, assinalando o distanciamento da falante em relação à situação descrita. Assim, em (12), o envolvimento das pessoas com as fofocas que surgem no bairro, um fato negativo, é tomado criticamente pela falante que, implicitamente, passa a informação de que ela não participa dessa situação. Assim, a proforma anexada ao núcleo do SN permite operar uma dissociação de espaços argumentativos, numa função que poderia ser considerada puramente retórica. Em Paiva e Braga (no prelo), assumimos que esse emprego de *aí,* longe de ser o resultado de um movimento isolado, parece ser a etapa final de um conjunto de mudanças que se inicia com o processo de reforço demonstrativo, ou seja, acréscimo de proformas locativas a nomes precedidos de determinantes demonstrativos (*este retrato aqui, aquele homem ali, essa panela aí*) ou a pronomes demonstrativos (*isto aqui, aquilo ali, isso aí*).

Considerações finais: Por que *aí*?

Mostramos ao longo deste artigo que a palavra *aí* atua na esfera proposicional, textual e argumentativa, investindo-se, portanto, de uma pluralidade de funções que a particulariza no conjunto das demais proformas adverbiais. Esses variados papéis podem ser reagrupados segundo o domínio que sobressai:

(i) a esfera da subjetivização, ilustrada pela justaposição de *aí* a um SN, com a consequente sinalização da atitude/afastamento do falante face a uma entidade discursiva;

(ii) o domínio da abstraticização que culmina com o uso textual de *aí*, na primeira fronteira de constituintes, a sinalizar a combinação de orações e também a reintrodução e o fechamento de subtópico discursivo. Como mostramos, esses valores remetem ao fato de *aí* anafórico ser selecionado para a remissão a categorias cognitivas mais abstratas, codificadas por diversos tipos de constituintes sintáticos;
(iii) a esfera das relações interpessoais, instanciada pelas funções retóricas e injuntivas das expressões formulaicas.

Uma possível explicação para essa pluralidade de papéis precisa fazer referência às particularidades de *aí* no conjunto das proformas adverbiais da série em -i (*aqui, aí, ali*). No *continuum* espacial-geográfico, a forma *aí* (assim como as formas *esse/isso*) se situa num grau intermediário entre dois pontos opostos: o *aqui* e o *ali*. No entanto, mesmo numa função dêitico-ostensiva, a forma *aí* não chega a contribuir de forma relevante para a demarcação de pontos espaciais, visto que a oposição proximal/distal é garantida pela oposição entre as formas *aqui/ali* cujo papel fundamental é a identificação de coordenadas espaciais.

De fato, tudo parece indicar que a oposição de *aí* em relação às outras formas do paradigma está sustentada mais no eixo pessoa do que no eixo distância. Esta proforma desloca o eixo do discurso, engajando mais a responsabilidade do interlocutor, real ou virtual, do que a do falante. Nessa perspectiva pode se explicar o seu recrutamento para a sinalização de uma posição do locutor, demarcação de espaços argumentativos distintos ou uma oposição do falante a determinados conteúdos discursivos. Não fica excluída, porém, a possibilidade de que aspectos puramente formais, como sua extensão fonológica reduzida, contribuam para os deslizamentos funcionais de *aí*.

Notas

1 O Peul, é um grupo de pesquisa interinstitucional, sediado na Universidade Federal do Rio de Janeiro, que vem se dedicando há muitos anos ao estudo da variação e mudança no português falado e escrito.

2 Para uma discussão da possível interface entre sociolinguística variacionista e gramaticalização, consulte Naro e Braga (2000) e Tavares (2003).

3 Os percentuais mostrados no gráfico 1 foram obtidos através de uma análise que considera o uso dessas proformas na amostra Censo 80.

4 Para diferenciar os dois tipos de contexto, utilizamos um recurso gráfico: itálico e sublinhado, em se tratando das orações narrativas; itálico, apenas nos demais tipos.

Bibliografia

BRAGA, M. L. Aí... E então? *Aí* e então elementos de conectividade interoracional em mudança. Relatório apresentado ao CNPq. Rio de Janeiro, UFRJ, 2000.

______; PAIVA, M. C. Do advérbio ao clítico *é isso aí.* In: RONCARATI, C.; ABRAÇADO, J. *Português brasileiro.* Rio de Janeiro: 7Letras, 2003, pp. 206-12.

HALLIDAY, M. A.; HASAN, R. *Cohesion in English.* London: Longman, 1976.

HANKS, W. "The indexical ground of deictic reference". In: DURANTI, A.; GOODWIN, C. (eds.). *Rethinking context*: language as an interactive phenomenon. Cambridge, Cambridge University Press, 1992.

HOPPER, P.; TRAUGOTT, E. *Grammaticalization.* Cambridge: Cambridge University Press, 1993.

KLEIBER, G. et al. L'anaphore associative, d'une conception à l'autre. In: SCHNEDECKER, C. et al. (eds.). *L'anaphore associative*: aspects linguistiques, psycholinguistiques et automatiques. Paris: Klincksieck, 1991, pp. 5-64.

______. Anaphore-deixis: deux approches concurrentes. *La deixis.* Paris: Puf, 1992, pp. 613-23.

LABOV, W. *Language in the inner city*: studies in the Black English Vernacular. Philadelphia: University of Pennsylvania Press, 1972.

LONGACRE, R. E. *An anatomy of speech notion.* Lisse: The Peter de Ridder Press, 1976.

LAURY, Ritva. *Demonstratives in interaction*: the emergence of a definite article in finish. John Benjamins: Amsterdam/Philadelphia, 1997.

LYONS, J. *Semantics.* New York: Cambridge University Press, 1977.

NARO, A. J.; BRAGA, M. L. *A interface sociolinguística / gramaticalização.* Gragoatá, v. 9, 2000, pp. 125-34.

PAIVA, M. C. A. A ordem não marcada dos circunstanciais locativos. In: LINS, M.; YACOVENCO, L. (orgs.). *Caminhos em Linguística*, Vitória: Nuples/DLL/UFES, 2002, pp. 16-34.

______. Ordem não marcada de circunstanciais locativos e temporais. In: VOTRE, S.; RONCARATI, C. (orgs.). *Anthony Naro e a linguística no Brasil*: uma homenagem acadêmica. Rio de Janeiro: 7 Letras, 2008, pp. 254-64.

______; BRAGA, M. L. Dêixis locativa e subjetividade. In: Da HORA, D.; COLISCHON, G. (orgs.). *Teoria linguística*: fonologia e outros temas. João Pessoa: Editora de João Pessoa, 2003, v. 1, pp. 201-14.

______. Gramaticalização de formas dêiticas no português do Brasil. *Diacrítica*, ILCH, Universidade do Minho, Braga, Portugal (no prelo).

TAVARES, M. A. *A gramaticalização de e, aí, daí e então*: estratificação / variação e mudança no domínio funcional da sequenciação retroativo-propulsora de informações. Florianópolis: Universidade Federal de Santa Catarina, 2003.

VILLEGAS, A. Vers un élargissement du système de la localisation dans l`espagnol du Venezuela. In: MOREL, M. A.; DANON-BOILEAU, L. *La deixis*: colloque en Sorbonne. Paris: PUF, 1992, pp. 89-93.

Um estudo discursivo-funcional de *assim*, *já* e *aí* no português falado do noroeste paulista

Edson Rosa de Souza

Nos estudos linguísticos, a classe adverbial é em geral definida como heterogênea (Ilari et alii, 1990; Castilho, 1997; Neves, 1992; Longhin-Thomazi, 2006; Lopes-Damásio, 2008, dentre outros). Em um trabalho sobre os itens adverbiais, Ilari et alii (1990: 85-6) assinalam que alguns advérbios, em especial os dêiticos, podem aplicar-se "a unidades cujas dimensões ultrapassam não só os limites dos constituintes, como também os da sentença". Para os autores, essa passagem do plano referencial para o plano discursivo acontece porque "entre a dêixis propriamente dita e a anáfora, e entre a anáfora e as operações discursivas, há um progressivo esvaziamento da dimensão espaçotemporal, na medida em que o discurso se torna a dimensão de referência". Para Neves (1992) e Braga et alii (2011), é exatamente essa instabilidade funcional que permite aos itens adverbiais exercerem diferentes funções linguísticas, situação em que a referência espaço-temporal dá lugar a usos mais discursivos.

Partindo, pois, dessas observações, o objetivo do referido trabalho[1] é mostrar, sob a perspectiva teórica da Gramática Discursivo-Funcional (GDF, doravante) e da Gramaticalização (GR, doravante), que os itens linguísticos *assim*, *já* e *aí* podem ser perfeitamente analisados com relação aos níveis (Representacional e interpessoal) e às camadas (semânticas e pragmáticas) de organização da GDF, no sentido de que a expansão funcional desses elementos nos níveis e nas camadas da GDF pode ser elencada como uma evidência linguística de que os itens *assim, já* e *aí* estão se gramaticalizando no português brasileiro, assumindo diferentes funções textuais e discursivas ao longo do seu percurso de mudança linguística, em direção às dimensões textual e interacional da língua.

O capítulo está organizado em seis seções. A primeira seção traz uma rápida discussão sobre os advérbios e a proposta da gramaticalização. A seção "A Gramática Discursivo-Funcional e os níveis de organização da linguagem" traz uma apresentação da GDF. As seções "Os usos de *assim, já* e *aí* no português falado" e "Representação dos usos de *assim, já* e *aí* nos níveis da GDF" apresentam a análise dos dados de *assim, já* e *aí* no português falado do noroeste paulista. Na seção "Generalizações sincrônicas: o percurso de mudança" elencamos algumas questões sobre a GR e algumas generalizações sobre os usos de *assim, já* e *aí*. Por fim, a última seção encerra-se com as considerações finais.

Os advérbios e a proposta de gramaticalização

Os itens linguísticos *assim, já* e *aí* já foram analisados em outros estudos. No entanto, há ainda vários outros usos expressos por essas palavras que não foram descritos, principalmente os que fazem referência à situação comunicativa do falante/ouvinte, isto é, ao universo pragmático. Nesse ínterim, estudos como os de Lopes-Damásio (2008)[2] e Guerra (2007)[3] sobre os marcadores discursivos no Português são certamente os que apresentam uma descrição mais detalhada sobre o funcionamento de alguns itens linguísticos em nossa língua, porém, trabalhos dessa linhagem são muito poucos. Apesar dos problemas levantados por esses estudos e dos resultados positivos alcançados pelas autoras, muito ainda precisa ser feito com relação aos itens adverbiais, não somente no que diz respeito aos itens *assim, já* e *aí*, como também a outros elementos adverbiais, que ainda estão à espera de descrições funcionalistas mais fundamentadas.

A partir dos estudos de Braga et alii (2011) e demais parceiros de pesquisa, realizados com base nos princípios teóricos da Gramaticalização/Sociolinguística, vários outros trabalhos foram publicados no cenário brasileiro, em diferentes centros de pesquisa. Entretanto, por mais que a palavra *aí* tenha sido estudada por Braga, nem todos os usos foram descritos. Os estudos de Braga e Souza (2008) e Souza (2009), por exemplo, desenvolvidos sob a perspectiva teórica da GDF (Hengeveld e Mackenzie, 2008), mostram que um dos usos de *aí* não contemplados em pesquisas anteriores é o de *partícula mitigadora* ou *operador aproximativo de subato referencial*.

Por ser uma classe de palavras instável, a classificação dos advérbios como uma categoria discreta na gramática do Português é quase sempre problemática. Desde a tradição filosófica de Barbosa (1881), por exemplo, até gramáticos mais modernos como Bechara (1999) e Cunha e Cintra (1985), a classe dos advérbios se diferenciou das demais palavras devido principalmente a dois critérios, um *morfológico* e outro *semântico*. Pelo primeiro critério, os advérbios consistem em palavras "invariáveis" ou "indeclináveis" e, pelo segundo, indicam as circunstâncias da ocorrência de um determinado estado de coisas, como *lugar*, *tempo*, *quantidade*, *modo*, *qualidade*, *afirmação*, *dúvida*, *intensidade*, *negação*, entre outras. No entanto, essa classificação só dá conta dos usos que se restringem basicamente à predicação – para usar os termos de Simon Dik (1997), nada dizendo com relação aos casos de advérbios que fogem desse contexto ou que ultrapassam os limites da oração.

No que diz respeito aos critérios sintáticos, o parâmetro mais comumente analisado pelos gramáticos é o da posição que os advérbios podem ocupar na sentença, sobretudo da definição das relações de escopo. Novamente, os usos mais gramaticalizados dos advérbios, como aqueles que atuam como marcadores de foco (Pezatti, 1997; Longhin, 1998; Souza, 2004) na oração, não são considerados, e, quando são listados nas gramáticas, esses elementos são classificados à parte como advérbios de exclusão, inclusão e realce (Cunha e Cintra, 1985; Bechara, 1999). Tal classificação não resolve o problema, uma vez que os estudos em GR destacam que os elementos linguísticos envolvidos no processo de focalização apresentam quase sempre um estatuto gramatical, distanciando-se, portanto, dos seus usos como itens adverbiais plenos. No entanto, apesar do interesse atual pelo assunto, a exemplo do que se vê em Heine et alii (1991), Hopper e Traugott (1993), Castilho (1997) e Keizer (2007), a distinção entre *léxico* e *gramática* já é bastante conhecida nos estudos linguísticos.

Com relação ao item *já* no português, raros também são os estudos que buscam sistematizar os seus usos. Com exceção do trabalho de Câmara (2006), que busca analisar a multifuncionalidade de *já* no português com base no modelo da

GDF (ainda em uma das primeiras versões da teoria), a maior parte das pesquisas tende a focar os valores temporais e aspectuais do item *já*, deixando de lado várias outras funções que são importantes para o funcionamento da língua, tais como as de *conjunção* (adversativa etc.), *operador argumentativo*, *conjunção correlativa* e *marcador de foco*. Nesse sentido, Ilari et alii (1990), Silva et alii (1999) e Risso et alii (2006) são alguns dos poucos autores que tentam ir além dos usos mais básicos do item *já* (e vários outros itens adverbiais), mostrando, por exemplo, que esse elemento pode atuar na organização tópica, em construções modalizadoras e, principalmente, na organização discursiva (como marcadores discursivos).

Como se pode notar, os itens linguísticos *assim*, *já* e *aí* exercem diferentes textual-discursivas no português, motivo pelo qual argumentamos em favor da existência de um processo de GR atrelado a eles. No presente texto, a GR é definida como um processo de mudança linguística de caráter unidirecional no interior do qual itens ou "construções lexicais" (Traugott, 2003) passam a exercer funções gramaticais, e, quando já gramaticalizados, podem assumir funções ainda mais gramaticais. As construções (1) e (2) com o verbo *gi* "dar", da língua Akan (Nígero-Congolesa), ilustram esse processo:

(1) Akan (SEBBA, 1987: 50)
Kofi ***gi*** *Amba wan buku*
Kofi dar Amba um livro
'Kofi deu a Amba um livro.'

(2) Akan (SEBBA, 1987: 50)
Kownu seni wan boskopu ***gi*** *Tigri*
Rei enviar uma mensagem dar Tiger
'O Rei enviou uma mensagem para Tiger.'

Ambas as construções apresentam três termos argumentais (sujeito, objeto direto e objeto indireto/recipiente); no entanto, em (1), o argumento recipiente *Amba* é introduzido na sentença sem o auxílio de preposição (forma não marcada), ao passo que em (2) o argumento recipiente *Tiger* é introduzido por meio do verbo serial *gi* "dar". Em (1), *gi* é usado como verbo pleno, enquanto em (2) o verbo *gi* é usado com o significado da preposição *para*. De acordo com Schiller (1999), as línguas que não dispõem de muitas preposições para inserir o terceiro argumento do verbo na sentença tendem a empregar os verbos seriais como forma gramatical para exercer essa função. Assim, é por assumir uma nova função na gramática da língua, a de preposição, que o verbo *gi* é elencado como um caso de GR. Isto é, de verbo pleno (predicado de três lugares), *gi* passou a exercer a função de preposição.

Dos autores que discutem questões sobre mudança linguística, chamamos a atenção para Heine et alii (1991), Hopper e Traugott (1993) e Bybee (2003), que compartilham de uma noção semelhante de GR, assentada basicamente no reconhecimento de que a passagem de um item lexical a um item gramatical (ou de um item gramatical para um item ainda mais gramatical) ocorre de maneira gradual, num sentido unidirecional. Em outras palavras, o que essas propostas têm em comum é que a distinção entre elementos lexicais e elementos gramaticais não é entendida de forma *dicotômica* (ou é lexical ou é gramatical), mas sim como *continuum* de GR, que aponta para existência de categorias não discretas que se distribuem entre os dois extremos desse *continuum* [+ Lex → + Gram].

Heine et alii (1991) definem o processo de GR utilizando os conceitos de *palavra-fonte* e *palavra gramatical* (ou palavra-alvo). Para os autores, as palavras-fontes são aquelas que atuam como fonte do processo de mudança linguística, uma vez que são elementos que possuem significação própria e tendem a codificar objetos concretos pertencentes ao mundo sócio-físico do falante/ouvinte (Sweetser, 1991), e, por isso, estão geralmente associados a processos, localizações e ao sistema dêitico da língua. Já as palavras gramaticais, segundo Heine et alii, são aquelas que estão mais estreitamente relacionadas a elementos abstratos da língua, sendo, pois, desprovidas de significado próprio, característica esta que as coloca no rol de palavras dependentes de outras palavras ou então do contexto de uso. São exemplos de palavras gramaticais os auxiliares, os clíticos e os afixos (prefixos, infixos e sufixos).

Para Heine et alii (1991), a GR é definida como processo cognitivo, em que conceitos concretos (espaço físico, tempo etc.) são utilizados para compreender, descrever ou explicar fenômenos mais abstratos (articulação de orações) pertencentes à língua. Dessa forma, os autores explicam que o 'surgimento' de *novas formas* linguísticas é motivado por questões pragmáticas, a partir de associações metafóricas e metonímicas realizadas pelo falante.

A definição de GR que adotamos neste trabalho – e que é compatível com a GDF – diz que o *processo* de GR se dá quando um item lexical se torna mais gramatical ou quando um item menos gramatical se torna ainda mais gramatical, entendendo-se por 'lexical' as palavras de sentido mais concreto que têm significado por si mesmas e por 'gramatical' as palavras que têm sentido mais abstrato. Com base em Traugott (1982), Hopper e Traugott (1993) e Traugott (1995), consideramos que a GR pode ser entendida como um processo de *pragmatização*, em que usos mais gramaticais e abstratos passam a atuar no domínio comunicativo (conversacional de Sweetser, 1991), exercendo funções mais discursivas, dentre as quais estão os usos de *assim* e *aí* como marcador discursivo, operador aproximativo etc.

Do ponto de vista diacrônico, não há como negar, segundo Hengeveld e Mackenzie (2008), que os fenômenos gramaticais derivam unidirecionalmente de unidades lexicais. É uma questão que tem sido, conforme os autores, atestada nos estudos de GR. Hengeveld e Mackenzie reconhecem ainda que, do estágio inicial ao estágio final de mudança, um dado elemento pode compartilhar ou conservar propriedades dos estágios iniciais, aspecto que é captado pelo princípio da *persistência* de Hopper (1991). Já do ponto de vista sincrônico, Hengeveld e Mackenzie (2008: 7) postulam uma distinção "didática" entre elementos lexicais e elementos gramaticais (cf. Keizer, 2007), na medida em que ela é "importante para o modo como esses elementos serão analisados na GDF". Isso quer dizer que, apesar de não ser discutido na GDF, os autores reconhecem que as categorias lexicais e gramaticais não são categorias discretas, o que referenda a noção de *continuum* de alguns autores. Entretanto, entendem que a distinção entre um uso e outro é essencial para a análise.

A Gramática Discursivo-Funcional e os níveis de organização da linguagem

De acordo com Hengeveld e Mackenzie (2008), a GDF é definida pelos seguintes aspectos: (i) busca modelar a competência gramatical de usuários das línguas; (ii) assume o ato discursivo, não a oração, como unidade básica de análise; (iii) a GDF interage sistematicamente com os componentes conceitual, contextual e de expressão, antes não contemplados na Gramática Funcional (GF) de Simon Dik; (iv) a organização hierárquica da GDF é descendente (parte das intenções comunicativas), enquanto a da GF é ascendente; e, por fim, (v) a GDF inclui as representações morfossintáticas e fonológicas na estrutura subjacente.

Para Hengeveld e Mackenzie (2008: 2), a GDF é uma teoria que busca entender como as unidades linguísticas são estruturadas em termos do mundo que elas descrevem e das funções comunicativas que elas expressam na língua. Para a GDF, o discurso constitui o suporte das unidades linguísticas de níveis mais baixos. Assim, a GDF inicia-se com a formulação da intenção do falante, finalizando com a realização da expressão linguística, enquanto a GF inicia-se com a seleção de itens lexicais para, em seguida, expandir gradualmente a estrutura subjacente da oração para outras camadas.

O modelo da GDF é estruturado em quatro níveis de organização da linguagem, em que cada nível é concebido como um módulo separado e internamente organizado em camadas de complexidade linguística. A GDF possui um componente contextual e um componente cognitivo, que contêm elementos essenciais do contexto e da cognição, considerados relevantes para os demais módulos da gramática. O componente gramatical (que contempla os quatro níveis) é conectado aos componentes conceitual, contextual e de expressão.

A GDF faz uma rígida separação entre *formulação* por um lado, e *codificação* por outro, uma vez que a GDF possibilita uma descrição sistemática de um maior número possível de línguas naturais (Hengeveld e Mackenzie, 2008). O processo de formulação está relacionado à especificação das configurações pragmáticas e semânticas de uma língua, independentemente da expressão de tais configurações, ao passo que o processo de codificação está preocupado com as formas morfossintáticas e fonológicas que essas configurações pragmáticas e semânticas podem acarretar numa dada língua.

Para a GDF, a pragmática governa a semântica, a pragmática e a semântica governam a morfossintaxe e, juntas, a pragmática, a semântica e a morfossintaxe governam a fonologia. Essa mudança é, conforme os autores, motivada pela ideia de que a "eficiência de um modelo de gramática é tanto maior quanto mais se aproximar do processamento cognitivo".

O nível interpessoal

O nível interpessoal lida com os aspectos formais de uma unidade linguística que reflete seu papel na interação entre falante e ouvinte. Segundo a GDF, as unidades discursivas relevantes nesse nível são hierarquicamente organizadas em camadas:

Quadro 1 – As camadas de organização do nível interpessoal

$(\Pi\ M_1: [$	Movimento
$(\Pi\ A_1: [$	Ato
$(\Pi\ F_1: ILL\ (F_1): \Sigma\ (F_1))_\Phi$	Ilocução básica
$(\Pi\ P_1: \dots\ (P_1): \Sigma\ (P_1))_\Phi$	Falante
$(\Pi\ P_2: \dots\ (P_2): \Sigma\ (P_2))_\Phi$	Ouvinte
$(\Pi\ C_1: [$	Conteúdo Comunicado
$(\Pi\ T_1\ [\dots]\ (T_1): \Sigma\ (T_1))_\Phi$	Subato de Adscrição
$(\Pi\ R_1\ [\dots]\ (R_1): \Sigma\ (R_1))_\Phi$	Subato de Referência
$]\ (C_1): \Sigma\ (C_1))_\Phi$	Conteúdo Comunicado
$]\ (A_1): \Sigma\ (A_1))_\Phi$	Ato
$]\ (M_1): \Sigma\ (M_1))_\Phi$	Movimento

O *movimento* representa a camada mais elevada da hierarquia e constitui o segmento discursivo considerado relevante na interação. Um movimento, por sua vez, é constituído de um ou mais *atos* temporalmente ordenados que, juntos, formam o núcleo (simples ou complexo). Cada *ato discursivo* (A) se organiza com base em um esquema *ilocucionário* (ILL), que contém dois *participantes* (P), o falante e o ouvinte (S, A) e o conteúdo comunicado como seus argumentos. O *conteúdo comunicado* contém um número variável de *subatos adscritivos* (A) e *referenciais* (R), aos quais funções pragmáticas são atribuídas.

Para Hengeveld e Mackenzie (2008), o *movimento*[4] é o veículo utilizado na expressão de intenções comunicativas do falante e pode ser classificado em: iniciação (pergunta), reação (resposta) e avaliação.[5] Além dos casos de implicaturas (atos de fala indiretos), essas intenções podem ser: convite, informação, questionamento, ameaça, advertência, recomendação etc. Já a *ilocução* indica o propósito de nossos atos verbais e os *participantes* representam o falante e o ouvinte (participantes do discurso), enquanto o *conteúdo comunicado* contém a totalidade do que o falante deseja evocar durante a interação.

O *conteúdo comunicado* pode conter um ou mais *subatos*, que são hierarquicamente subordinados a *atos discursivos*, e se diferencia do *conteúdo proposicional*, que é uma categoria semântica do nível representacional e tem como escopo os episódios e os eventos. Diferentemente da proposição, o conteúdo comunicado possui seus próprios operadores (Π) e modificadores (Σ) interpessoais e está sempre associado ao falante (nível pragmático).

Os *subatos* contidos em um conteúdo comunicado podem ser: *adscritivo* e *referencial*. O *subato adscritivo* (ΠT_1) representa a tentativa do falante de evocar uma propriedade. Ao proferir, por exemplo, "*Está nevando*", o falante evoca somente uma propriedade meteorológica sem fazer menção a nenhum referente; *nevar* não está sendo atribuído a algo, mas simplesmente 'descrito'. O *subato referencial* (ΠR_1), por outro lado, ocorre quando o falante evoca um referente: *mulher*, *casa*, *gato*, *carro*, *escola etc.*

O nível representacional

O nível representacional lida com os aspectos formais de uma unidade linguística que reflete seu papel no estabelecimento de uma relação com o mundo real ou imaginário que ela descreve. Por isso, as categorias representacionais referem-se à designação, e não à evocação (do nível interpessoal). O nível representacional ou semântico cuida apenas da semântica de uma unidade linguística. As unidades semânticas do nível representacional são organizadas como:

Quadro 2 – As camadas de organização do nível representacional

$(\Pi\ p_1:$	Conteúdo proposicional
$\quad(\Pi\ ep_1:$	Episódio
$\quad\quad(\Pi\ e_1:$	Estado de coisas
$\quad\quad\quad[(\Pi\ f_1:\ [$	Propriedade
$\quad\quad\quad\quad(\Pi\ f_1: \blacklozenge\ (f_1): [\sigma\ (f_1)_\Phi])$	Propriedade lexical
$\quad\quad\quad\quad(\Pi\ x_1: \blacklozenge\ (x_1): [\sigma\ (x_1)_\Phi])_\Phi$	Indivíduo
$\quad\quad\quad\quad\ldots$	
$\quad\quad\quad]\ (f_1):\ [\sigma\ (f_1)_\Phi])$	Propriedade
$\quad\quad(e_1)_\Phi]: [\sigma\ (e_1)_\Phi])$	Estado de coisas
$\quad(ep_1): [[\sigma\ (ep_1)_\Phi])$	Episódio
$(p_1): [\sigma\ (p_1)_\Phi])$	Conteúdo proposicional

No nível representacional, as unidades linguísticas são descritas em termos do tipo de entidade que elas designam. Para a GDF, o conteúdo proposicional (constructo mental, crença, desejo) é a camada mais alta do nível representacional. Segundo Hengeveld e Mackenzie (2008a), os conteúdos proposicionais (qualificações/avaliações do falante) podem ser *factuais*, quando são porções de conhecimento ou uma crença acerca do mundo real, ou *não factuais*, quando são desejos ou expectativas com relação a um mundo imaginário.

Organizados, portanto, de forma hierárquica, os conteúdos proposicionais contêm episódios (ep), que podem ser constituídos por um ou mais eventos dispostos numa sequência tematicamente coerente, apresentando, sempre, uma unidade temporal (t), locativa (l) e uma consequente manutenção dos indivíduos (x) envolvidos na organização sentencial. No modelo da GDF, os eventos são caracterizados por uma ou mais *propriedades* (f_1), que, por sua vez, podem conter descrições de *indivíduos* (x) e outras propriedades (f_2). Segundo Hengeveld e Mackenzie (2008), a categoria *episódio* admite modificadores de tempo absoluto (*ontem*, *hoje*, *amanhã* etc.), enquanto a categoria *evento* admite apenas modificadores de tempo relativo (como *depois do almoço*, *em duas horas*, *na parte da manhã* etc.).

Os níveis morfossintático e fonológico

Para Hengeveld e Mackenzie, quanto mais se adentrar, em direção *top-down*, aos demais níveis do modelo (níveis morfossintático e fonológico), mais (trans)linguisticamente específicos os níveis se tornarão, uma vez que é no nível morfossintático que as representações interpessoais e representacionais são codificadas morfossintaticamente. Nesse nível de análise, sintagmas adposicionais são relevantes somente para algumas línguas, mas não para outras. Algumas línguas são do tipo morfológico isolante, e outras do tipo aglutinante. No nível morfossintático, a unidade linguística é analisada em termos de sua composição sintática (de seus constituintes sintáticos), começando da camada mais alta para a mais baixa: expressões linguísticas (Le), orações (Cl), sintagmas de vários tipos (Xp), e palavras de vários tipos (Xw). Ainda, segundo Hengeveld e Mackenzie (2008), é possível distinguir, dentro de cada palavra, morfemas de vários tipos (Xs) e afixos (Aff).

Já o nível fonológico contém tanto a representação segmental quanto a suprassegmental de um enunciado. Para Hengeveld e Mackenzie (2008), nesse nível, a expressão linguística é analisada em termos de suas unidades fonológicas, tais como o *enunciado* (U), que é a camada mais alta do nível fonológico, a *frase intonacional* (IP), a *frase fonológica* (PP) e a *palavra fonológica* (PW), além das camadas denominadas *pé* (F) e *sílaba* (S). Conforme Hengeveld e Mackenzie, a GDF está mais preocupada com a influência da prosódia nas expressões linguísticas, isto é, com relação entre prosódia e função nas línguas.

Os usos de *assim*, *já* e *aí* no português falado

Apresentamos aqui os vários usos de *assim*, *já* e *aí* no português falado do noroeste paulista, acompanhados de uma análise quantitativa e uma análise qualitativa.[6]

Funções expressas pelos itens linguísticos *assim*, *já* e *aí*

A tabela 1 apresenta as várias funções desempenhadas pelos itens *assim*, *já* e *aí* no português falado do interior paulista, que é representado pelos inquéritos do Iboruna:

Tabela 1 – Funções expressas pelos itens *assim*, *já* e *aí* no português brasileiro

Tipos de uso	Itens linguísticos			TOTAL
	assim	*já*	*aí*	
Advérbio de modo	134 (11,5%)	2 (0,4%)	-	136
Advérbio de tempo	-	30 (7%)	9 (0,6%)	39
Advérbio de lugar	-	-	14 (1%)	14
Advérbio aspectual	-	348 (84%)	-	348
Advérbio anafórico	260 (21%)	6 (1,5%)	88 (6,5%)	354
Advérbio catafórico	425 (35%)	2 (0,4%)	68 (5,3%)	495
Advérbio relacional	17 (1,5%)	-	30 (2,5%)	47
Conjunção coordenativa	8 (0,6%)	10 (2,3%)	49 (3,5%)	67
Conjunção correlativa	-	-	9 (0,6%)	9
Conjunção subordinativa	8 (0,6%)	2 (0,4%)	-	10
Introdutor de ato discursivo	-	-	127 (9,5%)	127
Introdutor de episódio	4 (0,3%)	-	732 (57%)	736
Introdutor de conteúdo comunicado	145 (12%)	-	-	145
Operador aprox. de subato referencial	29 (2,5%)	-	69 (5,5%)	98
Operador aprox. de subato adscritivo	86 (7,5%)	-	14 (1%)	100
Organizador de tópico	35 (3%)		65 (5%)	100
Marcador discursivo	27 (2,5%)	-	24 (2%)	51
Marcador de foco	-	17 (4%)	-	17
Introdutor de movimento	21 (2%)	-	-	21
TOTAL	1199 (100%)	417 (100%)	1298 (100%)	2914

Basicamente, a tabela 1 mostra, com exceção de *assim*, que os usos mais concretos (advérbio de lugar e advérbio de tempo) de *aí* e *já* são muito pouco frequentes no *corpus* analisado, não ultrapassando mais que 7% do total dos dados catalogados. Esse resultado ratifica a hipótese levantada por Bybee (2003) de que itens lexicais (ou itens mais concretos) tendem a ser menos expressivos na língua do que os itens gramaticais, cuja frequência é quase sempre maior. Nesse sentido, a grande quantidade de casos de *assim, já* e *aí* exercendo funções textuais, tais como as de advérbio anafórico, advérbio catafórico, advérbio relacional, conjunção e introdutor de episódios, é mais uma outra evidência de que esses elementos estão se gramaticalizando no português brasileiro. Ademais, os usos de *assim, já* e *aí* como introdutor de conteúdo comunicado, operador aproximativo de subatos referencial e adscritivo, organizador de tópico e marcador discursivo são alguns dos casos que apontam para o desenvolvimento de funções mais expressivas para esses itens, corroborando a proposta de GR de Traugott (1982), Traugott (1999) e Hopper e Traugott (1993).

Entre os usos gramaticalizados de *já*, o que mais se destaca é o uso como advérbio aspectual, que responde por 84% (348/417) do total de ocorrências. Nesse caso, pode-se observar que a frequência de *já* como advérbio de tempo, que é o uso mais concreto a partir do qual os demais usos derivam, é bem menor do que a de advérbio aspectual. Dentre os usos discursivos, o que mais se destaca é o uso como marcador de foco, que geralmente aparece nos contextos em que esse elemento se assemelha a um afixo/clítico (formas presas).

No caso da palavra *assim*, as funções textuais mais recorrentes são as de advérbio catafórico, com 35% (425/1199) dos dados, e advérbio anafórico, com 21% (260/1199). Com relação ao item *aí*, os usos mais recorrentes são também os de advérbio anafórico, com 6,5% (88/1298) dos dados, advérbio catafórico, com 5,3% (68/1298), e conjunção coordenativa, que soma 3,5% (49/1298) do total de dados. O grande destaque, porém, é para os casos de *aí* como introdutor de episódios, que contabilizam 57% (732/1298) do total de ocorrências.

Com relação às funções discursivas, o que se observa na tabela 1 é que os usos mais frequentes são os de introdutor de Conteúdo comunicado, operador aproximativo de subatos referencial e adscritivo e organizador de tópico. No tocante à frequência dos itens *assim, já* e *aí*, em relação às funções que exercem na língua, o item *assim* é o grande responsável pelos usos como introdutor de conteúdo comunicado, com 12% (145/1199) dos casos, visto que esse uso não integra o rol de funções expressas pelos itens *já* e *aí*, que estão mais relacionados a outras funções nos domínios textual e interacional do Português brasileiro. O item *assim* ainda é responsável pela grande maioria de casos de operador aproximativo de subato adscritivo, com 7,5% (86/1199) das ocorrências, e marcador discursivo, com 2,5% (27/1199). O item *aí*, por sua vez, é importante com relação aos casos de operador aproximativo de subato referencial, somando 5,5% (69/1199) dos dados catalogados.

Correlacionando os diferentes usos de *assim, já* e *aí* com as camadas e os níveis de organização da GDF (Hengeveld e Mackenzie, 2008), observamos que os usos mais concretos, pertencentes ao domínio do conteúdo (Sweetser, 1991), e os usos textuais estão situados nas camadas semânticas do nível representacional, enquanto os usos mais discursivos, tais como os de introdutor de conteúdo comunicado, operador aproximativo de subatos referencial e adscritivo, organizador de tópico, marcador discursivo e marcador de foco, estão situados nas camadas pragmáticas do nível interpessoal, o que atesta a expansão do escopo funcional desses elementos em direção ao componente pragmático (falante/ouvinte). De acordo com Traugott (1982), esses usos se distribuem perfeitamente entre os três domínios funcionais (proposicional > textual > discursivo) que compõem a sua proposta de análise.

Nível de atuação dos itens linguísticos *assim*, *já* e *aí*

Com relação aos níveis representancional e interpessoal, verificamos o seguinte:

Tabela 2 – Nível de atuação dos itens linguísticos *assim*, *já* e *aí*

Níveis de atuação	Itens linguísticos			TOTAL
	Assim	*já*	*aí*	
Nível representacional	856 (71%)	400 (95%)	999 (77%)	2255
Nível interpessoal	343 (29%)	17 (5%)	299 (23%)	659
TOTAL	1199 (100%)	417 (100%)	1298 (100%)	2914

Com base na tabela 2, notamos que todos os itens transitam entre os dois níveis de organização da linguagem, o representacional e o interpessoal. No entanto, o destaque fica para os usos de *assim*, *já* e *aí* que operam no nível representacional da GDF, com 77% (2255/2914) do total dos dados catalogados, contra 23% (659/2914) dos dados que operam no nível interpessoal. Apesar da predominância de usos de *assim*, *já* e *aí* no nível representacional, o que se observa é que esses itens estão, de fato, assumindo funções mais gramaticais em direção ao componente interpessoal da língua. Esse resultado, em conjunto com os resultados listados na tabela 1, confirma a hipótese formulada na introdução desse trabalho, que sugere a expansão funcional dos itens rumo a categorias pragmáticas, mais gramaticalizadas, passando, antes, pelas categorias semânticas, que incluem os usos textuais.

Representação dos usos de *assim*, *já* e *aí* nos níveis da GDF

Usos de *assim*, *já* e *aí* no nível representacional

A seguir, apresentamos a sistematização dos usos de *assim*, *já* e *aí* do Português com base nas camadas do nível representacional, começando pelos usos mais concretos.

– Usos dêiticos (advérbios de modo, tempo e locativo):

(3) coloca ele [o pau do carrinho de rolimã] *assim* (AC-007; RP: L. 90)
NR: $(e_i: (f_i: [(f_j: \text{colocar } (f_j): (\mathbf{f}_k: \text{assim } (\mathbf{f}_k)) (x_i))] (f_i)) (e_i))$

= $(m_i\text{: } (f_i\text{: assim}_{\text{AdvModo}}\ (f_i))\ (m_i))$

(4) você *já* vê uma sala (AC-008;DE: L. 99)

NR: $(e_i\text{: } (f_i\text{: } [(f_j\text{: ver } (f_j)\text{: } (\mathbf{f}_k\text{: já } (\mathbf{f}_k))\ (x_i))]\ (f_i))\ (e_i))$

= $(t_i\text{: } (f_i\text{: já}_{\text{AdvTempo}}\ (f_i))\ (t_i))$

(5) eu morava *aí* (AC-098; DE: L. 165-170)

NR: $(e_i\text{: morar } (x_i)\ (\mathbf{l}_i)\ (e_i))$

= $(l_i\text{: } (f_i\text{: aí}_{\text{AdvLocativo}}\ (f_i))\ (l_i))$

Em (3), *assim* funciona como modificador de predicado, isto é, como modificador do verbo *colocar* [advérbio de modo]. Trata-se de um elemento que opera na predicação central (evento). Em (4), o item *já* atua como modificador temporal do predicado *ver* (representado por f), que também pertence à camada do evento. Diferentemente de (3) e (4), o item *aí*, em (5), atua como argumento locativo do verbo *morar*, por isso, é representado como (l).

– Usos anafóricos:

(6) contava às vezes conta das ex namora::da (que ele tinha) namora::do... até uma vez ele falou que a única pessoa que ele quis ter alguma coisa séria foi comi::go né? essas coisas *assim* ele sempre conta (AC-064; NR: L. 49-52)

NR: $(p_i\text{: } (f_i\text{: } [(f_j\text{: contar } (f_j)\ (x_i)\ (p_j\text{: } (f_k\text{: assim } (f_k))]\ (p_j))\ (p_i))$

(7) nenhum jogador interfere ele a:: a arremessar a bola esse lance livre é mais ou menos de três metros da cesta ele fica... sozi::nho aí ele arremessa aí... esse arremesso seri::a/ vale apenas um ponto... e o basquete precisa de muito treino mesmo como eu *já* di::sse treinar diariamente mesmo... pra treinar o arreme::sso treina::r...todos os fundamen::tos e todas as regras que:: é:: no no caso é muito complexo ...(AC-055; RP: L. 150)

NR: $(p_i\text{: } (f_i\text{: } [(f_j\text{: dizer } (f_j)\ (x_i)\ (p_j\text{: } (f_k\text{: já } (f_k))]\ (p_j))\ (p_i))$

(8) eles tiveram MAIS dificuldade pra reconhecer... as vítimas né e:: nesse caso *AÍ* [o acidente de ônibus da Cometa] foi enterrado gente... com nome de outras pesso::as (AC-101; NR: L. 65-77)

NR: $(e_i\text{: } (f_i\text{: } [(f_j\text{: enterrar } (f_j)\ (x_i)\ (t_i\text{: } (f_k\text{: aí } (f_k))]\ (t_i))\ (e_i))$

Na ocorrência (6), o item *assim* faz remissão anafórica a proposições explicitadas anteriormente no texto. Nesse caso, a palavra *assim* opera na camada da proposição, como um argumento de (f), o verbo *contar*. Em (7), o item *já* faz referência à proposição *precisa de muito treino mesmo*. Em (8), o item *aí* é usado também como um elemento anafórico. Nesse caso, o item *aí* retoma anaforicamente o evento *o acidente de ônibus da Cometa*, que se apresenta na forma nominalizada e é representado como (t). Em todos os casos, os usos expressos pelos itens *assim*, *já* e *aí* operam no nível representacional.

– Usos catafóricos:

(9) Doc.: [é?]... como que cê faz pá lavar *assim* <u>o tapete</u>?
Inf.: o taPE::te? eu estendo ele no chão jogo sabão em pó... esfrego bem enxáguo ele numa aguinha de Confort... enxáguo... de novo e ponho no varal... (AC-032; RP: L. 174)
NR: (e_i: lavar ($\mathbf{x}_i$: assim) (x_j) (e_i))

(10) Inf.: três dias antes do Natal ele tem três filhos e... tem tem duas duas moça e um moço lá já é um rapaz *já* <u>de uns de uns:: trinta e oito anos mais ou menos</u> e a mulher dele foi embora e ele ficou desesperado então É uma pessoa muito bem relacionada na sociedade (AC-137; NR: L. 72)
NR: (e_i: (f_i: [(f_j: ser (f_j): (f_l: ($\mathbf{f}_k$: já ($\mathbf{f}_k$)) (x_i))] (f_l)) (e_i))

(11) Inf.: aí você jo::ga que ele vai... penetrar no bolo... aí cê joga basTAN::te coco ralado em cima né... tá *aí* <u>o bolo de preguiÇOsa</u>... super gostoso... se não tiver o leite o condensado e nem o... num quiser fazer essa cobertura... prá comer com café também ele fica [gostoso] (AC-110; RP: L. 357-385)
NR: (e_i: estar (e_j) (x_i: ($\mathbf{l}_i$: aí)) (e_i))

Em (9), *assim* atua como advérbio catafórico, referindo-se à categoria indivíduo (x) o *tapete*, por isso, categoria x é representada por *assim*. Nessa ocorrência, *assim* faz referência a um elemento que opera como argumento do verbo *lavar*. Em (10), o item *já*, embora apresente o traço de advérbio aspectual, remete cataforicamente à categoria propriedade (f) *de uns de uns:: trinta e oito anos mais ou menos*. Em (10), tem-se uma predicação não verbal, que está situada na camada do evento. Já em (11), *aí* faz remissão catafórica à categoria indivíduo (x), que constitui o predicado da construção não verbal (Hengeveld, 1992).

– Usos como advérbio aspectual:

(12) Inf.: eu num sirvo pá falar muito né sempre:: converso pouco mas os filho *já* acostumaram comigo desse jeito e entende bem...[minha esposa] (AC-121; DE: L. 121)
NR: (e_i: (f_i: [– acostumaram comigo–] (f_i)) $(e_i)_\Phi$: $(t_i$: já $(t_i))_\Phi$ (e_i))

O item *já*, em (12), atua como advérbio aspectual, cuja função é especificar a estrutura temporal interna do estado de coisas (e_i). Nesse caso, *já* indica a anterioridade a um ponto esperado do evento [os filhos se acostumarem com o jeito do pai]. Apesar de ser um uso que se diferencia do valor temporal de *já*, que é um uso mais concreto, o advérbio aspectual opera também na camada do evento, na especificação de suas propriedades temporais; por isso, na sistematização, *já* é representado como uma unidade temporal (t_i), que modifica o evento.

– Usos como introdutor de episódios:

A introdução de episódios é uma das principais características de *aí* e *assim*, podendo o exemplo ser representado como: *aí* (ep_i), *aí* (ep_j), *aí* (ep_l), *aí* (ep_m)...*aí* (ep_{n+1}):

(13) [uhum] tá uma comida que eu sei fazer bem é é arroz temperado... então eu faço *assim*... é:: compro os legumes na feira né? arro/é:: batati::nhá ceno::ura va::gem a ceboli::nhá... o fra::ngo e costumo fazer tudo em panela separada...cozinho batata separa::da o mi::lho tudo separadinho depois que o coz/já faço o arroz arroz branco... com sal alho... normal...depois eu frito o frango faço frango frito:: né? frito o frango aí depois é *você* né? [...] põe o tempero que você quiser sal óleo...é:: alho ceboli::nhá (AC-064; RP: L. 147-153)
NR: assim (ep_i), (ep_j), (ep_l), (ep_m)...(ep_{n+1})

Como dito anteriormente, em (13), *assim* é usado para introduzir vários episódios em uma sequência coerente e organizada. É comum aparecer em construções do tipo "eu faço assim", "o negócio é assim", "você pode fazer assim", dentre outras, que formam o que Hengeveld e Mackenzie (2008) chamam de *cadeia narrativa*. É importante destacar que um episódio pode ser constituído por vários eventos, como em $(ep_i$: $[(e_i)$ (e_j) $(e_k)]$ $(ep_i))$.

– Usos como advérbio relacional:

(14) é um lugar é um lazer [casa da avó] assim né você se sente bem porque é uma cidade calma num tem briga num tem aquelas coisa que a gente tá acostumado aquele movimento sabe *e assim* eu acho impressionante porque sempre que eu vou prá cidade da minha avó tem velório sabe... morreu alguém porque a minha vó a casa da minha vó é de fundo/ o velório fica no fundo da casa da minha vó (AC-048; DE: L. 236-265)
NR: (p_1) $(f_i$: $(f_i$: e_assim$_{AdvRelacional}$ $(f_i))$ $(f_i))$ (p_2)

(15) [...] bom meu pai e minha mãe saíram à noite e me deixaram na minha tia c/ junto c'o meu irmão...e cê sabe a/ aquelas eles saíram seis e meia e seis e meia é aquela hora que todo mundo éh:: sai do servi::ço...tá tudo mundo mu/ muito cansa::do che/ queren(d)o chegá(r) lo::go com fo::me em ca::sa... *e aí*:: tem mais risco de acontecê(r) um acidente...e foi o que aconteceu...meu pai e minha mãe... estavam:: éh:: indo na avenida Bady Bassi::tt... esquina com a Amara::l do lado do Pastorinho... (AC-008-NR; L. 38-74)
NR: (p_1) $(f_i$: $(f_i$: e_aí$_{AdvRelacional}$$(f_i))$ $(f_i))$ (p_2)

Os advérbios relacionais são elementos que 'acumulam' as funções anafórica e relacional, isto é, ao mesmo tempo que fazem referência anafórica, estabelecem algum tipo de relação semântica entre as unidades a que estão associados. É por isso que os itens *assim* e *aí*, em (14) e (15), são representados na GDF como uma propriedade relacional (f).

– Usos conjuncionais:

(i) conjunções coordenativas:

(16) a família da menina é muito rica né?... muito rica mesmo muito poderosa que acho que se descobrisse quem era com certeza ele estaria elimiNA::do né?... porque eu acho que:: tem tio juiz::... acho que/... tios delega::do... promoTOres né?... são família da ALta sociedade daqui de São José do Rio Preto né?... e::... *assim* eu dei um::/ foi até um alívio assim que num ficaram saben(d)o né? porque se/ com certeza ele estaria morto... e eu ficaria triste pela mãe dele né? (AC-069; NR: L. 82-111)
NR: (p_1) $(f_i$: $(f_i$: $assim_{ConjCoordenativa}$ $(f_i))$ $(f_i))$ (p_2)

(17) Doc.: ah e:: nem conta nada [que ela gosta de alguém]?...
Inf.: [ne::m conta] agora *já* minha outra irmã...fala tudo [se gosta ou não gosta de outros meninos]?... (AC-017; NE: L. 94)
NR: (p_1) $(f_i$: $(f_i$: $já_{ConjCoordenativa}$ $(f_i))$ $(f_i))$ (p_2)

(18) Doc.: [cê (pôs) pa vendê(r)?]
Inf.: eu vendi::a e eu perdi um pou/ eu perdi fiquei deven(d)o uma (parte) de dinheiro po cara lá... *aí* eu tive que roubá(r) pa pagá(r) (AC-025-NE; L. 12)
NR: (p_1) $(f_i$: $(f_i$: $aí_{ConjCoordenativa}$ $(f_i))$ $(f_i))$ (p_2)

(ii) conjunções subordinativas:

(19) ...com fogo baixo...mexe até cansar...*assim que* desgrudar da panela eu coloco numa outra vasilha (AC-018; RP: L. 104)
NR: (e_1) $(f_i$: $(f_i$: $assim\_que_{ConjSubordinativa}$ $(f_i))$ $(f_i))$ (e_2)

(20) Doc.: dona Mar:ia eu gostaria que a senhora me descreVEsse assim como que é a cidade aqui de Cedral *já que* a senhora nasceu aQUI viveu aQUI éh a senhora conhece bem a cida:de como que é a cidade aqui de Cedral? (AC-142; DE: L. 87)
NR: (p_1) $(f_i$: $(f_i$: $já\_que_{ConjSubordinativa}$ $(f_i))$ $(f_i))$ (p_2)

(iii) conjunções correlativas:

(21) todo mundo vai achar ah liberou pra comprar vou comprar uma arma todo mundo vai querer comprar arma e é perigoso também porque *se* você vota não *aí* numa briga de acidentes lá o:: um familiar seu morre só porque:: no trânsito tava reclamando com o carro (AC-045; RO: L. 297-312)
NR: $(f_i$: $(f_i$: $se_{conjunção}$ $(f_i))$ $\mathbf{(p_1)}$ $(f_i$: $(f_i$: $aí_{conjunção}$ $(f_i))$ $(f_i))$ $\mathbf{(p_2)}$

De (16) a (21), os itens *assim, já* e *aí* atuam como conjunções, ora estabelecendo relações semânticas entre orações coordenadas ora entre orações subordinadas. Assim, em todas as ocorrências, *assim, já* e *aí* são representados como propriedades (f), pois estabelecem relações de dependência/independência entre eventos (e) ou proposições (p). A única diferença é que, em (21), *aí* atua como conjunção correlativa, relacionando duas proposições.

Usos de *assim*, *já* e *aí* no nível interpessoal

Os itens linguísticos *assim*, *já* e *aí* também operam nas camadas do nível interpessoal, exercendo diferentes funções comunicativas/interacionais:

– Usos como operador aproximativo:

(i) Operador aproximativo de subato adscritivo
(22) Doc.: e o da sua mãe?
Inf.: o da minha mãe::... eu num sei o nome daquela cor mas acho que é salmão ou algo [assim... é::] [Doc.: aham ((concordando))] é:: bonito lara/la/chama... a.../ a parede mais escura acho/ É:: quase laranja *assim* SEMpre TEM as paredes mais CLAras e depois a esCUra (AC-010-DE; L. 217-221)
NI: (approx$_{assim}$ (T$_I$: laranja (T$_I$))

(ii) Operador aproximativo de subato referencial
(23) aí a gente chamô(u) minha mãe pra me levá(r) no Hospital Santa Helena... lá (...) num tinha ninguém pra me atendê(r) aí eu fui na Beneficência... aí lá me trataram bem:: co/ perguntaram tu::do que tinha aconteci::do... e eu fui falan(d)o... aí colocaram um::... cervical alguma coisa *assim* sabe?... então aí eu fiquei... lá na:: me deram so::ro me deram um monte de coisa pra mi/ mim tomá(r)...(AC-009; NE: L. 38)
NI: (approx$_{assim}$ (R$_I$: alguma coisa (R$_I$))

De acordo com Hengeveld e Mackenzie (2008), os subatos adscritivos (T) e referenciais (R) são categorias interpessoais que compõem o conteúdo comunicado. Na GDF, o esquema de organização interna dos subatos referenciais no que diz respeito à presença de modificadores é o que segue em (24):

(24) (**Π** Ri: [(Ti) (Tj: [ ] (Tj): felizmente/infelizmente (Tj))] (Ri))

Já para os operadores de subatos adscritivos, o esquema é o seguinte:

(25) a. (approx (T1))
b. (emph (T1))

Uma das contribuições deste trabalho, e também de Braga e Souza (2008), é a descoberta de um operador aproximativo (partícula mitigadora) para os subatos referenciais, até então proposto apenas para os subatos adscritivos. Por apresentarem um mesmo comportamento comunicativo, os usos de *assim* em (22) e (23) são classificados como operadores aproximativos, que tratam da inexatidão das informações.

Em (26), a palavra *aí* funciona também como *operador aproximativo de subato referencial*, possibilidade até então não considerada por Hengeveld e Mackenzie (2008):

(26) ah:: a M. já me contô(u) <u>umas coisas</u> *aí*... tipo a gente a gente foi no baile jun::to tal... mas:: a gente chega LÁ a gente fica lá dançan::(d)o e ela some... aí depois no final do baile ela vem tipo ela fala que vem me contan(d)o as coisas... daí:: ela:: me falô(u) que:: ela FOI ela ela era a fim de beijá(r) un::s menino lá... que faz academia junto com a GENte... daí:: primeiro ela foi e::... tipo ela começa a dá(r) indiREta nos moleque ... (AC-010-NR; L. 93-110)
NI: (approx$_{aí}$ (R$_I$: umas coisas (R$_I$))

Como se pode observar, na ocorrência (26), o item *aí* opera sobre o sintagma nominal "umas coisas", conferindo-lhe um valor de referência imprecisa, incerta ou 'relativa' (às vezes). Comunicativamente, essa ocorrência pode ser entendida da seguinte forma: *uma amiga me contou umas coisas que são íntimas e, por isso, eu não posso dizer exatamente como essas coisas ocorreram.* Assim, por conta dos dados do presente estudo e da contribuição de Braga e Souza (2008) para o desenvolvimento do modelo teórico da GDF, a inserção de um operador aproximativo para os subatos referenciais foi recentemente reconhecida por Hengeveld e Keizer (2008), em um estudo sobre os operadores de subatos adscritivos e referenciais, realizado a partir de uma perspectiva tipológica de análise.

Uma ocorrência de *aí* como *operador aproximativo de subato adscritivo* é dada em (27):

(27) Inf.: esTUdam tenho uma:: tenho duas neta tenho uma neta que já se/ já casou né e tem outra mocinha tá com uns qui/ quinze ano... e tem o o:: irmão delas deve tá <u>com dez ano</u> por *aí*... ele gosta de desenhar... precisa ver os desenho que ele faz desenha cacho::rro desenha (inint.) que é a mãe de::le [Doc.: uhum] ele tem DOM (AC-121; NR: L. 95-99)
NI: (approx$_{aí}$ (T$_I$: com dez anos (T$_I$))

Em (27), *aí* atua sobre o sintagma *com dez anos* como um operador aproximativo. Nesse sentido, em vista dos exemplos, o que propomos neste estudo é o que segue em (28):

(28) (Π R_1: Núcleo (R_1): modificador (R_1))
- proposta: (*approx* (R_1))

A presença de *assim* e *aí* operando nos subatos adscritivos e referenciais é mais uma evidência linguística de que esses elementos estão se gramaticalizando no Português brasileiro e assumindo funções que são declaradamente interpessoais.

– Usos como introdutor de conteúdo comunicado:

(29) de repente ele [meu filho] parou de conversar [pela internet] com minha irmã e começou falar com a minha prima e minha irmã brava com ele perguntando pra ele –"com quem você tá falando"– aí ele falou *assim* –"eu tô falando com a Tami::res" – aí falou assim –"ah! tá"– aí ele pegou falou assim –"ah! em Rio Preto" (AC-078; NR: L. 89-100)
NI: (M_1: (A_I: (F_I: DECL (F_I)) $(P_I)_S$ $(P_J)_A$ (C_I: [– eu tô falando com a Tamires –] (C_I): Σ (C_I))] (A_I)) (M_1))

Por introduzir o discurso direto de um falante, o uso de *assim* é representado em (29) como um introdutor de conteúdo comunicado (que indica aquilo que é falado por alguém).

– Usos como marcador de foco e introdutor de tópico:

(i) Introdutor de tópico
(30) Doc.: *e assim* com relação aos filhos do senhor alguma situação... que eles já passaram que o senhor já tinha me dito que ia falar que co/ eles e eles contaram pro senhor e o senhor num esqueceu assim o senhor pode tá falando (AC-101; NR: L. 79-81)
NI: (C_I: [$(R_I$: filhos$)_{Top}$ (T_J: passaram$)_Φ$ (T_I: situação$)_{Foc}$] (C_I))

(ii) Marcador de foco
(31) Inf.: [É::]... ai eu tenho tipo uma tia que ela já foi pra Cu::ba... isso já faz <u>um tempo</u> *já*... ela foi pra CU::ba era pra pra mim tê(r) ido jun::to só que meu pai diz que num quis porque a gente era muito novo (AC-010-NR; L. 139)
NI: (C_I: [(R_I: isso) (T_J: faz) (T_I: um tempo$)_{Foc}$] (C_I))

Em (30), a documentadora utiliza o item *assim* como estratégia linguística para introduzir o tópico conversacional *filhos do informante* para, a partir daí, questionar o informante sobre possíveis acontecimentos relacionados aos filhos, e, por esse motivo, é representado como uma função na GDF ($_{Top}$: introdutor de tópico). Em (31), o papel do item linguístico *já* é marcar o foco da oração, isto é, a informação que o falante considera como mais importante para ser transmitida ao ouvinte. Por essa razão, o item *já* é representado em (31) como uma função

($_{Foc}$: marcador de foco). Essa leitura de foco é garantida pelo processo de reduplicação de *já* na construção em análise [**já** SV SN/SAdj/SAdv **já**].

O uso de *aí*, em (32), é outro caso que opera na organização de tópico:

(32) aí nós pegô(u) lá colocô(u) lá ficô(u) jogan(d)o jogan(d)o jogan(d)o jogan(d)o... deu um piriPAQUE lá na fita do menino [Doc.: uhm] depois o menino... foi lá e falô(u) assim –"o E. cadê minha fita?"–... hum –"suMI::U"–
Doc.: *e aí*? o menino ficô(u) bravo?
Inf.: não agora o menino NE::M LEMbra mais que ele tem aquela fita (AC-007-NE; L. 10-31)
NI: (C_1: [(R_1: menino)$_{Top}$ (T_J: ficou) (T_1: bravo)$_{Foc}$] (C_1))

– Usos como marcador discursivo:

(33) cê já... VI::U *assim* particiPÔ::(U) de alguma BRIga alguma coisa...que marCÔ(U)?... pode falá(r) pra gente? (AC-010-NE; L. 46)
NI: (M_1: [(A_1) assim$_{MarcadorMetadiscursivo}$ (A_2)$_{\Phi}$] (M_1))$_{\Phi}$

(34) Inf.: e aí que aconteceu ele [o amigo] gostava dela o outro [baixista da igreja] começou namorar na/a namorar escondido e ela ficou sabendo que ele [o amigo]:: que ele gostava dela aí ficou aquele clima ruim né?...e aí eu falei – "Renan que cê vai fazer agora?"– *aí*:: ele falou –"num sei né?"– *aí:: aí aí* foi embora aí ele tentou a voltar a amiza::de e ela ficou com os dois ao mesmo tempo num dia só…(AC-017-NR; L. 59-72)
NI: (M_1: [(A_1) aí$_{MarcadorMetadiscursivo}$ (A_2)$_{\Phi}$] (M_1))$_{\Phi}$

Nas ocorrências acima, os itens *assim* e *aí* são analisados como marcadores metadiscursivos (marcadores na organização do discurso), porque ambos atuam na camada do ato discursivo, na reformulação daquilo que foi dito anteriormente pelo falante. É o que justifica a representação de *assim* e *aí* como uma função em (33) e (34).

– Usos como introdutor de movimento:

(35) Doc.: sabe o que eu queria que cê me contasse também se puDESSE ...como você conheceu seu… [atual] namorado…
Inf.: [namorado?] ahn… éh:: foi *assim* eu tava numa casa de uma colega MINHA… *aí* ela falou assim que tinha que apresentar uns menino queria apresentar uns menino aí no meu dos menino tava ELE *aí* foi assim amor à primeira vista… [Doc.: hum] *aí*:: ele pegou e pe/pe/ perguntou se eu queria ficar com ele eu falei que eu queri::a a gente começou ficar naquele dia aí passaram uns dois meses a gente num se viu mais… [Doc.: hum] *aí* do nada eu encontrei ele assim *aí* a gente começou ficar de novo ele pediu eu em namo::ro e a gente tá até ho::jê (AC-034; NE: L. 15-24)
NI: *assim* (M_1: [*aí*(A_1)...*aí* (A_2)...*aí* (A_3)...*aí* (A_{4+n})$_{\Phi}$] (M_1))$_{\Phi}$

Em (35), *aí* introduz um movimento de reação (ao comando do documentador), que, por sua vez, é constituído por vários atos discursivos inseridos por meio do uso de *aí*.

Generalizações sincrônicas: o percurso de mudança

Relacionando as ocorrências de a*ssim*, *já* e *aí* às diferentes categorias semânticas e pragmáticas dos níveis representacional e interpessoal, temos o seguinte:

Quadro 3 – Correlação entre os itens *assim*, *já* e *aí* e os níveis da GDF

ITENS	Categorias da GDF							
	Nível representacional					Nível interpessoal		
	f	**x**	**e**	**ep**	**p**	**C**	**A**	**M**
Assim	-	-	+	+	+	+	+	+
Já	-	-	+	+	+	+	-	-
Aí	-	-	+	+	+	+	+	-

A análise dos dados de *assim*, *já* e *aí* no português falado do Brasil sugere uma trajetória de GR que parte das camadas do nível representacional, em especial a camada do evento, em direção às camadas do nível interpessoal, como as camadas do conteúdo comunicado, ato discursivo e movimento. Esse percurso de mudança envolve alterações morfossintáticas, pelo fato de os itens assumirem outras posições sintáticas e integrarem outros paradigmas funcionais, e também alterações semânticas e pragmáticas (Souza, 2009). Com relação às mudanças semântico-pragmáticas, o que se observa é a persistência de alguns traços semânticos das formas-fonte nos usos mais gramaticalizados (Hopper, 1991).

Nesse sentido, os percursos de GR de *assim*, *já* e *aí* corroboram as ideias de Traugott (1982, 1995, 1999) e Traugott e König (1991) não apenas no que diz respeito ao papel do contexto comunicativo no surgimento de novos usos na língua, como também no tocante ao caráter unidirecional das mudanças implementadas por esses itens, que partem quase sempre do componente proposicional rumo ao componente expressivo da língua:

Quadro 4 – Os percursos de GR de *assim*, *já* e *aí* na GDF

Categorias representacionais	**Categorias interpessoais**
evento > episódio > proposição	> conteúdo comunicado > (ato discursivo) > (movimento)

Como se vê no quadro 4, os percursos de mudança linguística de *assim, já* e *aí* no português falado do noroeste paulista sugerem que há um processo de GR que começa mais precisamente no léxico (ao consideramos os usos de *assim, já* e *aí* como proformas adverbiais), passa pelo nível representacional (pelas camadas do evento, episódio e conteúdo proposicional) e termina no nível interpessoal (nas camadas do conteúdo comunicado, ato discursivo e movimento), sendo o evento (predicação central), em geral, a camada-fonte do processo de GR e o movimento a camada-alvo, em especial para os itens *assim* e *aí*. Nesse sentido, considerando o léxico como parte do processo de GR de *assim, já* e *aí* no português, podemos listar o seguinte trajeto de mudança: *(léxico) > nível representacional > nível interpessoal.*

Considerações finais

A análise dos dados de *assim, já* e *aí* aponta para os seguintes resultados:

Quadro 5 – Trajetória de GR de *assim* no português contemporâneo

Dêitico > fórico > introdutor de episódios > advérbio relacional > conjunção coordenativa / conjunção subordinativa > operador aproximativo de subato adscritivo/operador aproximativo de subato referencial > introdutor de conteúdo comunicado > organizador de tópico > marcador discursivo > introdutor de movimento

Quadro 6 – Trajetória de GR de *já* no português contemporâneo

Dêitico > advérbio aspectual > fórico > conjunção coordenativa/conjunção subordinativa > marcador de foco

Quadro 7 – Trajetória de GR de *aí* no português contemporâneo

Dêitico > fórico > introdutor de episódio > advérbio relacional > conjunção coordernativa/ conjunção subordinativa/conjunção correlativa > operador de subato adscritivo/operador de subato referencial > organizador de tópico > introdutor de ato discursivo > marcador discursivo

A partir das categorias semânticas e pragmáticas propostas pela GDF, mostramos que os usos mais concretos de *assim, já* e *aí*, os de advérbios dêiticos, estão situados na camada do evento, do nível representacional, e à medida que esse item vai assumindo outras funções na língua, tais como funções textuais (advérbio anafórico, advérbio catafórico, introdutor de episódios, advérbio relacional e conjunção coordenativa e subordinativa) e funções discursivas (introdutor de conteúdo comunicado, operador aproximativo de subatos referencial e adscritivo, marcador discursivo/foco, organizador de tópico e introdutor de movimento), esses itens passam também a operar em outras camadas dos níveis representacional e interpessoal, percorrendo uma trajetória unidirecional de mudança, que vai do menos gramatical para o mais gramatical, conforme os quadros 5, 6 e 7.

Por fim, é importante ressaltar que a proposta de GR dos itens linguísticos *assim, já* e *aí* no português brasileiro, que aponta para um processo de abstratização/pragmatização dos significados linguísticos, é também referendado pelo esquema de organização proposto por Hengeveld e Mackenzie (2008), que mostra a relação entre modificador, operador e função:

(36) ($\boldsymbol{\pi}$ α_1: [(complexo) núcleo] (α_1): $\boldsymbol{\sigma}$ (α_1))$_\varphi$

No esquema acima, o núcleo representa o primeiro restritor (obrigatório) e o modificador (σ) é definido como o segundo elemento restritor (pode designar lugar, espaço etc.). O núcleo só é considerado complexo quando um número de itens coordenados define hierarquicamente uma unidade superior. Já os meios gramaticais são divididos em operadores (π) e funções (φ). Na GDF, os operadores captam as propriedades não relacionais expressas gramaticalmente, enquanto as funções captam as propriedades relacionais expressas também gramaticalmente. No nosso caso, o item *aí* é definido como núcleo quando atua como termo argumental e como modificador quando atua como advérbio de lugar (1). O mesmo acontece com os itens *assim* e *já*, que funcionam como modificadores do verbo quando operam como advérbio de modo e advérbio de tempo, respectivamente. A partir do momento em que eles passam a operar na camada do conteúdo comunicado, os itens *assim* e *aí* atuam como operadores aproximativos de subatos adscritivo e referencial, ou como marcador de foco no caso de *já*. Quando se tornam mais gramaticalizados, exercendo funções discursivas no nível interpessoal, os itens *assim* e *aí* passam a exercer as funções de organizador de tópico, introdutor de ato discursivo ou introdutor de movimento e marcador discursivo, descrevendo, assim, um processo de GR que vai do lexical para o gramatical (ou mais gramatical): núcleo (lexical) → modificador (lexical) → operador (gramatical) → função (gramatical).

Notas

1 Este texto apresenta alguns resultados da minha Tese de Doutorado "Gramaticalização dos itens linguísticos *assim*, *já* e *aí* no Português Brasileiro: um estudo sob a perspectiva da Gramática Discursivo-Funcional" (IEL/Unicamp). A pesquisa foi orientada pela Profa. Dra. Ingedore Grunfeld Villaça Koch e contou com o apoio financeiro da Fundação de Amparo à Pesquisa do Estado de São Paulo (Fapesp, Proc. n. 04/10894-0).

2 Em sua dissertação de mestrado, Lopes-Damásio (2008) analisou as funções do marcador discursivo *assim*.

3 O objetivo do trabalho de Guerra (2007) é buscar uma redefinição do conceito de marcador discursivo e, consequentemente, dos elementos linguísticos que podem integrar esse grupo de palavras.

4 Os exemplos (a) e (b) abaixo constituem casos de movimento com dois atos discursivos, em que um é definido como subordinado (dependente) e o outro como nuclear:

a) O João, ele esteve aqui. $(\Pi\ M_1: [(\Pi\ A_1: [\ldots]\ (A_1))_{Orient}\ (\Pi A_2: [\ \ldots\ ]\ (A2))_{Nucl}]\ (M_1))_{\Phi}$

b) Ele esteve aqui, o João. $(\Pi\ M_1: [(\Pi\ A_1: [\ldots]\ (A_1))_{Nucl}\ (\Pi A_2: [\ \ldots\ ]\ (A2))_{Corr}]\ (M_1))_{\Phi}$

5 Os exemplos (i) e (ii) abaixo representam alguns tipos de movimento no português:

(i) A: *Onde você estuda?* $(M1)_{Iniciação}$

B: *Eu estudo em São Paulo.* $(M2)_{Reação}$

(ii) A: *Qual é a capital do Brasil?* $(M\ A1)_{Iniciação}$

B: *Brasília.* $(M\ B_{Reação})$ *Por quê?* $(M\ B2)_{Iniciação}$

A: *Eu estou fazendo a minha lição de casa.* $(M\ A2)_{Reação}$

6 O *corpus* de análise é composto por 38 inquéritos do tipo *Amostra Censo*, provenientes do Banco de dados Iboruna (Fapesp, n. 03/080058-6), coordenado pelo Prof. Dr. Sebastião Carlos Leite Gonçalves (Ibilce/Unesp).

Bibliografia

Barbosa, J. S. *Gramática philosophica da língua portuguesa*. Lisboa: Tars, 1881.

Bechara, E. *Moderna gramática portuguesa*. Rio de Janeiro: Lucerna, 1999.

Braga, M. L.; Souza, E. R. F. *Estou com uns problemas aí*: o uso de aí como operador aproximativo no Português Brasileiro, 2008 (em preparação).

______. et al. *Aí* e *Então* e a hipótese da trajetória universal. In: Neves, M. H. M. (org.). *Descrição do português*. Araraquara: Acadêmica, 2001, pp. 13-23.

Bybee, J. Mechanisms of change in grammaticalization: the role of frequency. In: Janda, R.; Brian, J. (eds.). *Handbook of historical linguistics*. Oxford: Blackwell, 2003.

Castilho, A. A gramaticalização. *Estudos Linguísticos e Literários*, 1997, v. 19, pp. 25-64.

Cunha, C. F. e Cintra, L. *Nova gramática do português contemporâneo*. Rio de Janeiro: Nova Fronteira, 1985.

Dik, S. C. *The theory of functional grammar*. New York: Mouton de Gruyter, 1997.

Gasparini-Bastos, S. D. *Os constituintes extrafrasais com valor epistêmico*. Araraquara, 2004. Tese (Doutorado em Linguística e Língua Portuguesa) – Unesp.

Guerra, A. R. *Funções textual-interativas dos marcadores discursivos*. São José do Rio Preto, 2007. Dissertação (Mestrado em Estudos Linguísticos) – Unesp.

Heine, B., et al. From cognition to grammar. In: Traugott, E.; Heine, B. (eds.). *Approaches to grammaticalization*. Amsterdam: John Benjamins, 1991a, pp.149-87.

Hengeveld, K.; Mackenzie, J. L. *Functional Discourse Grammar*: A typologically based theory of language structure. Oxford: Oxford University Press, 2008a.

______. *Non-verbal Predication*. New York: Mouton de Gruyter, 1992.

______; Keizer, E. *Non-straightforward communication. Working Papers on Functional Grammar*, 2008.

______; Traugott, E. *Grammaticalization*. Cambridge: University Press, 1993.

Hopper, P. On some principles of grammaticalization. In: Traugott, E. C.; Heine, B. (eds.). *Aprroaches to grammaticalization*. Amsterdan: John Benjamins, 1991, pp. 17-35.

Ilari, R. et al. Considerações sobre a posição dos advérbios. In: Castilho, A. (org.). *Gramática do português falado*. Campinas: Ed. Unicamp/Fapesp, 1990, pp. 63-141.

Keizer, E. The lexical-grammatical dichotomy in FDG. *Revista Alfa*. Advances in Functional Discourse Grammar, 2007, n. 2, v. 51, pp. 35-56.

Longhin, S. R. O constituinte pragmático intraoracional: Foco. *Estudos Linguísticos*. São José do Rio Preto, 1998, v. 27, pp. 218-25.

Lopes-Damásio, L. R. *A emergência do marcador discursivo assim sob a óptica da gramaticalização*. São José do Rio Preto, 2008. Dissertação (Mestrado em Estudos Linguísticos) – Unesp.

Neves, M. H. M. Os advérbios circunstanciais de lugar e tempo. In: Ilari, R. (org.). *Gramática do português falado*. Campinas: Ed. da Unicamp, 1992, v. 2, pp. 261-95.

Pezatti, E. G. O constituinte pragmático foco como meio de subjetividade. *Bol. Abralin*, 1997.

Risso, M. S. et al. Traços definidores dos Marcadores Discursivos. In: Jubran, C. S.; Koch, I. G. V. (orgs.). *Gramática do português culto falado no Brasil*. Campinas: Ed. Unicamp, 2006.

Schiller, E. *Why do creoles have serial verb constructions*, 1999. Disponível em: <http://www.ericschiller.com/ling/papers/why_svc>. Acesso em: 26 nov. 07.

Sebba, M. *The syntax of serial verbs*. Amsterdam: Benjamin, 1987.

Silva, G. M. de O. et al. Anatomia e fisiologia dos marcadores discursivos não prototípicos. In: Neves, M. H. M. (org.). *Gramática do português falado*. São Paulo: Humanitas/FFLCH/USP, 1999, pp. 297-347.

Souza, E. R. F. Os advérbios focalizadores no português falado do Brasil. São José do Rio Preto, 2004. Dissertação (Mestrado em Estudos Linguísticos) – Unesp.

______. *Gramaticalização dos itens linguísticos assim, já e aí no português brasileiro*. Campinas, 2009. Tese (Doutorado em Linguística) – Unicamp.

Sweetser, E. C. *From etymology to pragmatics*: metaphorical and cultural aspects of semantic structure. Cambridge: Cambridge University Press, 1991.

Traugott, E. C. From propositional to textual and expressive meanings. In: Lehmman, W.; Malkiel, Y. (eds.). *Perspectives on historical linguistics*. Amsterdam: J. Benjamins, 1982.

______. From subjectification to intersubjectification. In: Raymond, H. (ed.). *Motives for Language Change*. Cambridge: Cambridge University Press, 2003, pp. 124-39.

Orações subjetivas e mudança de padrões na história do português

Sebastião Carlos Gonçalves

Uma das formas de encaixamento de oração no português é representada por orações substantivas, comumente referidas como aquelas que se equiparam a um sintagma nominal, que, na frase, exerce função argumental. É em razão de se comportarem como elemento nominal que são tradicionalmente chamadas *orações substantivas*, casos das orações em itálico nas ocorrências abaixo, representativas de diferentes padrões de *orações subjetivas*, considerando-se a *natureza categorial* (em (1), (2), (3) e (4)) e *semântica* (de (a) a (g)) *do predicado matriz* e o *formato da oração encaixada* (finito, não finito e nominalizado).[1]

(1) Predicado matriz verbal

a. Avaliação não modal
Importa ao serviço de Sua magestade *que o Ouvidor geral Manoel Pinto da Rocha tire huã testemunha* que na cidade da Parayba. (XVII, T, GV)

b. Acontecimento
tivemos o mais Renhido encontro. Suçedeo *que foram Mortos todos os amigos*. (XVII, T, GV)

c. Atitude subjetiva emocional
Alegra-me *que você queira escrever alguma cousa sobre o Basilio*. (XIX, T, EQ)

d. Causativo
Mais pra FREN::te... quando a pessoa ficá(r) mais... crescê(r) MAIS adulto assim acho que va::i vai dá(r) consequência... *bebê::(r) fuMÁ(r)* essas coisa (XIX, BDI, AC-010-RO)
e. Modalidade deôntica
éh ... não convém também ter uma alimentação pesada ... né? (XX, N, DID-RJ-328)
f. Modalidade epistêmica
Parece-me *que nestes provimentos entraram alguns dos que tiveram particularmente a proteção e favor de V. Ex.* (XVIII, T, CB)

(2) Predicado matriz adjetival
a. Avaliação não modal
seraa milhor *surgir ao longo do lado daloeste.* (XVI, T, MN)
b. Atitude subjetiva emocional
É gostoso *CE ficá(r) ven(d)o assim um matinho e vaquinha* (XXI, BDI, AC-072-DE)
c. Modalidade deôntica
Desta sae outra restinga muy temeraria comprida e larga ao nordeste mais de mea lagoa e he necessário *muito resguardo* (XVI, T, MN)
d. Modalidade epistêmica
Sendo insolúveis na água, é provável *que saponinas, que os acompanham, promovam sua suspensão no meio*, ajudando assim a exercer sua ação tóxica. (XX, BDL, T)
e. Frequência
É comum, lendo-se textos de historiadores, *deparar-se com expressões como "contando-se apenas com informações arqueológicas muito pouco podemos saber"*. (XX, BDL, T)

(3) Predicado matriz nominal
a. Avaliação não modal
É para mim um alto privilégio dirigir a palavra a Vossas Excelências (XX, BDL, O).
b. Acontecimento
comçernente a dita viagem e defensão dos inimigos, e sendo cazo *que algũs deles ditos mestres se apartem da tal conçerva, e companhia*, não constando... (XVII, T, GV)
c. Atitude subjetiva emocional
É uma pe::na *que o nosso prefeito foi cassa::do...* (XXI, BDI, AC-098-RO)
d. Modalidade deôntica
E com as eleições para a Academia, é uma obrigação *eu me exibir*. (XX, BDL, D)
e. Modalidade epistêmica
É verdade *que certos detalhes,* (mostrando), *como este, este outro, sofreram modificações* para impressionar melhor o observador (XX, BDL, D)
f. Frequência
É moda agora *adolescente de dezesseis anos ficar grávida* (XXI, BDI, AC-010-RO)

g. Volição
Era o meu desejo *que o antigo navio romano fosse tratado como se tratam todos os objetos antigos e preciosos que se conservam nos museus*. (XX, BDL, T).

(4) Predicado matriz formado por locuções predicativas
a. Avaliação não modal
porque num é à toa *que ela tá na mídia...* se ela tá lá é por nós (XXI, BDI, AC-066-RO)
b. Atitude subjetiva emocional
tam(b)ém num valia a pena *ensiná(r) ela a be(i)já(r)* né? (XXI, BDI, AC-049-NE)
c. Modalidade deôntica
o único problema é que cê tem subí(r) um morrão enorme enor::me pra podê(r) chegá(r) mas num... dá pra *í(r)* (XXI, BDI, AC-001-DE)
d. Modalidade epistêmica
eles não estão preocupados ... ah na maneira de fazer um questionário ... de induzir a uma resposta ... pode ser *que outro ... tenha essa preocupação* (XX, N, EF-REC-337)

Nos diferentes padrões de orações subjetivas de (1) a (4), todas as construções destacadas em itálico encerram com o predicador principal (sublinhado) uma relação do tipo predicado-argumento. Para além desses fatores que envolvem relação argumental na sentença, também fatores de ordem sintática, semântica e pragmática são necessários para uma descrição mais satisfatória das chamadas *orações subjetivas*. São, portanto, objeto deste trabalho os tipos de construção exemplificados em (1) a (4), aos quais a grande maioria das gramáticas não dispensa um tratamento que permita distinguir com clareza os padrões que se agrupam sob um mesmo rótulo; por vezes, faz referência tão somente ao funcionamento sintático do argumento oracional do predicado matriz, sem a preocupação de estabelecer correlações entre tal constituinte e o predicado em que ele se encaixa. Então, como parte de um projeto maior cujo propósito é traçar um quadro tipológico das orações subjetivas e seu desenvolvimento histórico, tomando por base alguns pressupostos do quadro da gramaticalização (Hopper e Traugott, 2003; Bybee, 2001, 2005), no presente trabalho cuido de expor a variância e invariância de padrões de orações subjetivas na história do português.

Importante dizer que não contemplo nesse momento dois tipos de ocorrência, possivelmente identificados com orações subjetivas, como exemplifico em (5).

(5) Dados excluídos
a. Oração matriz com estruturas passivas (Neves, 2000: 335-342)
Ficou provado *que Jorge era púbere...*
Mas acredita-se *que o número de assaltos por ele praticado seja bem maior*

b. Oração matriz com estruturas predicativas sem cópula
Nossa ... muito engraçado [ver todo mundo novi::nho falando tudo errado em inglês] sabe? (XXI, BDI, AC-042-NE)

Sentenças do tipo de (5a) foram descartadas por conta do controverso nível de encaixamento oracional, se na posição de argumento externo (sujeito), como reconhece a tradição gramatical, ou se na de argumento interno (objeto), cnforme defendem, por exemplo, gerativistas como Kato e Mioto (2000). Sentenças identificadas com (05b) foram excluídas do quadro das orações subjetivas, em razão de a omissão da cópula na matriz representar casos mais avançados de gramaticalização do complexo oracional (Lehmann, 1988), o que requer uma reanálise do estatuto sintático-semântico não só da oração matriz, mas da relação envolvendo matriz e encaixada, que de estrutura bioracional passa a mono-oracional (Fortilli, 2009), dada a adverbialização da oração matriz.

Nesse estudo, a investigação empírica toma por base diferentes *corpora*, incluindo fala e escrita, com o objetivo de se obter o maior número possível de padrões para a construção em análise. Assim é que foram utilizadas, para este trabalho:

(i) amostras de fala do Projeto Amostra Linguística do Interior Paulista (Alip), representativas do século XXI,[2] e do Projeto Nurc/Brasil, representativas do século XX;[3]
(ii) amostras de escrita do século XX, provenientes do *Corpus* de Língua Escrita do Brasil e reunidas no banco de dados do Centro de Estudos Lexicográficos da Unesp de Araraquara (SP);[4]
(iii) amostras do português histórico, extraídas de textos de gêneros discursivos variados dos séculos XIII a XX, reunidos no Corpus *diacrônico do português*, organizado por Tarallo (1991).[5]

Para a investigação histórica, considera-se, aqui, a clássica divisão do português em três períodos: o arcaico, que se estende do século XIII ao XV, o moderno, que compreende os séculos XVI e XVII, e o contemporâneo, a partir do século XVIII.

As análises apresentadas explicitam resultados para os parâmetros: *categoria do predicado matriz* (verbo, adjetivo, nome, locução predicativa); *valor semântico-pragmático do predicado matriz* (epistêmico, deôntico, avaliativos, de atitude subjetiva emocioanal etc) e *formato da encaixada* (finito, não finito e nominalizado).

A identificação de um dado padrão oracional obedece ao cruzamento das "variantes" de cada uma das "variáveis" consideradas, noções operantes em pesquisas variacionistas e que são empregadas no presente trabalho apenas como recurso heurístico. Para a busca de correlação entre as variáveis e para a extração de frequências dos padrões oracionais foi utilizado o pacote estatístico Goldvarb. Emprega-se aqui tal ferramenta apenas para se ter a garantia de que todas as ocorrências serão analisadas à luz dos mesmos critérios. Esse recurso metodológico permite reconhecer um dado padrão como um *type*, ao qual se associam diferentes realizações desse padrão, os *tokens* (Bybee, 2005). A expectativa é a de que apuração de frequências *token* e *type* permita revelar instâncias de gramaticalização das construções em foco, como explica Bybee (2005: 605):

> Uma propriedade muito notada na gramaticalização de construções é o aumento em frequência *type* dos itens lexicais coocorrentes. Como consequência, a frequência *token* [...] também cresce drasticamente. Tão importante quanto o crescimento em frequência *type* ou generalidade, é a alta frequência *token* de sintagmas gramaticalizados, que fornece o mecanismo desencadeador para muitas mudanças que ocorrem na forma e na função da construção gramaticalizada. A alta frequência *token* desencadeia muitas mudanças porque ela afeta a natureza das representações cognitivas...

Este trabalho segue apresentado em três partes principais: na seção "Alinhamento teórico", são expostas as bases teóricas do tratamento funcionalista dispensado às orações complexas, com destaque especial para os casos de combinação de orações por subordinação e, mais especificamente, para os tipos de construção subordinada – foco deste trabalho; depois, seguem os resultados gerais alcançados na identificação de padrões de orações subjetivas na história do português, a partir de parâmetros de análise da oração matriz e da encaixada; e, como conclusão, são identificadas as principais mudanças que afetam o complexo oracional de que participam as orações subjetivas.

Alinhamento teórico

Em vista da inclusão de diferentes tipos de construção complexa sob o rótulo da *Subordinação*, faço, inicialmente, nesta seção, um esclarecimento de como tais construções são costumeiramente tratadas na abordagem funcionalista, por mim adotada.

Sobre subordinação sentencial

Na tradição gramatical, arrolam-se orações de diferentes estatutos sintático-semânticos na abordagem das chamadas *orações complexas*. Compondo construções de subordinação, encontram-se orações adverbiais, adjetivas e substantivas (Cunha e Cintra, 1991), o que leva ao questionamento do estatuto de subordinação atribuível aos constituintes não oracionais que lhes são correspondentes (advérbio, adjetivo e substantivo) no funcionamento da estrutura frasal simples, não complexa.

Encontram-se na base desse questionamento a equivalência funcional que se pretende estabelecer entre termos simples e oracionais e a impropriedade de se estender o estatuto de subordinação para abarcar todos esses casos indistintamente. Por exemplo, parecem inquestionáveis as diferenças funcionais de um SN na posição de sujeito e na posição de objeto, em relação a outros constituintes adverbiais ou mesmo adjetivais. Substantivos, adjetivos e advérbios participam de algum modo diferenciado da composição de uma sentença, que é determinada pela estrutura argumental de um predicado.

Na resolução de tal impropriedade, uma proposta diferente para o tratamento das orações complexas é oferecida pela linguística de orientação funcionalista, que trata do modo como as orações se combinam no interior de um complexo oracional. Haiman e Thompson (1988), Halliday (1985), Hopper e Traugott (2003), entre outros, defendem um modo tripartite para um entendimento mais satisfatório de como as orações se articulam no interior de um complexo oracional, propondo a seguinte separação: *parataxe*, *hipotaxe* e *subordinação*. Tal distinção é explicada por Hopper e Traugott (2003) com base no reconhecimento de diferentes graus de integração sintática, reveladores de um percurso unidirecional de gramaticalização dessas orações.

Valendo-se, então, da combinação dos traços [dependência] e [encaixamento], Hopper e Traugott (2003: 170) propõem um *continuum*, reproduzido em (6), para colocar de um lado os casos de relações táticas e, de outro, os casos de subordinação estrita.

(6) *Continuum* da combinação de orações

	Parataxe	>	**Hipotaxe**	>	**Subordinação**
[Dependência]	-		+		+
[Encaixamento]	-		-		+

(Hopper e Traugott, 2003: 170)

Sob os critérios de *dependência*, *integração* e *tipo de ligação* entre orações, propõem ainda os autores a caracterização da combinação de orações, como mostrada em (7).

(7) Propriedades gradientes da combinação de orações

Parataxe	**Hipotaxe**	**Subordinação**
(independência)	(interdependência)	(dependência)

núcleo	←——→	margem
integração mínima	←——→	integração máxima
ligação explícita máxima	←——→	ligação explícita mínima

(Hopper e Traugott, 2003: 172)

A partir das propriedades dadas nessa esquematização, a parataxe se caracteriza pela relativa independência e integração mínima entre as orações; a hipotaxe, pela relativa interdependência e por um grau intermediário de integração; e a subordinação, por total dependência e integração máxima entre as orações, ou seja, a margem é encaixada em um constituinte da oração núcleo, sem necessariamente contar com um nexo que as uma.

Mesmo em se tratando de subordinação *stricto sensu*, há exemplares mais gramaticalizados (ou mais integrados) do que outros, como explicita Lehmann (1988) em sua proposta de gramaticalização e dessentencialização de orações. A depender do grau de finitude da oração encaixada, ela pode apresentar-se forte ou fracamente integrada a um núcleo, que pode, inclusive, tomar como margem uma construção reduzida ao grau máximo de dessentencialização, representado pelos casos de nominalização, como mostra o esquema em (8), adaptado do autor.

(8) *Continuum* de sentencialidade

sentencialidade ←——→ **nominalidade**

oração finita	←	oração não finita	←	nominalização
integração fraca	←	integração média	←	integração forte

(Lehmann, 1998: 200)

Rearranjando a classificação tradicional das orações complexas dentro desse esquema de combinação de orações, têm-se, então, sob a designação de *parataxe*, orações coordenadas e justapostas, sob a designação de *hipotaxe*, orações adverbiais e apositivas, e, por fim, sob a designação de *subordinação*, apenas as subordinadas substantivas e adjetivas restritivas.

Do até aqui exposto, *Subordinação*, então, é neste trabalho tratada como o mecanismo sintático por meio do qual uma predicação é estruturada como argumento de um predicado. Predicado completável por argumentos oracionais é chamado *predicado matriz*, e oração que tem esse predicado como núcleo é a *oração matriz*. Alternativamente, complemento oracional de predicado matriz é também referido como *oração encaixada* ou *subordinada* (Noonan, 1985; Gonçalves et alii, 2008).

Estruturalmente, a definição de construções encaixadas se completa por referência às posições argumentais que elas ocupam no complexo oracional, propriedade dependente da estrutura argumental do predicado matriz: em posição A1, de primeiro argumento, caso das subjetivas (*parece [que...]*), em posição A2, de segundo argumento, caso das objetivas (*X acha/crê [que...]*), ou em posição A3, de terceiro argumento, caso das objetivas indiretas (*X convence Y [de que...]*). Importante dessa definição é a identificação do ambiente sintático em que a encaixada ocorre, sempre sustentando uma relação do tipo argumento-predicado (Noonan, 1985).

Em outras palavras, uma oração pode ser considerada argumento de um predicado (verbal, nominal, adjetival) se ela ocorre em posição argumental semelhante à de um termo simples, cuja funcionalidade define também o estatuto sintático das orações encaixadas a ele equivalentes (*sujeito*, *objeto* e *complemento de nome*). Assim, o valor funcional de construções encaixadas é determinado pelas relações funcionais que elas assumem dentro do complexo oracional mais amplo em que ocorrem.

Sobre as orações subjetivas

Na literatura funcionalista que trata de articulação de orações, atenção maior tem sido dispensada às orações paratáticas e hipotáticas (Haiman e Thompson, 1988; Neves, 2000; entre outros) e às orações encaixadas em posição de objeto, ou posição A2 (Noonan, 1985; Thompson, 2002; Bybee, 2001; Hopper e Traugott, 2003; Lehmann, 1988; Braga, 1999; entre outros). Raros têm sido trabalhos que tematizem exclusivamente o encaixamento de orações na posição de sujeito, ou posição A1 (Cabeza Pereiro, 1997). Na vertente formalista, por sua vez, a atenção se volta mais para complementos oracionais tanto em posição A1 quanto em A2 (Mioto e Kato, 2000; Kato e Mioto, 2001; Quícoli, 1976; Perlmutter, 1976), e poucos são os trabalhos dedicados a relações hipotáticas. Mais raros ainda, em ambas as vertentes linguísticas, são trabalhos que tratem das mudanças sintáticas que afetam essas orações.

É no paralelo da equivalência funcional entre termo simples e oracional que se caracterizam as orações subjetivas: ocorrem na posição A1 dos predicados (verbal, nominal ou adjetival), pospostas à matriz, diferentemente da posição canônica de sujeito em relação ao predicado, fato explicável pela complexidade do constituinte encaixado (Dik, 1989), podendo expressar-se na forma finita ou não finita, como mostram os padrões estruturais em (9).

(9) Padrões estruturais das orações subjetivas[6]
   a. $[_{\text{O}} [_{\text{matriz}}\ \textit{SV}\ [_{\text{encaixada}}\ \textit{Oração}]_{\text{A1}}]]$
   b. $[_{\text{O}} [_{\text{matriz}}\ \text{ser} + \textit{SN}\ [_{\text{encaixada}}\ \textit{Oração}]_{\text{A1}}]]$
   c. $[_{\text{O}} [_{\text{matriz}}\ \text{ser} + \textit{(SA)(SPrep)}\ [_{\text{encaixada}}\ \textit{Oração}]_{\text{A1}}]]$

(Gonçalves, 2001: 191)

Em termos da unidade semântica que representam, orações subjetivas podem ser construídas como *conteúdos proposicionais* (possíveis de serem localizados no espaço e no tempo e terem seu estatuto avaliado somente em termos de sua verdade), como é o caso de orações encaixadas em predicados de modalidade epistêmica ((1f), (2d), (3e), (4d)), ou como *estados de coisas* (possíveis de serem avaliados não em termos de sua verdade, mas de sua realidade), como é o caso dos demais predicados exemplificados pelas ocorrências de (2) a (5) (Lyons, 1977; Dik, 1989).

Associados a essas funções semânticas, estão valores semântico-pragmáticos da oração matriz, que, resultantes da avaliação subjetiva do falante,[7] expressam prototipicamente modalidade epistêmica ou deôntica ((1e), (2c), (3d) e (4c)). Isso significa dizer que, como alvo de avaliação do falante, o conteúdo de orações subjetivas pode estar relacionado ou ao eixo do conhecimento (valor epistêmico), que embasa seu julgamento sobre o valor de verdade de uma proposição, ou ao eixo da conduta (valor deôntico), que embasa seu julgamento sobre a necessidade, a obrigação, a capacidade ou permissão de realização de um dado estado de coisas, orientado para um agente moralmente responsável (Lyons, 1977).

Ocorrem nos *corpora* investigados, entretanto, outros seis tipos de predicado matriz, que não se caracterizam como qualificação modal, quais sejam:

(i) *predicados de avaliação não modal* ((1a) (2a) (3a), (4a));
(ii) *predicados de atitude subjetiva emocional (*(1c), (2b), (3c), (4b));
(iii) *predicados de frequência* ((2e), (3f));
(iv) *predicados causativos* (1d);
(v) *predicados de volição* ((7), (3g)); e,
(vi) *predicados de realização/acontecimento* ((1b), (3b)).

A proposta de classificação de predicados adotada neste trabalho segue Gonçalves et alii (2008) e Borba (1997), este último embasando a classificação apenas dos predicados verbais. Quanto ao emprego dos rótulos "predicados de avaliação" e "predicados de atitude subjetiva emocional" para designar tipos diferentes de avaliação não modal, valho-me da observação de Cervoni (1989), que, na delimitação que faz dos predicados que devem ser considerados modalizadores e após observar a inaptidão de certos predicados na qualificação modal de uma proposição, admite a possibilidade de opor uma barreira à expansão das "modalidades avaliativas", ou seja, de incluir todas as formas de avaliação no domínio da modalidade. Assim, consoante a proposta de Cervoni, predicados de avaliação e de atitude subjetiva emocional, embora índices de subjetividade, estariam fora da categoria de modalidade.

Cabe indagar, neste ponto, como tais propriedades se cruzam na frequência dos padrões de construções subjetivas, dos mais prototípicos aos marginais.[8] Tentando buscar respostas a essa questão, passo a analisar alguns resultados, valendo-me da frequência *token* e *type* (Bybee, 2005) como um critério norteador da prototipia, porém, não o principal (cf. Givón, 1995).

Resultados

Discutem-se nesta seção os padrões de orações subjetivas ocorrentes nos *corpora* ao longo das sincronias investigadas, iniciando-se pelo quadro mais geral das orações subjetivas na história do português e passando-se, na sequência, à verificação da contribuição de cada um dos parâmetros constitutivos dos padrões apurados.

Quadro geral

Como mencionado anteriormente, um dado padrão é definido pelo cruzamento das variantes de cada uma das variáveis de análise consideradas, quais sejam: *classe categorial do predicado matriz*, *semântica do predicado matriz* e *formato da oração encaixada*, conforme mostrado no quadro 1, elaborado a partir da investigação empírica nos *corpora* de análise.

Quadro 1 – Resumo dos padrões de orações subjetivas na história do português

Classe do predicado matriz/forma da or. subjetiva / Semântica do predicado matriz	Verbo			Adjetivo			Nome		Locução	
	fin	~fin	nom	fin	~fin	nom	fin	~fin	fin	~fin
Acontecimento	+	+					+			
Atitude subjetiva emocional	+	+		+	+		+	+		+
Avaliação não modal	+	+		+	+	+	+	+	+	+
Causativo		+								
Frequência					+			+		
Modalidade deôntica	+	+	+	+	+	+		+	+	+
Modalidade epistêmica	+	+		+			+		+	
Volição								+		
Total de padrões	12			10			09		06	

No português histórico, foi encontrado um total de 37 padrões de orações subjetivas, de 96 padrões possíveis.[9] A maior variedade de padrões é definida por orações matrizes constituídas de predicados matrizes verbais (12 padrões), seguidos, na sequência, dos adjetivais (10 padrões), dos nominais (9 padrões) e das locuções predicativas (6 padrões), embora, como será mostrado adiante, a frequência de ocorrências se concentre mais em torno dos padrões formados por predicados adjetivais do que dos verbais, o que pode ser explicado pela função básica da classe dos adjetivos de expressar avaliações subjetivas acerca de entidades de diferentes ordens (indivíduos, estados de coisas, proposições), muito mais do que as outras classes categoriais.

No que diz respeito aos valores semântico-pragmáticos das orações matrizes, *predicados de atitude subjetiva*, *de avaliação* e *de modalidade* (deôntica e epistêmica) são indiferentes à classe categorial dos predicados matrizes (verbos, nomes, adjetivos e locuções), ao passo que *predicados de acontecimento* expressam-se por meio de verbos e nomes, *de frequência*, por meio de adjetivos e nomes, *volitivos*, somente por meio de nomes, e *causativos*, somente por meio de verbos.

A maior variedade semântica dos predicados fica por conta de matrizes formadas por predicados verbais e nominais, que incluem, além dos valores já mencionados, também *predicados de acontecimento* (para verbos e nomes), *causativos* (somente para verbos) e *volitivos* (somente para nomes), valores não necessariamente relacionados a qualificações subjetivas do falante, contrariamente à variação semântica dos predicados adjetivais, que se relacionam quase que estritamente a qualificações subjetivas, à exceção dos *predicados de frequência* de ocorrência do estado de coisas codificado na oração encaixada. A variação semântica de locuções predicativas liga-se estritamente à qualificação subjetiva do falante, que se especifica como *atitude subjetiva emocional*, *avaliação não modal*, *modalidade epistêmica* e *modalidade deôntica*.

O formato das orações encaixadas, esse sim parece ser um parâmetro morfossintático que, ao interagir com os parâmetros sintático-semânticos do predicado matriz, restringe a configuração de determinados padrões de orações subjetivas. Observe-se, a esse respeito, que *modalidade epistêmica* codificada por predicados adjetivais, nominais e locuções incide somente sobre orações finitas, assim como os *predicados nominais de acontecimento*. Somente predicados verbais para esses mesmos valores semântico-pragmáticos permitem variação no formato da oração encaixada. Orações não finitas estão restritas à combinação com predicados matrizes *de frequência*, *volitivos* e *causativos*, independentemente do seu valor categorial, por assim dizer. Locuções predicativas codificando *atitude subjetiva emocional* também admitem combinação somente com orações não finitas. Os demais tipos de predicado são livres quanto ao formato das orações encaixadas, alguns admitindo inclusive o encaixamento de nominalizações, embora possa se considerar raro esse padrão, como é o caso de *predicados verbais* e *adjetivais de modalidade deôntica* e *adjetivais de avaliação*, como exemplificados pelas ocorrências dadas a seguir.

(10) Nominalizações encaixadas
   a. Predicados verbais de modalidade deôntica
      não teria possibilidade...dela::...falar um pouco mais...mais uns dois minutos ou três depois eu complementaria o resto?... ou precisa *papo mesmo*? (xx, N, D2-SP-360)
   b. Predicados adjetivais de modalidade deôntica
      Diz o Márquez de Sete Igrejas Dom Rodrigo caldeirão q a elle lhe *he necessário o treslado da provisão* por onde S Mg[de] lhe fez m[to] poder trazer de Pernambuco oito mil quintaes de pão (XVII, T, GV)
   c. Predicados adjetivais de avaliação não modal
      num é justo... *esse sofrimento c'a:: c'a filha*... (XXI, BDI, AC-066- RO)

É notória a franca expansão de padrões a partir do século XVII, como se observa na tabela 1, que resume a frequência de padrões ao longo dos séculos.

Tabela 1 – Frequência (*token* e *type*) de orações subjetivas na história do português[10]

Século/ período	Arcaico			Moderno		Contemporâneo			Total
	XIII	XIV	XV	XVI	XVII	XVIII	XIX	XX	XXI	
Type (padrão)	05	05	08	09	15	09	17	27	19	37
Token (ocorrências)	07	08	33	60	61	84	64	190	127	634

Considerando-se as três variáveis investigadas, na tabela 2 dada a seguir, estão apresentados os resultados frequenciais apurados para os 37 padrões de orações subjetivas ocorrentes na história do português, dividida em suas três fases: arcaica, moderna e contemporânea.

Tabela 2 – Frequência dos padrões de orações subjetivas na história do português[11]

Pred. matriz/ Formato da encaixada	Século/período		Arcaico			Moderno		Contemporâneo				Total
			XIII	XIV	XV	XVI	XVII	XVIII	XIX	XX	XXI	
Adjetivo	Avaliação não modal	FIN		02				05	01	08	05	21
		INF			03	19	02		07	26	59	116
		NOM	01								01	02
	Modalidade Deôntica	FIN				03	08	12	04	15		42
		INF				17	09	22	14	35	05	102
		NOM				01	03	03		01		08
	Modalidade Epistêmica	FIN					09	20	10	11	06	56
	Frequência	INF								01	01	02
	Atitude Subj.	FIN								01		01
	Emocional	INF							03	01	06	10
	Subtotal		01	02	03	40	31	62	39	99	83	360
Loc. Predicativa	Avaliação não modal	FIN									01	01
		INF					02			01		03
	Modalidade Deôntica	FIN			02		03			02		07
		INF								0	04	04
	M. Epistêmica	FIN	01	02	01			01		04	0	09
	At. Subj. Emoc.	INF								01	01	02
	Subtotal		01	02	03		05	01		08	06	26
Nome	Avaliação não modal	FIN				01						01
		INF			01		01		01	02		05
	Acontecimento	FIN					04					04
	M. Deôntica	INF							01	02		03
	M. Epistêmica	FIN				02	01		03	08		14
	Frequência	INF								01	01	02
	Atitude Subj.	FIN									01	01
	Emocional	INF								02	02	04
	Volição	FIN								01		01
	Subtotal				01	03	06		05	16	04	35
Verbo	Avaliação não modal	FIN	02		03		02	01	02			10
		INF	01	02	04				02	14	05	28
	Acontecimento	FIN				02	01		01	01		05
		INF								01	03	04
	Modalidade Deôntica	FIN							01	02		03
		INF							04	21	02	27
		NOM								01		01
	Modalidade Epistêmica	FIN	02	01	16	14	13	19	08	22	21	116
		INF				01	03	01		05		10
	Atitude Subj.	FIN			03		01		01			06
	Emocional	INF							01		01	02
	Causativo	INF									02	02
	Subtotal		05	04	26	17	20	21	20	67	34	214
Total Geral			**07**	**08**	**33**	**60**	**62**	**84**	**64**	**190**	**127**	**635**

Apesar da expansão de padrões que se verifica, observa-se certa instabilidade sintático-semântica dos padrões totais de orações subjetivas, exceção feita aos formados por predicados matrizes verbais de *modalidade epistêmica* combinados com orações finitas, único padrão estável em todas as sincronias investigadas.

Explorando os dados expressos na tabela 2 para um detalhamento dos padrões que vão se estabilizando frequencialmente no sistema da língua portuguesa no decorrer de sua história, as orações subjetivas se definem basicamente pela presença na oração matriz de predicados adjetivais (360/635 = 57%) e predicados verbais (214/635 = 33%), os quais respondem, juntos, pela quase totalidade das ocorrências levantadas nos *corpora* (90%). Enquanto predicados matrizes adjetivais apresentam forte tendência de se combinarem com orações não finitas na expressão de *modalidade deôntica* (102/360 = 28%) e de *avaliação não modal* do estado de coisas codificado na oração encaixada (116/360 = 32%), predicados matrizes verbais são mais afeitos a se combinarem com orações finitas na expressão de *modalidade epistêmica* (116/214 = 54%).

Predicados matrizes formados por locuções e nomes, em termos frequenciais, participam escassamente da constituição dos padrões de orações subjetivas, mas, ainda assim, prevalecem, para ambos os tipos conjuntamente, a expressão de *modalidade deôntica* e *epistêmica*, quando comparado aos demais tipos semânticos de padrão dessas duas classes categoriais de predicado. Independentemente do grau de finitude das orações encaixadas, a modalidade expressa-se em 77% (= 20/26) dos casos para os predicados formados por locução e em 49% dos casos (17/35) para os predicados formados por nomes, respeitando-se, assim, a função prototípica das orações subjetivas.

Esses resultados gerais permitem, de antemão, aferir a função prototípica do complexo oracional de que participam as orações subjetivas, independentemente de seus parâmetros morfossintáticos: referenciar eventos ou proposições sobre os quais recaem uma qualificação subjetiva do falante (cf. próxima seção).

A expansão de padrões no português contemporâneo poderia remeter à inclusão de dados de fala dos *corpora* dos séculos XX e XXI. Entretanto, nesse mesmo período, amostras de escrita apresentam maior variedade de padrões do que as de fala (Gonçalves, 2009).[12] Esses resultados confirmam resultados anteriores para o PB contemporâneo, como atestam Gonçalves et alii (2008) e Gonçalves (2001).

Ainda considerando os aspectos gerais das orações subjetivas, mas particularizando a atuação dos parâmetros de análise considerados, passa-se à análise da interveniência de cada um deles na composição dos diferentes padrões.

Quanto à natureza semântica e categorial dos predicados matrizes

São oito os tipos semântico de predicado ocorrentes nos *corpora*, classificados de acordo com Borba (1997) e Gonçalves et alii (2008). Na tabela 3 a seguir, cruzam-se duas informações dos predicados matrizes das orações subjetivas: suas naturezas semântica e morfológica, a primeira, importante na definição de *types* gerais de classes de predicados, e a segunda, no enquadramento de *types* específicos dos predicados.

Tabela 3 – Frequência de predicados matrizes de orações subjetivas na história do português

***Type* geral (*tokens*)**	***Type* específico (*token*)**	
Avaliação 49 *types* (187 *tokens*)	Adjetivo	31 *types* (139 *tokens*): Absurdo (1), Bem (4), Certo (1), Chato (1), Cômodo (2), Complicado (6), Bom (20), Conveniente (5), Demasiado (1), Difícil (34), Engraçado (5), Fácil (14), Formidável (1), Gratificante (1), Grave (1), Guisado (1), Importante (6), Incoerente (1), Incrível (2), Interessante (3), Inútil (2), Justo (3), Legal (2), Legítimo (1), Light (1), Mal (02), Melhor (13), Prudente (1), Ruim (2), Tudo (1), Vital (1).
	Locução	03 *types*/4 *tokens*: À toa (1), Importância (ser de) (1), Justiça (ser de) (2).
	Nome	06 *types*/06 *tokens*: Razão (1), Cousa justa (1), Dignidade (1), Honra (1), Privilégio (1), Temeridade (1).
	Verbo	09 *types*/38 *tokens*: Adiantar (4), Convir (23), Custar (4), Demorar (2), Despreocupar (1), Faltar (1), Importar (1), Interessar (1), Valer (1).
Acontecimento 03 *types* (13 *tokens*)	Nome	01 *type*/4 *tokens*: Caso (4).
	Verbo	02 *types*/9 *tokens*:Acontecer (7), Suceder (2).
Atitude subjetiva emocional 03 *types* (13 *tokens*)	Adjetivo	05 *types*/11 *tokens*: Desagradável (1), Doce (3), Gostoso (5), Horrível (1), Lamentável (1).
	Locução	01 *type*/02 *tokens*: Valer a pena (2).
	Nome	04 *types*/5 *tokens*: Morte (1), Motivo (1), Pecado (1), Pena (2).
	Verbo	04 *types*/8 *tokens*: Alegrar (1), Aprazer (5), Maravilhar (1), Marcar (1).
Causativo 01 *type* 02 (*tokens*)	Verbo	01 *type*/2 *tokens*: Dar (2).

Modalidade Deôntica 29 *types* (197 *tokens*)	Adjetivo	12 *types*/152 *tokens*: Aconselhável (1), Forçado (1), Forçoso (1), Imperativo (1), Impossível (8), Indispensável (4), Inevitável (1), Necessário (76), Permitido (1), Possível (11), Preciso (46), Proibido (1).
	Locução	6 *types*/11 *tokens*: Concluir (ser de) (1), Considerar (ser de) (2), Convir (ser de) (1), Saber (ser de) (1), Ver (ser de) (2), Dar (para) (4).
	Nome	3 *types*/3 *tokens*: Dever (1), Obrigação (1), Tarefa (1).
	Verbo	08 *types*/31 *tokens*: Bastar (13), Caber (3), Chegar (1), Competir (3), Cumprir (3), Faltar (1), Precisar (6), Urgir (1).
Modalidade Epistêmica 16 *types* (205 *tokens*)	Adjetivo	10 *types*/56 *tokens*: Certo (26), Claro (10), Evidente (3), Indubitável (1), Lhano (3), Lógico (4), Natural (2), Óbvio (1), Possível (4), Provável (2).
	Locução	02 *types*/09 *tokens*: Supor (era de) (1), Poder ser (8).
	Nome	1 type/14 *tokens*: Verdade (14).
	Verbo	03 *types*/126 *tokens*: Constar (3), Parecer (123).
Frequência 04 *types* (04 *tokens*)	Adjetivo	02 *types*/02 *tokens*: Comum (1), Sagrado (1).
	Nome	02 *types*/2 *tokens*: Hábito (1), Moda (1).
Volição 01 *type* (01 *token*)	Nome	01 type/1 token: Desejo (1).
Total 117 *types* (635 *tokens*)	Adjetivo	60 *types*/360 *tokens*
	Locução	12 *types*/26 *tokens*
	Nome	18 *types*/35 *tokens*
	Verbo	27 *types*/214 *tokens*

Como se pode observar, foi apurado na história do português um total de 117 tipos particulares de predicado matriz de orações subjetivas, distribuídos de forma bastante desigual por entre as quatro classes categoriais. Na constituição de padrões de orações subjetivas destacam-se, com frequência *type* bastante acentuada, predicados adjetivais, respondendo por mais da metade dos tipos específicos levantados (60/117 = 51%), seguidos pelos predicados verbais (27/117 = 23%), pelos nominais (18/117 = 15%) e, por último, pelos predicados formados por locução (12/117 =10%), sequência frequencial que se reproduz na frequência *token* de cada um desses *types* gerais. Na história do português, entretanto, nem sempre foi essa a prevalência de um tipo categorial de predicado sobre o outro, como se pode apreender pelos resultados apresentados na tabela 4, a seguir.

Tabela 4 – Classe categorial dos predicados matrizes de orações subjetivas nas diferentes sincronias

Século/período / Predicado matriz	Arcaico			Moderno		Contemporâneo				Total
	XIII	XIV	XV	XVI	XVII	XVIII	XIX	XX	XXI	
Adjetivos	1	2	3	40	31	62	39	99	83	360
Locuções predicativas	1	2	3	0	5	1	0	8	6	26
Nomes	0	0	1	3	6	0	5	16	4	35
Verbo	5	4	26	17	20	21	20	67	34	214
Total	7	8	33	60	62	84	64	190	127	635

De acordo com esses resultados frequenciais, deve-se observar uma mudança da fase arcaica para a fase moderna do português. Na fase arcaica prevalecem com frequência acentuada predicados matrizes formados por verbos (35/48 = 73%), enquanto os formados por adjetivos e por locuções apresentam baixa frequência, (06/48 = 12,5% cada um). Matrizes com predicado nominal é o último tipo a ser reconhecido no período arcaico, com apenas uma ocorrência (01/48 = 2%). A partir da fase moderna, até a fase contemporânea, apresentam maior frequência de uso predicados adjetivais, seguidos pelos predicados verbais, nominais e locuções predicativas, como já acima explicitado.

Dos *types* gerais, *predicados de modalidade epistêmica*, *modalidade deôntica* e *avaliativos não modal*, independentemente de seu valor categorial, são os que apresentam as mais altas frequências *tokens*: 32% (= 205/635), 31% (= 197/635) e 30% (= 187/635), respectivamente, permitindo assim reafirmar que a função prototípica do complexo oracional envolvendo orações subjetivas é a de expressar uma qualificação do conteúdo da oração encaixada, estando essa qualificação no eixo da modalidade ou não. Em termos da unidade semântica representada pela oração encaixada, predicados de modalidade epistêmica encaixam proposição, enquanto predicados deônticos e avaliativos não modais encaixam estado de coisas (cf. seção "Sobre as orações subjetivas").

Desses três tipos de predicado que se destacam nos dados mostrados na tabela 3, embora a maior frequência *token* se concentre nos *predicados de modalidade epistêmica*, é nessa função que se encontra a menor variedade de tipos específicos, o que resulta uma proporção do tipo 205 *tokens*/16 *types*. Já a proporção *tokens*/*types* para *predicados deônticos* é de 197/29 e para *predicados avaliativos não modal* é de 187/49, dados que revelam que, no português, a variedade de expressões da modalidade epistêmica é bem menor que a de modalidade deôntica, que, por sua vez, é bem menor que a de avaliação não modal, ordem que se reverte quando se trata da apuração da frequência *token*. Assim, em termos frequenciais, é possível propor, em (11), duas escalas reversíveis entre si para esses três principais tipos semânticos de predicado matriz de orações subjetivas.

(11) Escala de frequência de três tipos principais de predicado matriz de orações subjetivas

a. *Frequência token*

Modalidade epistêmica > modalidade deôntica > avaliação não modal
(205) (197) (187)

b. *Frequência de types específicos*

Avaliação não modal > modalidade deôntica > modalidade epistêmica
(49) (29) (16)

Observe-se ainda que, da relação sintático-semântica que se interpõe entre a oração matriz e a oração encaixada, um mesmo predicado formal pode projetar valores semântico-pragmáticos diferentes sobre o conteúdo da oração encaixada, como é o caso dos predicados adjetivais *certo* e *possível*, dois únicos casos de ambiguidade, que seguem exemplificados nas ocorrências em (12) e (13), respectivamente.

(12) Valor ambíguo do predicado *certo*

a. Modalidade epistêmica
He certo q nhuã pessoa quererá dar p^r *elles couza alguã* (xvii, T, 17, GV)

b. Avaliação não modal
acho que *num é certo uma pessoa vivê(r)... po/ por um aparelho o res/ anos e anos...* entendeu?... (xxi, BDI, AC-066- RO)

(13) Valor ambíguo do predicado *possível*

a. Modalidade epistêmica
É bem possível que o tenham jogado no porão, ao lado de trastes imprestáveis (xx, BDL, D)

b. Modalidade deôntica
... mas compreendo também que *não é possível dar simplesmente essa razão.* (xix, T, MA)

Enquanto em (11a) o predicado *certo* expressa avaliação de certeza do falante acerca do valor de verdade da proposição encaixada, em (11b), expressa simples opinião do falante entre o que é *certo* e o que é *errado* em relação a um dado estado de coisas. Uma mesma ambiguidade, mas desta vez em torno de valores modais,[13] é verificada entre as ocorrências em (12a) e (12b): na primeira, o predicado *possível*, afirmado e encaixando oração finita, expressa avaliação de incerteza do falante em relação à possibilidade de ser verdadeira ou não a proposição representada pela oração encaixada; na segunda, o mesmo predicado, negado e encaixando oração infinitiva, expressa avaliação sobre impossibilidade de realização do estado de coisa, e não de seu valor de verdade.

De acordo com os dados da tabela 5, em que se desprezam parâmetros morfossintáticos, as funções prototípicas do complexo oracional das orações subjetivas de veicular *avaliação não modal* e um dos tipos de modalidade (*epistêmica* e *deôntica*), são reconhecidas desde a fase arcaica do português e mantêm-se estáveis até o português contemporâneo.

Tabela 5 – Funções do complexo oracional das orações subjetivas na história do português

Século/período Semântica do Predicado matriz	Arcaico			Moderno		Contemporâneo				Total
	XIII	XIV	XV	XVI	XVII	XVIII	XIX	XX	XXI	
Avaliação não modal	04	04	11	20	07	06	13	51	71	187
Acontecimento				02	05		01	02	03	13
Modalidade Deôntica			02	21	23	37	24	79	11	197
M. Epistêmica	03	03	17	17	26	41	21	50	27	205
Frequência								02	02	04
Atit. Subj. Emocional		01	03		01		05	05	11	26
Volição								01		01
Causativo									02	02
Total	7	8	33	60	62	84	64	190	127	635

Como já observado anteriormente, dessas funções prototípicas, a de *modalidade deôntica* é a que mais tardiamente emerge no português histórico (século XV), dado que coloca em xeque a precedência evolutiva desse tipo de modalidade em relação à *modalidade epistêmica* (Bybee et alii, 1994), tipo que, ao lado dos predicados de *avaliação não modal*, é reconhecido desde o século XIII. Datam também da fase arcaica *predicados de atitude subjetiva*, que, oscilantes na fase moderna, só se estabilizam no sistema na fase contemporânea, mais especificamente a partir do século XIX.

Predicados de acontecimento marcam a primeira expansão de tipos na fase moderna. Já na fase contemporânea, séculos XX e XXI, predicados matrizes passam também a expressar *frequência*, *volição* e *causatividade*.

Quanto ao formato das orações encaixadas

Ainda considerando os resultados da tabela 1, orações finitas e infinitivas participam exatamente da mesma quantidade de padrões cada uma, ou seja, de

17 padrões diferentes, ao passo que nominalizações configuram casos raros de encaixamento, participando da composição de apenas três dos 37 padrões. Essa distribuição de padrões, reflete, da perspectiva do formato das orações encaixadas, a própria frequência com que tais padrões se manifestam no conjunto dos dados. De forma equilibrada, orações infinitivas e finitas representam, respectivamente, 51% (= 322/635) e 48% (= 302/635) das ocorrências, enquanto nominalizações, constituindo casos raros de encaixamento, apresentam frequência de apenas 2% (= 11/635).

A partir da variação do formato da oração encaixada, observa-se que nem todos os tipos semânticos de predicado matriz admitem as três variantes. Recorrendo-se, entretanto, à escala de sentencialidade de Lehmann (1988), dada em (8) e abaixo reapresentada, seria de se esperar que se um dado tipo específico de predicado matriz admite o formato mais à direita da escala, ele deveria admitir também o da sua esquerda.

(8) *Continuum* de sentencialidade

sentencialidade ←		→ **nominalidade**
oração finita ←	oração não finita ←	nominalização
integração fraca ←	integração média ←	integração forte

Conforme dados expostos na tabela 1, obedecem a essa hierarquização 33 dos 37 padrões levantados, ficando a exceção por conta de quatro padrões que só admitem o encaixamento de orações infinitivas, ponto intermediário da escala, quais sejam: *predicados de atitude subjetiva emocional* formados por locuções (02 ocorrências), *predicados nominais de modalidade deôntica* (03 ocorrências) e de *frequência* (02 ocorrências) e *predicados verbais causativos* (02 ocorrências), todos de baixa produtividade nos *corpora* investigados.

Só admitem oração finita *predicados epistêmicos* adjetivais, nominais e formadores de locuções, o que constitui forte evidência para propor que a natureza epistêmica dos predicados é fator que restringe o formato das orações, sempre em forma desenvolvida. Por outro lado, essa restrição se abranda quando se trata de padrões envolvendo predicados verbais de mesmo tipo, ou seja, *epistêmicos*, que admitem combinação também com oração infinitiva, embora a frequência *token* para esse padrão seja bastante baixa quando comparada às ocorrências instanciadas pelo padrão constituído por orações finitas (10/126 = 8% e 116/126 = 92%, respectivamente). Assim, o padrão incomum formado por *predicado verbal epistêmico* encaixando oração infinitiva realiza-se em quatro ocorrências da fase moderna do português e em seis, da fase contemporânea, nove dessas formadas pelo verbo *parecer* e uma pelo verbo *constar*, como seguem exemplificados em (14).

(14) Predicados de modalidade epistêmica combinado com oração infinitiva
  a. Parecer
    a'. Pelo exposto, parece *ter o Itamarati amplos motivos para congratular-se com os estudiosos do passado brasileiro* (XVII, T, GV)
    a''. O clima parece *ter influência grande pelas suas consequências na determinação da luz, do calor ou do frio, da habitação da dieta, do regime de vida.* (XX, BDL, T).
  b. Constar
    Consta *existirem semelhantes cogumelos também no Brasil* (XX, BDL, T).

Nas sincronias mais atuais do português contemporâneo, o padrão constituído por predicados verbais epistêmicos realizados pelo verbo *parecer* encaixando orações infinitivas (14a'') é raro e constitui todos casos de topicalização do sujeito da oração subordinada, que passa a figurar como sujeito da oração matriz, o que estruturalmente permitiria uma reanálise configuracional semelhante à de padrões de verbos auxiliares modais (Gonçalves, 2003), como também se verifica em (14a'), mas, nesse caso, em razão da posposição do sujeito (*o Itamarati*) em relação ao predicado da oração encaixada (*ter*). Como se pode constatar na tabela 3 das páginas 107 e 108, independentemente do formato da oração encaixada, dos predicados verbais de modalidade epistêmica, *parecer* e *constar* são os únicos tipos realizados nesse padrão.

Além de *predicados verbais epistêmicos*, variam no grau de finitude, entre infinitiva e finita, orações encaixadas em predicados formados por *adjetivos*, *nomes* e *verbos de atitude sujetiva*, por *locuções*, *nomes* e *verbos de avaliação não modal* e os formados por *verbos de acontecimento*.

Nominalizações encaixadas ocorrem somente com *predicados adjetivais* e *verbais de modalidade deôntica* e com *predicados adjetivais de avaliação não modal*, únicos três padrões que alcançam o máximo da dessentencialização da construção encaixada e que realizam por completo o *continuum* de sentencialidade dado em (8).

Nos resultados expostos na tabela 6 a seguir, desprezam-se os parâmetros morfossintáticos da oração matriz, para focar a relação entre a semântica do predicado matriz e o formato da oração encaixada no português histórico.

Tabela 6 – Semântica do predicado matriz e formato das orações subjetivas na história do português

Semântica do Pred. Matriz/ Formato da encaixada \ Século/período		Arcaico			Moderno		Contemporâneo				Total
		XIII	XIV	XV	XVI	XVII	XVIII	XIX	XX	XXI	
Avaliação não modal	FIN	2	2	3	1	2	6	3	8	6	33
	INF	1	2	8	19	5		10	43	64	152
	NOM	1								1	2
Acontecimento	FIN				2	5		1	2	3	13
Causativos	INF									2	2
Frequência	INF								2	2	4
Modalidade Deôntica	FIN			2	3	11	12	5	19		52
	INF				17	9	22	19	58	11	136
	NOM				1	3	3		2		9
Modalidade Epistêmica	FIN	3	3	17	16	23	40	21	45	27	195
	INF				1	3	1		5		10
Atitude Subj. Emocional	FIN		1	3		1		1	1	1	8
	INF							4	4	10	18
Volição	FIN								1		1
Subtotal	FIN	5	6	25	22	42	58	31	76	37	302
	Total	36			64		202				
	INF	1	2	8	37	17	23	33	112	89	322
	Total	11			54		257				
	NOM	1	0	0	1	3	3	0	2	01	11
	Total	01			04		06				
Total		7	8	33	60	62	84	64	190	127	635
		48			122		465				

Na fase arcaica, orações finitas representam o triplo de casos de orações não finitas e nominalizadas juntas, combinando-se mais frequentemente com *predicados epistêmicos* (23/48 = 48%), seguidos pelos *predicados de avaliação não modal* (7/48 = 15%), pelos *predicados de atitude subjetiva emocional* (4/48 = 8%) e, por fim, pelos *predicados deônticos* (2/48 = 4%). Nessa mesma fase, *predicados de avaliação não modal* permitem combinar-se com orações infinitivas (11/48 = 23%) e com nominalização (1/48 = 2%). Assim, esses resultados mostram que os tipos de oração encaixada mais integrados à matriz (infinitiva e nominalizações) não são os mais frequentes, situação que se reverte nas fases posteriores da história do português.

Na fase moderna, orações infintivas (64/122 = 52%) começam a superar em frequência os casos de orações finitas (54/122 = 44%), diferença que se amplia em 12 pontos percentuais na fase contemporânea (43% de orações finitas (= 202/465) e 55% de orações infinitivas (= 257/465), mostrando assim a mudança rumo a uma maior integração do complexo oracional que envolve orações subjetivas.

Essa mudança verificada da fase arcaica para as posteriores deve-se à emergência de *predicados deônticos*, a partir do século XVI, e à participação mais efetiva no sistema de *predicados de avaliação não modal* nesse mesmo período, ambos ocorrendo com maior frequência com orações infinitivas. Na fase contemporânea, contribuem com a maior estabilidade das orações infinitivas, a emergência de *predicados de atitude subjetiva emocional*, antes oscilantes e combinados somente com orações finitas.

Acompanhando o ritmo de mudança em favor da maior integração das orações subjetivas no complexo oracional de que participa, nominalizações encaixadas crescem ao longo dos três períodos, embora sejam poucas as ocorrências em todos eles. Também, nesse caso, *predicados deônticos* e *de avaliação não modal* são os responsáveis pela constituição de padrões com nominalizações encaixadas, mais aqueles do que esses, a partir da fase moderna.

O que muda afinal?

Uma simples observação no quadro 1 permite verificar que a variedade de padrões de orações subjetivas aumenta paulatinamente ao longo das sincronias, com pequenas oscilações para baixo nos séculos XVIII (7 padrões) e no século XIX (19 padrões). A mudança se torna bastante evidente quando se comparam a quantidade e os tipos de padrão da fase arcaica (XIII a XV) com a quantidade e tipos da fase contemporânea (XX a XXI).

Na evolução histórica das orações subjetivas, uma estabilidade sintático-semântica é alcançada por alguns padrões, como segue:

(i) *predicados matrizes adjetivais de modalidade deôntica* combinados com orações finitas e não finitas emergem e se estabilizam a partir da fase moderna do português (século XVI);

(ii) *predicados matrizes adjetivais de modalidade epistêmica* combinados com orações finitas também emergem e se estabilizam na fase moderna, mas a partir do século XVII;

(iii) *predicados adjetivais avaliativos* combinados com orações finitas se estabilizam no início da fase contemporânea (século XVIII), e com orações não finitas, oscilantes em sincronias anteriores, se estabilizam a partir do século XIX;

(iv) é também a partir do século XIX que *predicados verbais avaliativos* encaixando orações não finitas encontram sua estabilidade, antes verificada apenas no período arcaico (séculos XIII a XV); com orações finitas, esse mesmo predicado ocorre no século XIV, encontrando estabilidade apenas a partir do século XVIII.

Note-se ainda que, de todos os 37 padrões levantados, apenas um não se encontra representado na fase contemporânea do português (séculos XVIII a XXI): *predicados nominais de avaliação não modal* encaixando orações finitas. Todos os demais, ainda que de natureza instável e oscilante ao longo das diferentes sincronias, resistem à fase contemporânea.

É notória também na fase arcaica (século XIII a XV) a forte tendência de *predicados matrizes verbais epistêmicos* combinarem-se mais com orações finitas, padrão que, da fase moderna em diante, cede lugar aos *predicados adjetivais deônticos*, seguidos pelos *predicados de avaliação não modal*, ambos combinados com orações não finitas, revelando, assim, um processo de mudança envolvendo a gramaticalização das orações subjetivas, à medida que orações finitas deixam de ser as formas mais frequentes de encaixamento.

Do século XVI em diante, a variedade de padrões de orações subjetivas se amplia à medida que predicados adjetivais passam a concorrer com predicados verbais na codificação de mesmos valores de expressão subjetiva: *modalidade epistêmica*, *modalidade deôntica*, *avaliação não modal* e *atitudes subjetivas emocionais*, que encontram o máximo de suas expressões nos séculos XIX e XX, principalmente neste último, quando também predicados nominais entram com mais força no sistema na codificação de mesmos valores subjetivos.

Resumidamente, a mudança mais drástica de padrões que constituem o complexo oracional de orações subjetivas é verificada da fase arcaica para a fase moderna do português, mudanças aqui consideradas do ponto de vista das frequências *token* e *type*, e na qual se envolvem os seguintes parâmetros definidores de padrões de orações subjetivas: a) de ordem morfossintática, a mudança de orações finitas para infinitivas e a de predicados verbais para predicados adjetivais; b) no nível semântico-pragmático, a expressão de modalidade epistêmica para a de modalidade deôntica. Esse processo de mudança não nega, entretanto, a função prototípica do complexo oracional das orações subjetivas, a de qualificar subjetivamente o conteúdo da oração encaixada, qualificação relacionada à modalidade deôntica e epistêmica e à avaliação não modal.

Notas

1 Nas ocorrências exemplificativas, entre parênteses seguem indicação do século e das informações do *corpus* de onde os dados foram extraídos: Banco de dados (BDL-Banco de Dados Lexicográfico da Unesp-Araraquara, BDI-Banco de Dados Iboruna, T-*Corpus* diacrônico organizado por Tarallo (1991), N-Nurc). Outras indicações seguem notações convencionadas por cada um dos *corpora*, relacionadas a identificação de inquérito e gênero discursivo e/ou tipo textual.

2 Reunidas no Banco de Dados Iboruna (BDI) e disponível em http://www.Unesp.iboruna.ibilce.Unesp.br, essas amostras de fala são resultantes de um censo linguístico realizado na região de São José do Rio Preto (SP), entre os anos de 2004 e 2006, e foram coletadas para a obtenção de diferentes tipos de texto: narrativa de experiência pessoal (NE), narrativa recontada (NR), relato de opinião (RO), relato de procedimento (RP) e descrição (DE) (Gonçalves, 2007).

3 Refere-se a amostras do Projeto Nurc (N) integrantes do *corpus* mínimo compartilhado do Projeto de Gramática do português falado (Castilho, 1990). As amostras são provenientes de cinco capitais brasileiras (Porto Alegre (POA), São Paulo (SP), Rio de Janeiro (RJ), Salvador (SSA) e Recife (REC)) e explicitam três diferentes estilos: elocução formal (EF), diálogo entre dois informantes (D2) e diálogo entre informante e entrevistador (DID).

4 O Banco de Dados Lexicográfico (BDL) da Unesp de Araraquara, disponível na sede do Projeto, comporta amostras de escrita do PB contemporâneo, representativas de diferentes gêneros, dos quais foram utilizados apenas os gêneros Técnico-Científico (T), Oratório (O) e Dramático (D).

5 Os textos escritos coletados por Tarallo (1991) tentam constituir amostras representativas de gêneros variados, mas sem preocupação com a representatividade dos gêneros por século. Assim incluem: testamentos, narrativas, cantigas, crônicas, relatos e diários de viagens, textos religiosos, documentos oficiais, peças teatrais, cartas pessoais, romances e poesias.

6 Constituintes encerrados por parênteses são mutuamente exclusivos.

7 Estou usando *falante* como designação genérica de *usuário de língua natural*.

8 Construção está aqui sendo entendida como "o emparelhamento de uma forma a uma função" (Taylor, 1989). Assim, para se alcançar o padrão de produtividade de uma construção, além da especificação de uma fórmula sintática, cujos *slots* são saturados por itens lexicais, também atributos semânticos e pragmáticos devem ser especificados, de modo a se compor o centro de prototipicidade, em torno do qual se verificam a centralidade ou a marginalidade de uma dada ocorrência.

9 Do cruzamento das variantes de cada uma das variáveis resultam 96 diferentes padrões, definidos pelo produto entre 4 variantes de classe categorial do predicado matriz, 8 variantes da semântica do predicado matriz e 3 variantes do formato da oração encaixada. Observe-se, entretanto, que nem todos os cruzamentos possíveis que definem um dado padrão ocorrem nos *corpora*. No cruzamento das variáveis de análise mostradas no quadro 1, cada célula representa um padrão. Observe que nominalizações encaixadas não ocorrem com nomes nem com locuções, em nenhum dos tipos semânticos de predicado, razão pela qual não figura neste quadro.

10 Diferentemente da apuração de frequência *token*, o total da frequência de *type* não é obtido pela simples somatória dos padrões recorrentes em cada século, tendo em vista que um dado padrão, constante ou não ao longo das sincronias, é contado uma única vez.

11 Esta tabela contém todas as informações necessárias dos padrões ocorrentes nos *corpora*. Na discussão particularizada dos parâmetros de análise, outras tabelas serão apresentadas a partir desta.

12 Gonçalves (2009) atesta que, no PB contemporâneo (séculos XX e XXI), a fala apresenta variância bem menor de padrões do que a escrita, na proporção de 10 para 17, de um total de 22 padrões, resultantes do cruzamento dos mesmos fatores de análises considerados no presente trabalho.

13 Na literatura sobre modalidade, é farta a exemplificação de ambiguidade envolvendo modalidade deôntica epistêmica e deôntica para um mesmo tipo de predicado, principalmente no caso dos verbos auxiliares modais. Veja a esse respeito Neves (2000), para o PB, e Bybee (2005) e Bybee et alii (1994), para o inglês.

Bibliografia

Borba, F. S. *Dicionário gramatical de verbos do português contemporâneo do Brasil*. 2. ed. São Paulo: Editora da Unesp, 1997.

Braga, M. L. Os complementos oracionais no português do Brasil e no português de contato. *Anais da Abralin*, Florianópolis, 1999. (cd-rom).

Bybee, J. L. Mechanisms of change in grammaticalization: the role of frequency. In: Janda, R.; Brian, J. (eds.). *Handbook of historical linguistics*. Oxford: Blackwell, 2005, pp. 602-23.

______. Main clauses are innovative, subordinate clauses are conservative: consequences for the nature of constructions. In: Bybee, J., Noonan, M. (eds.). *Complex sentences in grammar and discourse*: essays in honor of Sandra A. Thompson. Amsterdam: John Benjamins, 2001, pp. 1-17.

______; Perkins, R.; Pagliuca, W. *The evolution of grammar*: tense, aspect, and modality in the languages of the world. Chicago: The University of Chicago Press, 1994.

Castilho, A. T. Português culto falado no Brasil: história do Projeto Nurc/br. In: Preti, D.; Urbano, H. (orgs.). *A linguagem falada culta na cidade de São Paulo*. São Paulo: Fapesp/taq, 1990 (Volume 4).

Cervoni, J. *L'enonciation*. Paris: puf, 1987.

Cunha, C.; Cintra, L. F. L. *Nova gramática do português contemporâneo*. Rio de Janeiro: Nova Fronteira, 1991.

Dik, S. *The Theory of Functional Grammar*. Dordrecht: Foris, 1989.

Fortilli, S. C. *Gramaticalização e dessentencialização de orações subjetivas*. Projeto de Pesquisa. Unesp/Fapesp, 2009.

Givon, T. *Functionalism and grammar*. Amsterdam/Philadelphia: John Benjamins, 1995.

Gonçalves, S. C. L. Orações subjetivas no pb falado e escrito. In: The 7th Brazilian symposium in information and human language technology / workshop on portuguese description, São Carlos, 2009.

______. *Banco de dados Iboruna*: amostras do português falado no interior paulista. Disponível em <www.iboruna.ibilce.Unesp.br>. Acesso em: out. 2007.

______. *Gramaticalização, modalidade epistêmica e evidencialidade*: um estudo de caso no português do Brasil. Campinas, 2003. Tese (Doutorado em Linguística) – Instituto de Estudos da Linguagem, Universidade Estadual de Campinas.

______. Orações subjetivas e teoria dos protótipos. *Scripta*, 2001, v. 5, n. 9, pp. 183-96.

______; Casseb-Galvão, V. C.; Sousa, G. C. As construções subordinadas substantivas. In: Ilari, R.; Neves, M. H. M. (orgs.). *Gramática do português falado culto no Brasil*. Campinas: Ed. da Unicamp, 2008, pp. 1021-84 (Volume 2).

Haiman, J.; Thompson, S. (eds.). *Clause combining in grammar and discourse*. Amsterdam/Philadelphia: John Benjamins Publishing Company, 1988.

Halliday, M. A. K. *An Introduction to Functional Grammar*. Baltimore: Edward Arnold, 1985.

Hopper, P.; Traugott, E. C. *Grammaticalization*. Cambridge: Cambridge University Press, 2003.

Kato, M.; Mioto, C. Sobre a (in)existência de sujeitos oracionais. *Laços*. Rio de Janeiro: 2000.

Lehmann, C. Toward a typology of clause linkage. In: Haiman, J.; Thompson, S. (eds.). *Clause combining in grammar and discourse*. Amsterdam/Philadelphia: John Benjamins Publishing Company, 1988.

Lyons, J. *Semantics*. Cambridge: Cambridge University Press, 1977.

Mioto, C., Kato, M. A. Aspectos da subordinação sentencial. In: Abaurre, M. B. M.; Rodrigues, A. C. S. (orgs.). *Gramática do português falado*. Campinas: Unicamp, 2002, pp. 379-411 (Volume 8).

Neves, M. H. M. *Gramática de usos do português*. São Paulo: Editora da Unesp, 2000.

Noonan, M. Complementation. In: Shoopen, T. (ed.). *Language typology and syntactic description*: complex constructions. Cambridge: Cambridge University Press, 1985, pp. 43-140.

Pereiro, C. C. *Las completivas de sujeto em español*. Santiago de Compostela: Universidade de Santiago de Compostela e Inercâmbio Científico, 1997.

Perlmutter, D. M. Evidence for subject downgrading in Portuguese. In: Schimidt-Radefeldt, J. (ed.). *Readings in portuguese linguistics*. Amsterdam: Noth-Holland, 1976, pp. 93-138.

Quícoli, A. C. On portuguese impersonal verbs. In: Schimidt-Radefeldt, J. (ed.). *Readings in portuguese linguistics*. Amsterdam: Noth-Holland, 1976, pp. 63-91.

Tarallo, F. *Corpus diacrônico do português*, 1991. mimeo.

Taylor, J. R. *Linguistic categorization*: prototypes in linguistic theory. New York: Claredon/Oxford, 1989.

Thompson, S. A. "Object complements" and conversation towards a realistic account. *Studies in language*. Amsterdam: John Benjamins, 2002, pp. 125-63.

As conjunções condicionais na Gramática Discursivo-Funcional

Taísa Peres de Oliveira

A rígida distinção entre elementos lexicais e gramaticais sempre esteve na base da Gramática Funcional (GF). Seu modelo de análise considera apenas os elementos lexicais, analisados na teoria por meio de esquemas de predicados (f_i). Elementos gramaticais, uma vez que desprovidos de conteúdo lexical, são analisados como funções semânticas. A respeito dessa distinção, Dik (1997: 159) afirma que:

> Elementos lexicais são captados pelos predicados básicos listados no léxico. Elementos gramaticais refletem os vários operadores e funções que em diferentes níveis podem ser aplicados às construções subjacentes.[1]

Uma vez concebidas como elementos gramaticais, as conjunções condicionais são analisadas na GF como uma função semântica atribuída à oração que elas introduzem. Ou seja, as conjunções condicionais – assim como as demais conjunções adverbiais – não têm sua forma representada na estrutura subjacente da oração. É o que se pode ver no seguinte exemplo:[2]

(1) *Se* ele comprou a casa, deve ter recebido aumento.
DECL $\{E_i$: $([(X_i)$: (deve ter recebido aumento) $(X_i)]$: $[(X_j)$: (ele comprou a casa)$_{Cond}$ $(X_j)])$ $(E_i)\}$

Em (1), a conjunção não é analisada como parte da estrutura subjacente da oração, sendo nela indicada pela função semântica Cond(ição). Sua forma real será gerada na expressão linguística pela aplicação do conjunto de regras de expressão do sistema gramatical do português.

A análise elaborada pela GF traz alguns problemas ao estudo das conjunções condicionais em português. Em primeiro lugar devido ao fato de que várias conjunções podem ser usadas para assinalar uma mesma função semântica, como se mostra em (2), no qual qualquer uma das conjunções exemplificadas pode ser utilizada para construir a relação condicional.

(2) De repente, ele se descobria o símbolo do prazer que votávamos ao sangue do inimigo. Uma fruição que voltaria a circular livremente entre nós, *desde que/contanto que/uma vez que/caso/se* conseguíssemos aniquilar mil castelhanos, como ele a cada dia. Para fazê-lo admirar-nos mais ainda, acrescentei: – E sorte tem o senhor que não lhe estendamos a mesma proibição aos lugares santos, aí incluídos o cemitério e a igreja. (REP-R)
DECL $\{E_i$: $([(X_i)$: (uma fruição que voltaria a circular livremente entre nós) $(X_i)]$: $[(X_j)$: (conseguíssemos aniquilar mil castelhanos)$_{Cond}$ $(X_j)])$ $(E_i)\}$

Embora as conjunções sejam diferentes, todas são analisadas na representação subjacente pela mesma função semântica. Nessa análise não é possível explicar como as regras de expressão traduzem a função semântica representada na estrutura subjacente na conjunção que se realiza na expressão linguística. Em outras palavras, na medida em que uma língua, como o português, dispõe de diversas conjunções para uma mesma função semântica, o modelo da GF não permite analisar como a função semântica irá converter-se na conjunção certa, de fato realizada na expressão linguística, o que, desse modo, prejudica o poder explanatório da análise.[3]

Outra questão que desafia o modelo proposto pela GF para as conjunções diz respeito ao fato de que a relação de condição pode ser estabelecida também por justaposição, isto é, sem a presença do elemento subordinador, como no seguinte exemplo.

(3) Tivesse eu ouvido seus conselhos, não estaria sofrendo tanto.
DECL $\{E_i$: $([(X_i)$: (não estaria sofrendo tanto) $(X_i)]$: $[(X_j)$: (tivesse eu ouvido seus conselhos)$_{Cond}$ $(X_j)])$ $(E_i)\}$

Nesse caso também não é possível analisar de que modo as regras de expressão irão converter a função semântica de (Cond)ição na relação justaposta. Note-se ainda que essa mesma estrutura pode ser construída com a presença do subordinador *se*:

(3a) *Se* tivesse eu ouvido seus conselhos, não estaria sofrendo tanto.
DECL {E_i: ([(X_i): (não estaria sofrendo tanto) (X_i)]: [(X_j): (tivesse eu ouvido seus conselhos)$_{Cond}$ (X_j)]) (E_i)}

As questões discutidas revelam que o modelo de análise elaborado pela GF não dá conta das diferenças que se verificou haver no modo como a relação condicional se constrói, o que impossibilita uma avaliação adequada da conjunção condicional. Se por um lado não é possível analisar diferentes conjunções por meio de uma mesma função semântica, tampouco é possível explicar como essa função semântica se converte na justaposição, em que se verifica ausência do elemento subordinador. Além disso, por esse modelo descrevem-se, indistintamente, conjunções complexas e simples, não sendo possível lidar com quaisquer diferenças que o uso de uma ou outra pode implicar. Nesse sentido, tem-se questionado até que ponto é produtivo analisar uma variedade de conjunções por meio de um número limitado de funções semânticas abstratas.

Recentemente, trabalhos desenvolvidos no contexto da Gramática Discursivo-funcional (GDF) têm discutido a necessidade de se rever a proposta de análise da GF para conjunções e também preposições. É especialmente nos trabalhos de Pérez Quintero (2004, 2006) e Hengeveld e Wanders (2007) que se encontra outro modo de se conceber as conjunções adverbiais.

O objetivo aqui é examinar a adequação dessas propostas alternativas à descrição das conjunções condicionais, com o fim de avaliar seu estatuto categorial no português do Brasil e ainda verificar a relevância da distinção lexical/gramatical para essas conjunções.[4] Espera-se ao mesmo tempo contribuir para o debate sobre o estatuto lexical/gramatical no contexto teórico da GDF.

A hipótese principal deste trabalho é de que o estatuto categorial das conjunções condicionais deve ser concebido em termos de continuidade. Para tanto, será necessário observar a interação entre vários aspectos, formais e funcionais, relativos ao funcionamento das conjunções e locuções de valor condicional no português. Os fatores que serão considerados neste estudo foram estabelecidos em conformidade com a teoria da GDF, que fundamenta esta pesquisa, de forma a abranger aspectos pragmáticos, semânticos e sintáticos das conjunções e locuções sob exame.

Este trabalho se organiza da seguinte forma: primeiramente, apresentamos os pressupostos teóricos da Gramática Discursivo-Funcional. Na sequência analisamos as conjunções condicionais do português do Brasil. Por fim, discutimos as propostas de análise para as conjunções adverbiais elaboradas por Hengeveld e Wanders (2007) e Pérez Quintero (2004, 2006).

Metodologia

Para a realização deste estudo, fez-se um levantamento no banco de dados do Laboratório de Lexicografia da Unesp e no *corpus* mínimo do Nurc. O Laboratório de Lexicografia da Faculdade de Ciências e Letras da Unesp – *Campus* de Araraquara – é um banco de dados do português escrito do Brasil, que contempla as seguintes modalidades de texto: (i) *literatura romanesca; (ii) literatura dramática; (iii) literatura técnica, (iv) literatura jornalística; (v) literatura de propaganda; (vi) literatura de oratória.*

O banco de dados do Nurc (Norma Urbana Culta) é composto por amostras do português oral do Brasil, considerando-se três modalidades de interação: EF (elocução formal), DID (entrevista entre documentador e informante) e D2 (entrevista entre documentador e dois informantes), provenientes de cinco capitais brasileiras: Rio de Janeiro, Salvador, Porto Alegre, São Paulo e Recife.

A Gramática Discursivo-Funcional

A Gramática Discursivo-Funcional é concebida como o componente *gramatical* integrado a uma teoria da interação verbal mais ampla, que contém ainda os componentes *conceitual*, *contextual* e *de saída*. O componente conceitual (*conceptual component*) contém as representações conceituais pré-linguísticas, e nele é formulada uma dada intenção comunicativa, convertida em representações linguisticamente relevantes. O componente de saída (*output*) é responsável pela expressão acústica ou gráfica da expressão linguística e depende das informações cedidas pelo componente gramatical, apesar de ser externo a este. Por fim, o componente contextual (*contextual component*) contém uma descrição do domínio do discurso, englobando o discurso precedente, bem como a situação externa em que esse discurso ocorre.

No modelo do componente gramatical proposto por Hengeveld e Mackenzie (2008) distinguem-se duas operações principais na construção *top-down* das expressões linguísticas: *formulação* e *codificação*. A formulação diz respeito às regras que convertem as representações cognitivas em representações subjacentes de ordem pragmática e semântica, respectivamente os níveis interpessoal e representacional. Por outro lado, a codificação refere-se às regras que convertem essas representações em representações morfossintáticas e fonológicas, de onde serão encaminhadas para a articulação final no componente de saída.

O modelo de análise proposto pela GDF centra-se no componente gramatical, em que são distinguidos quatro níveis de descrição. Esse modelo tem como unidade básica de análise o *ato do discurso*, definido, segundo Kroon (1995), como a menor unidade do comportamento comunicativo, abrangendo, assim, tanto unidades menores quanto unidades maiores que a oração.

No nível interpessoal, a expressão linguística é considerada segundo aspectos que estejam ligados à relação falante/ouvinte, tendo em vista, principalmente, que uma determinada expressão está associada a uma dada intenção comunicativa. No nível representacional, a expressão linguística é explicada segundo sua estrutura semântica subjacente. No nível morfossintático, a expressão linguística é descrita conforme sua codificação morfossintática, tal como o preenchimento dos argumentos de um predicado. Por fim, no nível fonológico entram questões como a codificação fonológica e o padrão entonacional das expressões linguísticas.

Os níveis estão internamente organizados em camadas hierárquicas e são alimentados por um conjunto de primitivos, que definem as possíveis combinações de elementos para cada nível. As camadas têm sua própria variável e são restringidas por um núcleo (obrigatório) e por modificadores, podendo, ainda, ser especificadas por meio de operadores e funções. A estrutura geral de representação das camadas em cada um dos níveis é dada a seguir.

$$(\pi_1\ \alpha_1\text{:[núcleo]}\ (\alpha_1)\text{:}\sigma_1\ (\alpha_1))_\varphi$$

Nessa representação, α_1 representa a variável da camada correspondente, π_1 representa os operadores, σ_1 representa os modificadores e φ, a função da expressão linguística em questão. A visão geral do modelo da GDF é representada pela figura 1 a seguir:

Figura 1 – Modelo geral de organização da GDF (Hengeveld e Mackenzie, 2008)

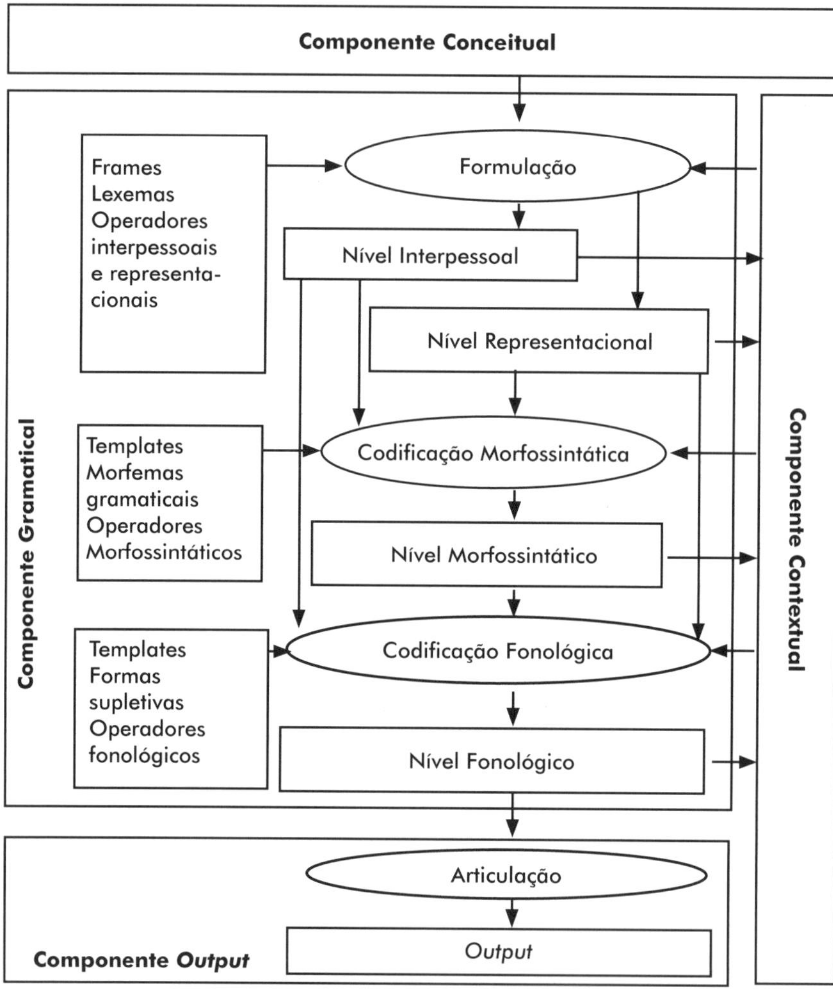

As conjunções condicionais no português

No português, assim como em outras línguas românicas (espanhol, italiano, romeno, francês), a conjunção é o expediente formal mais comumente utilizado para marcar a relação condicional.[5] Desde o latim, várias conjunções são empregadas para estabelecer a relação condicional. Em sua Gramática Latina, Faria (1958) afirma que, no latim, além do ***si*** (se), a relação condicional pode ser construída também pelas conjunções *nisi* (se não), *ni* (se não), *sin* (se pelo contrário), *modo* (contanto que) e *dummôdo* (contanto que).

No português arcaico,[6] de acordo com o estudo de Barreto (1999), além do *se*, atuavam ainda as conjunções *salvo se, salvo que, contanto que, nom que, fora, fora que, fora se, senon tanto se, ergo, marcar que.*

Esse quadro sofre uma redução no português moderno (séc. XVI a séc. XVII), que apresenta as conjunções condicionais *se, mais que, que, e senão*, segundo aponta Barreto (1999).

No português contemporâneo, além do *se*, conjunção condicional canônica, verifica-se uma grande variedade de conjunções e locuções conjuntivas, o que pode ser observado no seguinte quadro, elaborado com base em uma revisão dos compêndios gramaticais da língua portuguesa:

Quadro 1 – Conjunções condicionais no português

Rocha Lima (1972)	Se, caso, contanto que, sem que, uma vez que, dado que, desde que etc.
Bechara (2004)	Se, caso, sem que, uma vez que (com verbo no subjuntivo), dado que, contanto que etc.
Luft (1989)	Se, caso, sem que (se não), uma vez que, a não ser que, exceto se, a menos que etc.
Neves (2000)	Se, caso, que, desde que, contanto que, uma vez que, a menos que, sem que, a não ser que, salvo se, exceto se.

As conjunções acima arroladas encerram diferentes sentidos para a relação condicional, como se observa nos exemplos (4)-(6). Neles verificam-se não apenas as diferenças de sentido que existem entre as conjunções e as locuções conjuntivas condicionais, mas também o fato de elas não poderem ser consideradas equivalentes.

(4) *A não ser que* ele vá eu vou.
(5) *Somente se* ele for eu vou.
(6) *Se* ele for eu vou.

Os três conectores exemplificados em (4)-(6) encerram diferentes sentidos para a relação condicional. Em (4), o conector especifica o evento descrito na oração condicional como condição única para a não realização do evento descrito na oração núcleo. Por outro lado, em (5) ocorre o inverso, uma vez que a locução conjuntiva restringe o evento contido na oração condicional como única condição em que o evento contido na oração núcleo se realiza. Por fim, o uso da conjunção *se* estabelece uma relação de condição mais ampla em (6), em que esses sentidos mais restritivos se perdem.

Essa diferença foi observada por Neves (2000) que, em sua *Gramática de usos do português*, descreve essa variação de sentido estabelecida pelas diferentes conjunções e locuções conjuntivas. Em seu trabalho, a autora mostrou que algumas locuções conjuntivas produzem uma leitura diferente daquela efetivada pelo *se*. Neves (2000: 843) afirma que em construções iniciadas por *somente se* e *só se* "os conteúdos proposicionais da *prótase* e da *apódose* têm de ser ou ambos verdadeiros, ou ambos falsos (graças à inferência solicitada)". A autora mostra ainda que há casos em que uma condição necessária e suficiente promove inversão de polaridade: é o que ocorre com o uso das locuções *a não ser que, a menos que, salvo se* e *exceto se*. Os seguintes exemplos, extraídos dessa autora, ilustram, respectivamente, esses casos:

(i) Artes por essas bandas, meu irmão, *SÓ SE* for a de furtar. (p. 843)
(ii) Enterrado ou fora da sepultura, o zumbi permanecia como morto, dez horas, *A MENOS QUE* continuasse sendo alimentado [...] (p. 845)

Observando essa diferença, Oliveira (2008) classificou as conjunções condicionais do português em: (i) restritiva positiva, (ii) restritiva negativa e (iii) hipotética. As conjunções restritivas positivas restringem o significado da oração condicional, de modo que a construção recebe a seguinte leitura:

- considere a realização/verdade/adequação pragmática da oração núcleo na condição única da realização/verdade/adequação pragmática da oração condicional, como pode ser observado no seguinte exemplo:

(7) *Somente se* Zé Lino não aceitar é que Fares Lopes passará a analisar outros nomes.

Nesse caso a relação condicional se estabelece de tal forma que as duas orações envolvidas se implicam mutuamente, isto é, são ambas verdadeiras ou ambas falsas. É o que tem sido chamado na literatura de valor bicondicional (Awera, 1983, Visconti, 1996, Neves, 2000). Além do *somente se*, esse sentido é também atualizado pelas locuções *só se, contanto que, desde que, dado que* e *sem que*.

As conjunções condicionais restritivas positivas restringem a relação condicional com inversão de polaridade, como já havia observado Neves (2000). Para esse tipo de conjunção, Oliveira (2008) propõe a seguinte leitura:

- considere a realização/verdade/adequação pragmática da oração núcleo na condição única da não realização/não verdade/não adequação pragmática da oração condicional, como mostra a ocorrência:

(8) Não há significativos custos para os cofres públicos, *a não ser que* o governo local opere mal uma empresa pública ou subsidie o preço da passagem.

Em (8) a oração condicional é apresentada como uma condição para que o conteúdo da oração principal seja considerado não verdadeiro. Nas construções iniciadas por esse tipo de conjunção, caso a oração condicional seja validada, segue necessariamente a não validação da oração núcleo, ou vice-versa. Além da conjunção *a não ser que*, atuam ainda na expressão do significado restritivo negativo as conjunções *salvo se, exceto se* e *a menos que*.

As conjunções hipotéticas estabelecem uma relação condicional mais ampla. Além do *se*, outros exemplos de conjunção hipotética são *caso, supondo que* e *considerando que*. Para as conjunções com esse significado em Oliveira (2008) propõe-se a seguinte leitura:

- considere a realização/verdade/adequação pragmática da oração núcleo no caso da realização/verdade/adequação pragmática da oração condicional, como se vê na seguinte ocorrência:

(9) *Se* chover assim no mês de fevereiro teremos que adiar a colheita.

As conjunções condicionais do português constituem três grupos bem distintos a depender do sentido condicional que expressam. Por essa razão, as conjunções condicionais não podem ser tratadas como equivalentes, uma vez que manifestam diferentes sentidos e atendem também a propósitos comunicativos diferentes. Isso implica a necessidade de um modelo de análise que, de certa forma, permita considerar os sentidos veiculados pela conjunção condicional, o que reforça a insuficiência de uma análise por meio de uma única função semântica, como na GF.

Conjunções na Gramática Discursivo-Funcional

Hengeveld e Wanders (2007) propõem distinguir as conjunções adverbiais com relação a sua natureza categorial. O principal critério que, segundo os autores, diferencia conjunções lexicais e gramaticais é o fato de apenas as conjunções com estatuto lexical poderem ser qualificadas por outros meios lexicais, em geral advérbios. Conjunções gramaticais, devido à ausência de significado lexical que nelas se verifica, não aceitam nenhum tipo de modificação. Essa diferença é ilustrada pelos seguintes exemplos, extraídos desses autores.

(10) She called him *three hours before* she left.
Ela ligou para ele *três horas antes que* ela partisse.
(11) *She stayed home *three hours until* the meeting began.
Ela ficou em casa *três horas até que* a reunião começasse.
(12) *In the unlikely event that* smallpox were introduced into Australia, it would be rapidly controlled.
No improvável caso em que varíola fosse introduzida na Austrália, ela seria rapidamente controlada.
(13) *I'll bring him some water *in unlikely case* he gets thirsty.
Eu trarei água para ele *no improvável caso de* ele sentir sede.

De acordo com Hengeveld e Wanders (2007), em (10), o sintagma nominal *three hours* qualifica a conjunção *before*, oferecendo uma especificação sobre o tempo precedente ao evento descrito pela oração. Da mesma forma, em (12), o advérbio *unlikely* modifica o substantivo *event*, que faz parte da conjunção complexa *in the event that*, qualificando, assim, o evento hipotetizado pela condicional em termos de seu estatuto de realidade. Por outro lado, esse tipo de modificação é impossível nos exemplos (11) e (13), daí a agramaticalidade dessas construções para o inglês. Tal fato decorre do estatuto gramatical das conjunções *until* e *in case*, que, por essa razão, não podem receber nenhum tipo de modificação adicional.

Hengeveld e Wanders (2007) afirmam que a coocorrência de um advérbio com conjunções gramaticais é possível, mas nesse caso o advérbio tem escopo frasal, incidindo sobre a oração como um todo, diferentemente do escopo curto dos modificadores que se verifica em (10) e (12). É o que os autores ilustram com o seguinte exemplo:

(14) *Only* in case it rains will I stay home.
Somente no caso de chover eu ficarei em casa.

Segundo Hengeveld e Wanders (2007), prova do escopo oracional desses advérbios seria o fato de eles próprios não admitirem nenhum tipo de qualificação, conforme demonstram os seguintes exemplos:

(15) **three hours exactly before* she left
três horas exatamente antes que ela chegasse
(16) **in the only event that* you don t reply to this message
**no somente caso que* você não responda a essa mensagem

Fato que evidencia a diferença entre as conjunções gramaticais e lexicais é que elas podem combinar-se em uma mesma oração. Para Hengeveld e Wanders (2007), a combinação é permitida quando as conjunções em questão pertencem a categorias diferentes. É o que se vê nos exemplos:

(17) She stayed *until three hours after* he left.
Ela ficou *até três horas depois que* ele saiu.
(18) She didn t leave *until the very moment* he arrived.
Ela não saiu *até o momento exato em que* ele chegou.

O principal aspecto da proposta de Hengeveld e Wanders (2007) é mostrar que as diferenças observadas entre conjunções gramaticais e conjunções lexicais se refletem em sua descrição nos níveis de análise distinguidos na GDF. No nível representacional, é possível analisar a diferença categorial que existe entre conjunções lexicais e gramaticais, na medida em que elementos gramaticais não são representados na estrutura subjacente da oração. As conjunções lexicais são analisadas da seguinte maneira:

(19) She called him *before* she left.
(e_i: [she called him] (e_i): (t_i: (f_i: $before_{Conj}$ (f_i)) $(t_i)_Ø$ (t_j: (e_j: [she left] (e_j) (t_j) (e_j)))Ref) (e_i))
(20) Smallpox would be rapidly controlled *in the event that* it were introduced into Australia.
(e_i: [small pox would be rapidly controlled] (e_i): (e_j: (f_i: $event_N$ (f_i)) (e_j): (e_k: [smallpox are introduced into Australia] (e_k)) (e_j))Loc (e_i)

Em (19), a conjunção *before* é analisada na estrutura subjacente como um predicado (f_i), tal qual um elemento lexical qualquer. O mesmo ocorre com a conjunção complexa *in the event that*, concebida como item lexical e analisada como predicado na estrutura subjacente da oração, em (20). Observe-se que em (20) Hengeveld e Wanders (2007) analisam apenas a base nominal da conjunção complexa, que ocupa o *slot* do predicado adposicional. Por outro lado, em (21), a conjunção *until* é concebida pelos autores como um elemento gramatical e é representada pela função semântica *Allative* direção (All)[7], a partir da qual será gerada na expressão linguística pela aplicação da operação de codificação.

(21) She stayed home *until* the meeting began.
$(e_i$: [she stayed home] (e_i): $(t_i$: $(t_j$: $(e_j$: [the meeting began] (e_j): (t_j) $(e_j)))_{All}$ $(t_i))]$ $(e_i))$

No nível representacional ainda pode ser observada a diferença de escopo dos modificadores que precedem as conjunções adverbiais. Veja-se o exemplo dos autores:

(22) He arrived *exactly three hours before* she left.
Ele chegou *exatamente três horas antes que* ela partisse.
$(e_i$: [he arrived] (e_i): $(t_i$: $(f_i$: before$_{Conj}$ (f_i): $(q_i$: three hours $(q_i:))$ (f_i) $(t_i)_{\varnothing}$ $(t_j$: $(e_j$: [she left] (e_j): (t_j) $(e_j)))_{Ref}$: exactly $(t_i))$ $(e_i))$

O sintagma *three hours* modifica a conjunção *before*, especificando – com relação à quantidade, daí a variável (q_i) – o tempo precedente ao evento ocorrido. Para os autores, isso não é o que ocorre com as conjunções gramaticais; uma vez que falta um núcleo lexical, não há um *slot* a ser ocupado por um modificador.

No nível interpessoal, segundo Hengeveld e Wanders (2007), operam apenas conjunções altamente gramaticalizadas. Isso se deve ao fato de que apenas conjunções lexicamente vazias, ou seja, desprovidas de conteúdo, podem relacionar-se a atos do discurso. Conjunções que atuam nesse nível são analisadas como uma função retórica atribuída ao modificador oracional que introduzem. É o que se vê no exemplo (23), apresentado abaixo, em que a conjunção é analisada como a função retórica *motivação*:

(23) *Since* you are interested, there are indeed some major problems.
Já que você está interessado, há de fato alguns problemas maiores.
$(A_I$: $[(F_I$: DECL $(F_I))$ (P_I)s $(P_J)_A$ $(C_I$: [there are some major problems] $(C_I))$ $(C_J$: [you are interested] $(C_J))$Motivation] (A_I)

O modelo de análise elaborado por Hengeveld e Wanders (2007) parece oferecer um modo mais adequado para entender as conjunções adverbiais. Ao separar conjunções lexicais e gramaticais, os autores resolvem a questão de como analisar as diferenças de sentido que se observa entre as diversas conjunções de que uma língua dispõe, caso das conjunções condicionais em análise. No entanto, ainda que solucione alguns das questões apontadas na visão tradicional da GF, a aplicação dos critérios usados pelos autores se revela bastante problemática quando confrontada a dados reais.

O principal critério utilizado por Hengeveld e Wanders (2007) na distinção entre conjunções gramaticais e conjunções lexicais constitui a viabilidade para modificação. Entretanto, quando aplicado aos dados, esse critério revela-se problemático. No português, dados de uso da língua parecem contradizer o postulado dos autores. Isso porque é possível encontrar casos em que se tem a modificação de uma conjunção adverbial gramatical. É que parece ocorrer com a conjunção concessiva *embora*, que pode estar sob o escopo do advérbio de intensidade *muito*, como nas ocorrências abaixo:

(24) *Muito embora* reconheça que esta é uma missão extremamente importante que hoje estamos cumprindo, considero também que tenho muito mais a obrigação, tão, importante quanto esta, perante o Plenário da Câmara dos Deputados. (FL-O)

(25) Temos – *muito embora* sem perder a esperança de que mais uma vez se encontrará forma de fugir à catástrofe – de agir dentro de um rigoroso espírito de prudência e decisão. (JKO)

De acordo com a proposta de Hengeveld e Wanders (2007), quando um advérbio precede uma conjunção gramatical, seu escopo cai sobre a oração toda. Entretanto, em casos como os exemplificados em (24) e (25), o escopo frasal dos modificadores é bastante discutível, especificamente no português. Nesse caso, o modificador é usado para intensificar a conjunção, realçando o sentido por ela expresso, como afirma Neves (1999).

A conjunção concessiva questiona o fato de apenas conjunções lexicais poderem receber modificação e, assim, inviabiliza o critério proposto por Hengeveld e Wanders (2007). Além disso, consoante a discussão desenvolvida por Pérez Quintero (2006), a viabilidade para modificação está muito mais relacionada à natureza semântica da conjunção do que a seu estatuto lexical/gramatical. De fato, as conjunções temporais são mais dispostas a serem modificadas que outras – como as condicionais, causais, concessivas –, já que representam uma entidade mais concreta do que aquelas.

Proposta alternativa ao modelo de Hengeveld e Wanders (2007) é encontrada em Pérez Quintero (2004, 2006),[8] que concebe todas as conjunções adverbiais como uma categoria lexical, a ser analisada como predicado adposicional[9] na estrutura subjacente da oração. Com base essencialmente em dados do inglês, Pérez Quintero (2004) afirma que descrever uma diversidade de conjunções por meio de um número limitado de funções semânticas abstratas impossibilita uma análise adequada das expressões linguísticas.

A proposta dessa autora se assenta, principalmente, no trabalho de Mackenzie (1992a, 1992b, 2001), que atribui às preposições locativas e temporais o estatuto de item lexical, incluindo-as na categoria dos predicados adposicionais. A autora vai além e propõe incluir também nessa categoria todas as conjunções adverbiais.

Pérez Quintero (2004: 158) justifica-se tomando a seguinte afirmação de Dik (1997: 102 *apud* Pérez Quintero, 2004):

> [...] o fato de o significado de um item ser "primitivo" ou básico não significa que não possa ser tratado como predicado. A existência de predicados que não podem mais ser definidos é parte do próprio princípio de definição lexical gradual segundo o qual "depois que um número de definições foram geradas, inevitavelmente chegamos a predicados para os quais não se pode dar uma definição".[10]

Além disso, como lembra Pérez Quintero (2004), Mackenzie (2002: 3) afirmou que "[...] a propriedade definidora de um predicado será sua predisposição para o subato comunicativo de atribuição [...]".[11] Esse autor acrescenta que o conceito de atribuição pode ainda ser ampliado para abranger a designação de uma relação entre dois ou mais participantes nessa relação, além da noção comum de atribuição de uma propriedade a um participante. Levando isso em consideração, Pérez Quintero (2004) diz que as conjunções adverbiais podem ser consideradas atributivas no sentido dado por Mackenzie (2002), uma vez que atuam no estabelecimento de uma relação entre duas entidades.

Dessa forma, a autora reformula a definição do predicado adposicional tal como elaborado por Mackenzie (2001) de modo a encaixar nela as conjunções adverbiais do inglês. Assim, Pérez Quintero (2004) postula que "um predicado adposicional é um predicado que, sem que se tomem em consideração outras medidas, é primariamente usado como núcleo de um satélite (Pérez Quintero, 2004: 161)".[12] A autora ressalta, porém, que "parece mais adequado incluir na definição dessa categoria apenas o que pode ser considerado sua função prototípica".[13]

Em seu trabalho mais recente, realizado segundo as reformulações da GDF, Pérez Quintero (2006) reafirma a necessidade de se analisarem as conjunções adverbiais como predicados, isto é, como elementos lexicais. A autora diz que não há argumentos suficientemente fortes para a distinção entre conjunções lexicais e conjunções gramaticais do modo como levada a cabo por Hengeveld e Wanders (2007), já que os principais critérios usados por esses autores – modificação e combinação – se aplicam somente às conjunções temporais. Pérez Quintero (2006) mantém sua visão de incluir todas as conjunções adverbiais na categoria dos predicados adposicionais, entendidos como predicado (f) de um argumento, que pode ser de um estado de coisas, uma proposição, ou um ato de fala, ao qual a função de referência é atribuída. A autora ilustra sua análise tomando um exemplo de Hengeveld e Wanders (2007), como se vê a seguir:[14]

(26) She called him *before* she left.
$(e_i$: [she called him] (e_i): $(t_i$: $(f_i$: before$_{Conj}$ $(f_i))$ (t_i) $(e_j$: [she left] $(e_j))_{Ref})$ $(e_i))$

Para as conjunções complexas, Pérez Quintero (2006) propõe a seguinte análise:

(27) Smallpox would be rapidly controlled *in the event that* it were introduced into Australia.
$(e_i$: [small pox would be rapidly controlled] (e_i): $(e_j$: $(f_i$: in_the_event$_{Conj}$ $(f_i))$ (e_j): $(e_k$: [smallpox are introduced into Australia] $(e_k))$ $(e_j))$ (e_i)

Na análise de Pérez Quintero (2006), diferentemente de Hengeveld e Wanders (2007), a conjunção complexa é representada na estrutura subjacente como um todo. Pérez Quintero (2006) critica os autores, que analisam apenas o substantivo, e afirma que conjunções complexas devem ser tratadas como expressões cristalizadas ou formulaicas, que compõem um novo significado e, portanto, não devem ser separadas em sua análise na estrutura subjacente.

Um problema a ser apontado na proposta de Pérez Quintero (2006) é que, apesar da crítica feita à análise de Hengeveld e Wanders (2007), a autora analisa a conjunção *in the event that* no evento/caso "de que" como um estado de coisas, representado pela variável (e_j). Ora, é propriedade do substantivo *event* (evento) poder designar um estado de coisas, e não da conjunção. A conjunção, conforme afirmou Pérez Quintero (2006), é responsável por promover a relação entre duas entidades. Nesse sentido, a análise elaborada pela autora não se diferencia muito daquela apresentada por Hengeveld e Wanders (2007), que analisam apenas o núcleo nominal da conjunção complexa e à qual Pérez Quintero (2006) se opõe.

Pela proposta dessa autora (2004, 2006), analisar as conjunções parece ser uma tarefa menos difícil. Uma vez que todas as conjunções adverbiais são consideradas como predicado, não mais resta o problema de como analisar as diferenças de sentido expressa pelas variadas conjunções do português. No entanto, a proposta de incluir na categoria de predicados conjunções como *se*, no qual se verifica ausência de um significado lexical que possa ser definido em termos de outros predicados, parece uma solução bastante "radical" e, desse modo, inviável ao estudo das conjunções adverbiais. Isso porque a inclusão desse tipo de conjunção na categoria dos predicados resultaria em um número indesejável de predicados altamente abstratos, sobrecarregando-se, desse modo, o fundo da língua.

As questões levantadas aqui revelam que não há ainda um modelo satisfatório de análise das conjunções adverbais. Por um lado, analisar todas as conjunções adverbiais por meio de um número limitado de funções semânticas abstratas não permite que se analisem as nuances de sentido existentes entre elas, e, dessa forma, a análise torna-se pouco elucidativa. Por outro, considerar conjunções como *se, porque, quando* etc. como elementos lexicais tampouco soluciona a questão. A visão dicotômica, que propõe separar conjunções lexicais e conjunções gramaticais, parece ser a solução mais adequada. Dessa forma é possível analisar as diferenças de sentido subjacentes às diferentes conjunções e locuções conjuntivas.

É preciso, entretanto, rever os critérios classificatórios empregados por Hengeveld e Wanders (2007) na distinção lexical e gramatical das conjunções adverbiais, já que eles parecem estar mais ligados à natureza semântica da conjunção do que a seu estatuto categorial.

Questão central em uma proposta que reconheça a distinção entre conjunções lexicais e gramaticais é determinar quais conjunções têm conteúdo lexical, portanto analisadas como predicados, e quais são lexicamente vazias, dessa forma, a serem tratadas como funções semânticas.

Na teoria da GDF, considera-se propriedade essencial do predicado sua disponibilidade para o subato da atribuição, ou seja, a possibilidade que tem um item lexical de descrever uma entidade. Cabe lembrar que a noção de atribuição foi expandida por Mackenzie (2002) de modo a abrigar também a possibilidade que possui um item de descrever uma relação entre duas ou mais entidades. Outras características do predicado são a possibilidade de ter seu significado definido gradualmente e a disponibilidade para a formação de predicados.

A respeito da definição de predicado, na teoria da GF diz-se que todo predicado é associado a uma definição de significado, que deve ser estabelecida por meio de outros predicados da mesma língua. Esse processo se dá de modo gradual e é denominado por Dik (1978, 1997) como *stepwise lexical decompotision* (decomposição lexical gradual). Em outras palavras, as definições de significado dos predicados formam uma rede em que predicados mais específicos são definidos por meio de predicados mais generalizados. Da formação de predicado, diz-se que um item lexical deve estar disponível para a formação de novos predicados. Isso porque, segundo Dik (1997), apenas elementos lexicais podem servir de *input* para as regras de formação de predicado.

Neste trabalho considera-se, portanto, a possibilidade para a atribuição; viabilidade para a definição lexical gradual e para a formação de predicados como os principais critérios a serem levados em conta à hora de se classificar o estatuto lexical de um elemento.

O estatuto categorial das conjunções condicionais

A mais antiga das conjunções condicionais do português, o *se*, originou-se da conjunção latina ***si***. No português, essa conjunção serve para indicar gramaticalmente que a oração que ela introduz se realiza como um modificador oracional de valor condicional.

Fato que confirma o estatuto gramatical da conjunção *se* é que nela se verifica a ausência de um significado lexical que possa ser decomposto em termos de outros predicados. Ou seja, não há, na língua portuguesa, predicados mais gerais que possam definir o significado dessa conjunção, daí seu caráter altamente primitivo.

É justamente a ausência de significado lexical dessa conjunção que permite seu emprego com grande variabilidade de contextos, ao contrário do que ocorre com as demais conjunções condicionais, como atestou Oliveira (2008). Esse fato pode ser explicado pela afirmação de que "quanto mais generalizado um *grama* é, maior é seu domínio de aplicabilidade" (Bybee et alii, 1994: 19).[15] Uma vez que a conjunção *se* não tem significado lexical, que é esvaziada, ela não apresenta restrições de sentido e pode ser utilizada em qualquer contexto.

A conjunção *se* também não atende ao critério da formação de predicado, já que não há predicados que sejam derivados dessa conjunção. Confirma-se, portanto, o estatuto gramatical do *se*, que, dessa forma, deve ser analisada como uma função semântica na estrutura subjacente:

(28) O senador Pedro Simon (PMDB-RS), líder do governo Itamar no Senado, disse ontem que *o governo Fernando Henrique Cardoso corre o risco de não conseguir a aprovação da reforma constitucional se continuar divulgando as propostas sem antes articular o apoio do Congresso*. (JCR-J)
(e_i: [o governo Fernando Henrique Cardoso corre o risco de não conseguir a aprovação da reforma constitucional] (e_i): (e_j: [continuar divulgando as propostas sem antes articular o apoio do Congresso] (e_j): (e_j))$_{Cond}$)] (e_i))

Nesse caso, a conjunção condicional *se* é analisada na estrutura subjacente por meio da função semântica Cond(ição), atribuída ao modificador oracional continuar divulgando as propostas sem antes articular o apoio do Congresso, que ela introduz. Segundo o modelo de análise da GDF, sua forma real será gerada no nível morfossintático, em que se dá a linearização dos elementos de uma expressão linguística.

Ao contrário do que se observa na conjunção *se*, que apenas marca a relação condicional, as conjunções condicionais complexas descrevem o sentido condicional, especificando lexicamente a relação que envolve as duas orações na construção condicional. Assim, as conjunções condicionais complexas podem ser consideradas atributivas, já que atuam no sentido de descrever a relação entre duas entidades, sendo uma representada pelo modificador condicional e a outra pela oração núcleo.

Tal fato se deve ao significado lexical presente nessas locuções. Elas se originam de uma fonte lexical[16] e guardam dessa fonte um resto de conteúdo lexical. De fato, é justamente o significado lexical nelas presente que, associado a outros elementos, licencia o sentido condicional. Em outras palavras, são os traços do significado lexical restante nas conjunções condicionais complexas que fazem emergir o sentido condicional que elas manifestam. É o que se verifica, por exemplo, na conjunção *desde que*. A fonte lexical dessa conjunção, a preposição *desde*, circunscreve um ponto de origem no espaço, que é mapeado para ponto de origem no tempo na formação da conjunção temporal *desde que*, que especifica a origem temporal para um evento descrito na oração principal com a qual essa oração de tempo se relaciona. Esse significado pode, ainda, ser mapeado para um domínio mais abstrato, em que marca um ponto de origem no discurso, a partir do qual se pode afirmar algo, dando origem ao sentido condicional. Esses casos se exemplificam abaixo:

(29) *Desde* São Paulo ela vem passando mal. (ponto de origem no espaço)
(30) *Desde que* te conheci, nunca mais amei outra pessoa.
(31) *Desde que* as regras sejam claras, posso me candidatar.

Outro caso que serve de ilustração do significado lexical presente em conjunções complexas é o *supondo que*, que se origina a partir do verbo *supor*, cujo significado básico pode ser entendido como "conjeturar, presumir, imaginar", sentido esse que serve para construir a relação condicional, a qual hipotetiza uma situação.

Desse modo, diferentemente da conjunção *se*, as conjunções condicionais complexas, uma vez que se originam a partir de uma fonte lexical, veiculam um significado que pode ser definido por meio do predicado do qual elas derivam.

No que diz respeito à viabilidade para formação de predicado, as conjunções condicionais complexas não servem de *input* para as regras de formação de predicados. Isso se explica pelo fato de essas conjunções constituírem, elas próprias, um predicado derivado, na medida em que todas elas se formam a partir de uma fonte lexical.

Pode-se dizer, então, que algumas conjunções condicionais atendem critérios para serem analisadas como predicados. É preciso ressaltar, no entanto, que as conjunções não devem ser entendidas como itens lexicais plenos, tais como nomes e verbos. Entende-se aqui que o estatuto lexical/gramatical das palavras não pode ser concebido em termos rígidos, mas em termos de gradualidade, admitindo-se a possibilidade de elementos mais e menos prototípicos em cada recorte desse contínuo.

Conforme discutiram autores diversos (Langacker, 1987; Lakoff, 1987; Keizer, 2007), a distinção lexical/gramatical não é discreta, tal como se defende na GF, que faz uma separação categórica entre itens lexicais, analisados como predicados, e itens gramaticais, analisados como funções semânticas ou operadores. Ao contrário, essa distinção pode ser mais bem compreendida se concebida como um contínuo no qual se tem os itens dotados de significado num extremo e aqueles completamente vazios em outro. Especificamente na GDF, essa visão das categorias em termos de gradualidade foi primeiramente adotada por Keizer (2007), tal como se observa no esquema abaixo adaptado dessa autora:

Quadro 2 – Contínuo de gramaticidade na GDF

item de conteúdo > item gramatical > afixo flexionais		
primário > secundário	secundário > primário	
predicados	-	funções/operadores

Veja-se que, desse modo, é possível entender a distinção lexical/gramatical de modo menos categórico. Para tratar esse contínuo na GDF, Keizer (2007) propõe separar itens primários e secundários, entendo que há, para cada categoria, itens que são mais centrais e itens mais periféricos. Ou seja, há elementos lexicalmente plenos e aqueles em que se verifica um menor grau de lexicalidade. Do mesmo modo, há itens altamente gramaticais e aqueles com menor grau de gramaticidade.

No entanto, como afirma a própria Keizer (2007), a distinção lexical/gramatical é vital para o exame das expressões linguísticas nos termos da estrutura subjacente da GDF. Isso porque o estatuto categorial de um elemento é que determina o modo como ele será analisado, se como predicado ou se por meio de uma função semântica. Assim, embora se reconheça a gradualidade das categorias, é preciso estabelecer um corte para que a análise seja possível nos termos da estrutura subjacente da oração.

A ausência ou a presença de conteúdo lexical que se observa nas conjunções condicionais leva a significativas diferenças no comportamento dessas conjunções. As conjunções condicionais lexicais não podem introduzir um ato de fala, diferentemente das conjunções gramaticais. É o que mostram os exemplos:

(32) *Se* posso te dar um conselho, eu não faria isto.
(32a) ?*Exceto se* não posso te dar um conselho, eu não faria isto.
(32b) ?*A não ser que* não possa te dar um conselho, eu não faria isto.
(32c) ?*Contanto que* não possa te dar um conselho, eu não faria isto.

No exemplo (32) a oração condicional é utilizada para orientar o ouvinte sobre as condições em que é relevante enunciar o ato veiculado pela oração núcleo. Nesse caso, a oração condicional atualiza uma estratégia retórica de orientação, e a conjunção é, dessa forma, analisada pela função de *orientação*, atribuída à oração condicional, tal como demonstra a representação correspondente a essa oração, a seguir:

(M_I: (A_I: [esta sua roupa é inadequada] (A_I)), (A_J: [você me permite] $(A_J))_{Orientation}$ (M_I))

Por outro lado, nos exemplos (32a)-(32c), o emprego da conjunção lexical não faz da oração condicional uma construção agramatical para o sistema da língua portuguesa, mas essa oração é inaceitável do ponto de vista pragmático. Esse fato pode ser explicado pelo postulado de Hengeveld e Wanders (2007), de que apenas conjunções gramaticais, ou seja, lexicamente vazias, poderiam assumir as funções retóricas do nível interpessoal.

Tendo em vista essas diferenças, neste trabalho propõe-se que as conjunções condicionais encerram dois grupos distintos no que diz respeito à sua categorialidade: elas podem ser classificadas como sendo o que Keizer (2007) chama de item de conteúdo secundário, entendendo, assim, que elas constituem elementos lexicais mais periféricos, ou podem ser analisadas como itens gramaticais secundários.

As várias questões levantadas mostram que, a depender de seu estatuto categorial, as conjunções condicionais se diferenciam no que diz respeito a aspectos sintáticos, semânticos e pragmáticos. A variação de comportamento discutida pode ser resumida pelo quadro seguinte:

Quadro 3 – Conjunções lexicais/conjunções gramaticais

Conjunção condicional gramatical:	Conjunção condicional lexical:
▪ não é atributiva;	▪ é atributiva;
▪ marca a relação;	▪ especifica a relação;
▪ não é passível de decomposição lexical gradual;	▪ é passível de decomposição lexical gradual;
▪ não está disponível para as regras de formação de predicado;	▪ não está disponível para as regras de formação de predicado;
▪ tem sentido generalizado, básico;	▪ tem significado lexical;
▪ grande variabilidade de contexto de uso;	▪ restrições de contexto de uso;
▪ introduz um ato de fala;	▪ não pode introduzir um ato de fala;
▪ pode assumir função retórica no nível interpessoal.	▪ não pode assumir função retórica no nível interpessoal.

Uma vez reconhecida a distinção lexical/gramatical para as conjunções condicionais, resta, ainda, elaborar uma proposta de análise para essas conjunções e locuções conjuntivas no português dentro do modelo gramatical elaborado pela GDF.

As conjunções condicionais na Gramática Discursivo-Funcional

Ao contrário do que afirmaram Hengeveld e Wanders (2007), as conjunções lexicais podem, sim, ser analisadas no nível interpessoal. Segundo prevê a teoria da GDF, no nível interpessoal todo elemento lexical deve ser analisado como um subato, que pode ser atributivo ou referencial, e que, somado a outros elementos lexicais, formam um ato do discurso. Assim, as conjunções condicionais analisadas como predicados, pelo fato de especificarem lexicamente a relação condicional entre um modificador oracional e uma oração núcleo, devem ser analisadas também como um subato de atribuição. É o que se vê na seguinte ocorrência e em sua respectiva representação:

(33) O estatuto do clube estabelece que a eleição deve ser na segunda quinzena de dezembro, *desde que a temporada tenha terminado.* (JCR-J)
$(M_1$: $[(A_1$: $[(F_1$: ILL $(F_1))$ $(P_1)_S$ $(P_2)_A$ $(C_1$: $[(T_1)$ $(R_1)]$ $(C_1))$ $(C_2$: $[(T_1$:desde_que$)$ $(T_2$: terminado$)$ $(R_1$: temporada $)]$ $(C_2))]$ $(A_1))]$ $(M_1))$

No nível interpessoal, a construção como um todo está inserida em um movimento (M_1) e realiza-se como um ato único (A_1), que contém dois conteúdos comunicados. A oração condicional realiza o segundo conteúdo comunicado (C_2), que contém os subatos de atribuição *desde que* e *terminado* e o subato referencial *temporada.* O primeiro conteúdo comunicado (C_1) é realizado pela oração núcleo.

As conjunções gramaticais, por outro lado, são analisadas no nível interpessoal como funções retóricas, tal como já haviam afirmado Hengeveld e Wanders (2007). É o que se vê no seguinte exemplo:

(34) Se você ficar com fome, fiz biscoitos hoje.
$(M_I$: $(A_I$: [fiz biscoitos hoje] $(A_I))$, $(A_J$: [você ficar com fome] $(A_J))_{Orientação}$ $(M_I))$

No nível representacional, as conjunções condicionais lexicais são analisadas como:

$(f_i$: conjunção$_{Conj}$ $)$ $(\alpha_i)_{Ref}$

Na representação, a conjunção (Conj) é analisada como um predicado (f_i), que indica uma relação e que admite um argumento, no esquema representado pela variável geral (α_i). Esse argumento pode ser de segunda (e_i) ou terceira ordem (p_i) e recebe a função de referência (Ref). É o que vê na representação subjacente da seguinte ocorrência:

(35) Ou uma inovação "revolucionária" que introduz algo virtualmente novo no mercado (como recentemente o videocassete). Lembre-se que, à medida que a inovação progride ao longo desta escala, o potencial de retornos financeiros aumenta, *contanto que haja uma aceitação rápida no mercado*, o que tende a não acontecer quando se trata de algo que "assusta" o consumidor, por mais útil que lhe possa ser inovação. (MK-T)
$(p_i$: [o potencial de retornos financeiros aumenta] $(p_i))$: $(f_i$: contanto_que$_{Conj}$ $(f_i))$: $(p_j$: [haja uma aceitação rápida no mercado] $(p_j))_{Ref}$ (p_i)

Em (35), a conjunção *contanto que* especifica lexicamente a relação condicional entre as proposições descritas pela oração núcleo (p_i) e pela oração condicional (p_j). Dessa maneira, a conjunção é analisada na estrutura subjacente como um predicado (f_i) de um argumento, ocupado pela oração condicional, ao qual é atribuída a função de referência, já que a oração se refere a uma entidade de terceira ordem (p_i).

Na análise proposta aqui, propõe-se representar a conjunção complexa como um todo, diferentemente de Hengeveld e Wanders (2007). Entende-se que o significado do núcleo formador da locução conjuntiva tenha papel fundamental em sua nova função. No entanto, acredita-se que isso não é razão para representar apenas esse núcleo no predicado conjuncional e, assim, entende-se que as conjunções complexas devem ser representadas em sua integridade.

Diferentemente do que ocorre com as conjunções lexicais, as conjunções gramaticais não são representadas na estrutura subjacente, uma vez que não carregam conteúdos que precisam ser especificados por meio de predicados. Assim, elas são analisadas no nível representacional por meio de funções semânticas, no caso a de condição, como se vê no seguinte exemplo:

(36) o primeiro houve uma prova integrada que não não foi valorizada, *se eu não me engano foi em sessenta e cinco*, em sessenta e seis foi a primeira prova integrada com valor (D2/PA/283)
(p_i: [foi em sessenta e cinco] (p_i): (f_i: contanto_que$_{Conj}$ (f_i): (p_j: [eu não me engano] (p_j))$_{Ref}$ (p_i)

No nível morfossintático são introduzidos todos os elementos que ocuparão uma posição na estrutura final de uma expressão linguística. Por essa razão, as conjunções gramaticais, antes analisadas por meio de funções retóricas ou semânticas, são agora introduzidas, como se vê no exemplo:

(37) *se* vocês permitirem eu falo (D2/PA/120)
(Le_i): [
(Cl_i: [(Gw_i) (Gw_j) (Vp_i:) (Cl_i))
se vocês permitirem
(Cl_j: [(Gw_k) (Vp_k) (Cl_j))
eu falo

A oração condicional é analisada como uma Expressão Linguística (Le), formada por duas orações, (Cl_i) e (Cl_j). A conjunção *se* é analisada no nível morfossintático como uma palavra gramatical (Gw). As conjunções lexicais são analisadas como sintagmas conjuncionais (Adp),[17] conforme constatado no seguinte exemplo:

(38) *desde que* a informação seja fornecida
(Le_i): [
(Cl_i: [(Adp_i) (Gw_i) (Np_i:) Aux (Vp_k) (Cl_i))
desde_que a informação seja fornecida

Nesse nível ocorre ainda a linearização dos elementos na configuração morfossintática da oração, tal como irão aparecer na articulação final da expressão linguística. No interior da oração (Cl), independentemente do estatuto categorial, as conjunções condicionais ocupam a posição P^I (posição inicial), como é determinado pela gramática do português. Na GDF, essa posição é reservada para elementos de certa relevância, caso das conjunções. É o que ilustram os seguintes exemplos:

P^I
(39) acho até justo, *desde que* haja empreendimento no estado do Pará (POL-O)

P^I
(40) são quatro, *se* não me engano são quatro cursos (DID/08/PA)

Considerações finais

O estudo das conjunções condicionais mostrou que, contrariando a visão tradicional que coloca todas as conjunções como elementos gramaticais, no português as conjunções condicionais subdividem-se em conjunções gramaticais e lexicais. Mostrou-se, pela análise dos dados, que a classificação categorial das conjunções como gramaticais não se aplica à classe das conjunções como um todo.

Estudos realizados no contexto da GDF têm revelado a importância da distinção lexical/gramatical para que se possibilite um tratamento mais eficaz das conjunções adverbiais (Pérez Quintero, 2004, 2006; Hengeveld e Wanders, 2007). Foi seguindo essa tendência que se buscou demonstrar a relevância dessa distinção para as conjunções condicionais do português.

A descrição empreendida possibilitou reconhecer um grupo de conjunções lexicais, que deve ser analisado como um subato de atribuição no nível interpessoal e como predicado adposicional no nível representacional. Acredita-se que, a partir dessa distinção, pode-se propor um tratamento mais adequado para as conjunções condicionais. Desse modo, é possível analisar as diferentes conjunções e os diferentes sentidos que elas podem manifestar.

No entanto, as conjunções condicionais compreendem apenas um tipo dentre um universo bem maior que são as conjunções adverbiais. Assim, para que essa distinção seja de fato considerada relevante para o português, é preciso um estudo mais amplo, que aplique os critérios sugeridos por esses autores às conjunções adverbiais da língua.

A natureza categorial das conjunções adverbiais é um tema ainda inexplorado nos trabalhos de gramática funcional realizados em língua portuguesa. Em geral, os estudos realizados nesse contexto seguem a classificação aristotélica presente nos compêndios gramaticais. Contudo, a discussão aqui realizada revela a necessidade de se rever a visão clássica, que atribui a todas as conjunções adverbiais o estatuto de gramatical. Desse modo, são necessários outros estudos que verifiquem a validade da distinção lexical/gramatical nas conjunções adverbiais do português, para que essa distinção seja de fato considerada relevante para a descrição gramatical das conjunções adverbiais dessa língua.

Notas

1 "Lexical elements are captured by the basic predicates listed in the lexicon. Grammatical elements reflect the various operators and functions which at different levels can be applied to the underlying constructions."

2 As representações apresentadas neste trabalho foram simplificadas, excluindo detalhes irrelevantes à presente discussão.

3 De fato, esse modelo parece inapropriado não apenas para o português, mas para outras línguas como o inglês, francês e espanhol, entre outras línguas nas quais se verifica mais de uma conjunção para uma mesma função semântica.

4 Este trabalho é parte da tese de doutorado intitulada *Conjunções e orações condicionais*, defendida no Programa de Pós-Graduação em Linguística e Língua Portuguesa da Unesp – Campus de Araraquara –, sob orientação da Profa. Dra. Maria Helena de Moura Neves. Esta pesquisa foi financiada pelo CNPq e pela Capes (Proc. BEX1626/05-1).

5 A junção oracional pode ser expressa também por justaposição, tal como em 'Tivesse eu me controlado, não estaria tão arrependido'.

6 A periodização do português apresentada aqui segue aquela elaborada por Barreto (1999).

7 Do original em inglês.

8 Embora o texto de Hengeveld e Wanders (2007) tenha sido publicado posteriormente ao de Pérez Quintero (2006), uma versão prévia desse artigo foi colocada à disposição na lista de discussão da Gramática Funcional em 2004.

[9] Do inglês *Adpositional Predicates*.

[10] "[...] the fact that the meaning of an item is primitive' or basic doesn't imply that it cannot be treated as a predicate. The existence of predicates which cannot be further defined is part of the very principle of stepwise lexical definition which implies that after a number of definitions have been run through, we inevitably arrive at predicates which cannot be provided with a definition themselves" (Dik, 1997: 102 apud Pérez Quintero, 2004).

[11] "The defining property of the predicate will be its availability for the communicative subact of ascription."

[12] "An *adpositional* predicate is a predicate which, without further measures being taken, is primarily used as the head of a satellite."

[13] "[...] it seems more adequate to include in the definition of this category just what can be considered its prototypical function."

[14] Embora já tenha sido apresentado nesta tese, o exemplo será renumerado, uma vez que recebe uma nova análise.

[15] "[...] the more generalized a gram is, the wider its domain of applicability." (Bybee et alii, 1994: 19)

[16] Algumas conjunções são oriundas de preposições, tradicionalmente classificadas como elementos gramaticais. No entanto, neste trabalho reconhecemos, seguindo Mackenzie (2001), Pérez Quintero (2002), Keizer (2007) e Pezatti et alii (2010) o estatuto lexical de algumas preposições.

[17] De *Adpositional phrase*.

Bibliografia

Awera, J. V. D. *Language and logic*: a speculative and condition-theoretic study. Amsterdam: John Benjamins, 1983.

Barreto, T. M. M. *Gramaticalização das conjunções na história do português*. Salvador, 1999. Tese (Doutorado em Letras e Linguística) – Instituto de Letras – Universidade Federal da Bahia, 1999.

Bechara, E. *Moderna Gramática Portuguesa*. Rio de Janeiro: Lucerna, 2004.

Bybee, J. et al. *The evolution of grammar:* tense, aspect and modality in the languages of the world. Chicago: The University of Chicago Press, 1994.

Cunha, C. F.; Cintra, L. *Nova gramática do português contemporâneo*. Rio de Janeiro: Nova Fronteira, 1985.

Dik, S. C. *The theory of functional grammar*. Part 1. Dordrecht: Foris Publications, 1989.

______. *The theory of functional grammar*. Part 2. Berlin: Walter de Gruyter, 1997.

Faria, E. *Gramática Superior da Língua Latina*. Rio de Janeiro: Livraria Acadêmica, 1958.

Hengeveld, K.; Mackenzie, J. L. *Functional Discourse Grammar*: a typologically-based theory of language structure. Oxford: Oxford University Press, 2008.

Hengeveld, K.; Wanders, G. Adverbial conjunctions in Functional Discourse Grammar. In: Hannay, M.; Steen, G. (eds.). *The English clause*: usage and structure. Amsterdam: John Benjamins, 2007.

Hopper, P.; Traugott, E. C. *Grammaticalization*. Cambridge: Cambridge University Press, 1993.

Keizer, M. E. The lexical-grammatical dichotomy in fdg. *Revista Alfa. Advances in Functional Discourse Grammar*, 2007, v. 51, n. 2, pp. 35-56.

Kroon, C. *Discourse particles in Latin*. (Amsterdam Studies in Classical Philology 4) Amsterdam: Gieben, 1995.

Langacker, R. W. *Foundations of Cognitive Grammar*: Theoretical prerequisites. Stanford: Stanford University Press, 1987 (Volume 1).

Lakoff, G.; Johnson, M. *Metaphors we live by*. Chicago: Chicago University Press, 1980.

Lehmann, C. *Thoughts on Grammaticalization*. Munchen: Lincom Europa, 1995.

Luft, C. P. et al. *Novo manual de português*. 7. ed. São Paulo: Globo, 1989.

Mackenzie, J. L. Places and things. In: Fortescue, M. et al. (eds.). *Layered structure and reference in a functional perspective*. Amsterdam: Benjamins, 1992a, pp. 253-76.

______. English spatial prepositions in Functional Grammar. *Working Papers in Functional Grammar* 46, 1992b.

______. Adverbs and adpositions: The Cinderella categories of Functional Grammar. In: PEREZ QUINTERO, M. J. (ed.). *Challenges and developments in Functional Grammar*. (*Revista Canária de Estudios Ingleses 42*). La Laguna: Servicio de Publicaciones, 2001, pp. 119-35.

______. The predicate in Functional Grammar. In: MAIRAL U.; PEREZ QUINTERO, M. J. (eds.). *New perspectives on argument structure*. Berlin/New York: Mouton de Gruyter, 2002, pp. 1-38.

MONTOLIO, E. On affirmative and negative complex conditional connectives. In: COUPER-KUHLEN, E.; KORTMANN, B. (eds.). *Cause, condition, concession, contrast*: cognitive and discourse perspectives. Berlin, New York: Mouton de Gruyter, 2000.

NEVES, M. H. M. *Gramática de usos do português*. São Paulo: Editora da Unesp, 2000.

OLIVEIRA, T. P. *Conjunções e orações condicionais no português do Brasil*. (Tese de Doutorado), Unesp, Araraquara.

QUINTERO, M. J. P. Adpositions in FG: Has this Cinderella been Invited to the Ball? *Words in Their Places: Festschrift for J. Lachlan Mackenzie*. Amsterdam: Vrije Universiteit, 2004, pp. 153-68.

______. *On the Lexical/Grammatical Status of Adverbial Conjunctions in FDG*. In: OLIVA, J. I.; MCMAHON, M.; BRITO M. (eds.). On the Matter of Words: In Honor of Lourdes Divasson Cilveti. La Laguna: Servicio de Publicaciones, 2006, pp. 329-39.

ROCHA LIMA, C. H. da. *Gramática Normativa da Língua Portuguesa*. Rio de Janeiro: José Olympio, 1972.

VISCONTI, J. On English and Italian complex conditional connectives: matching features and implicatures in defining semanto-pragmatic equivalence. *Language Sciences*, 1996, v. 18 , n.2, pp. 549-73.

Propriedades textual-discursivas da aposição não restritiva

Márcia Teixeira Nogueira

O estatuto gramatical da construção apositiva tem sido ponto de divergências entre os estudiosos do tema. Como a aposição abriga um diversificado conjunto de estruturas e funções, a atribuição do estatuto gramatical desse processo depende, frequentemente, do tipo de construção considerado. Enquanto a chamada aposição restritiva (*close apposition*) é reconhecida por muitos estudiosos, tais como Burton-Roberts (1987) e Rodriguez (1989), como uma estrutura de núcleo-modificador, ou seja, como uma estrutura sintática de subordinação, a aposição não restritiva (*looseapposition*) tem sido vista, por alguns, como destituída de estatuto gramatical. Para Longrée (1987, apud Lago, 1991), por exemplo, não existe nenhum tipo de relação sintática entre termos em aposição:

> On peut dès lors se demander si les difficultés rencontrées pour cerner la relation syntaxique existant entre nom et apposition ne résultent pas de l'existence de telles relations, l'apposition étant, -tout comme la proposition incise-, une simple insertion pragmatique (Longrée, 1987: 199).

Também segundo Perini (1995: 120-3), não é necessário especificar uma função separada para o aposto, pois este consiste em um caso especial de parentéticos, "elementos que sintaticamente repetem a oração ou um de seus termos e se justapõem ao elemento repetido, separando-se dele por vírgula". De acordo com Perini, esses elementos parentéticos não constituem termos oracionais, pois são simplesmente uma manifestação de um processo mais geral de repetição que ocorre com muitos dos termos da oração ou dos sintagmas.

Se, de um lado, a natureza parentética da aposição não restritiva tem suscitado muitas controvérsias no âmbito das descrições gramaticais, por outro, ela parece sugerir que esse tipo de construção apositiva pode ser entendido como uma codificação linguística estreitamente associada a propriedades textuais e discursivas. Neste capítulo tratamos dessas propriedades.

A natureza parentética da aposição não restritiva

Um dos aspectos da aposição não restritiva que a aproxima dos procedimentos parentéticos diz respeito ao valor de verdade e à força ilocucional que ela apresenta nas orações em que se encontra. Segundo Berckmans (1994: 503), há três perspectivas segundo as quais essa questão pode ser tratada. A primeira delas relaciona-se com um ponto de vista russeliano. Se os elementos apositivos, presumivelmente, se referem a um mesmo indivíduo (ou membros de uma classe de indivíduos), a aposição pode, logicamente, ser tratada como uma conjunção de expressões referenciais. Isso significa dizer que a verdade da oração como um todo depende da existência de um indivíduo que é selecionado pela conjunção dos elementos apositivos. Dessa forma, é verdadeira a oração (1), mas a oração (2) é falsa, já que não existe ou existiu alguém com as propriedades de ser *Machado de Assis* e também de ser *o autor do romance Iracema:*

(1) Machado de Assis, autor do romance D. Casmurro, foi o primeiro presidente da Academia Brasileira de Letras.
(2) Machado de Assis, autor do romance Iracema, foi o primeiro presidente da Academia Brasileira de Letras.

A oração (1) é verdadeira e há correferência entre os sintagmas nominais em aposição. Mas, em casos como o da oração (2), a proposição básica é verdadeira, embora os dois elementos apositivos não sejam correferenciais.

Berkmans (1994) afirma que uma explicação alternativa para esses casos seria considerar aposições como exteriores ao conteúdo proposicional da oração, como meros acréscimos de informação que, embora ajudem o ouvinte/leitor a fixar a identidade de um referente, não representam uma contribuição para o que é asseverado. Todavia, o autor lembra que há circunstâncias em que a expressão apositiva não pode ser tratada como simples acréscimo de informação, pois é parte essencial do que está sendo afirmado. Em construções como a da oração (3), a expressão *principalmente* destaca como proeminente a informação veiculada pela aposição.

(3) Métraux dá uma grande importância *à obra de Thevet, principalmente a sua CosmographieUniversell.* (IA-LT)

Berkmans (1994) sugere uma nova perspectiva na análise do conteúdo de orações que contêm aposições. Em vez de tratar as expressões apositivas como fazendo parte de uma conjunção referencial ou como estando de fora do conteúdo da oração, ele assume que orações com aposições expressam duas proposições, uma sobre uma classe de indivíduos e outra sobre certos indivíduos dessa classe. Para a oração em (3), as duas proposições seriam:

(3a) O autor de (3) afirma que Métraux dá uma grande importância *à obra de Thevet.*
(3b) *A obra de Thevet* inclui principalmente a sua CosmographieUniversell.

Berkmans (1994) afirma que uma declaração que contém uma expressão apositiva corresponde a um conjunto de declarações. Uma delas resulta da eliminação de todos os elementos apositivos, exceto um, e a outra consiste em uma afirmação da relação de identidade ou de inclusão entre esses elementos. Em geral, o emprego de uma aposição reflete a intenção de apresentar o referente sob mais de uma perspectiva, o que ajudará o leitor/ouvinte a identificá-lo.

Parece-nos que uma construção apositiva é usualmente formulada como uma conjunção de expressões referenciais que sirva ao propósito de identificar um único referente. Todavia, mesmo quando não se pode admitir que exista identidade referencial entre os elementos de uma estrutura apositiva, tal como em (2), esse fato não muda as condições de verdade da proposição básica asseverada pela oração em que ela se encontra.

Além disso, observa-se que, quando se nega a proposição básica da oração a que pertence uma expressão apositiva, a relação de correferência entre os elementos da construção não é negada. Ou seja, o conteúdo semântico explicitado pela construção apositiva mantém seu valor de verdade, ainda que se negue a proposição básica da oração em que ela se encontra.

(1a) *Machado de Assis, o autor de D. Casmurro,* (não) foi o primeiro presidente da Academia Brasileira de Letras.

Tanto em (1) como em (1a), afirma-se a equivalência referencial entre *Machado de Assis* e *o autor de D. Casmurro.* Expressões apositivas assemelham-se a construções parentéticas exatamente nesse aspecto: não estão diretamente relacionadas às condições de verdade das orações que as contêm, embora contribuam para o sentido global delas. Essa exterioridade não significa que o conteúdo de uma aposição deva ser desprezado, mas que ele contribui como uma proposição que tem seu próprio valor de verdade, para o significado global das orações em que a expressão apositiva se encontra.

Blakemore (1996) sugere, com base nos estudos de Ifantidou (1993) sobre parênteses, que as aposições se comportam como atos de fala distintos, cujo conteúdo proposicional tem seu próprio valor de verdade. Se a oração em (1) fosse enunciada como uma interrogação, a força ilocucional da aposição permaneceria sendo a de uma asserção declarativa.

(1c) Machado de Assis, autor do romance D. Casmurro, foi o primeiro presidente da Academia Brasileira de Letras?

O valor ilocucional de uma expressão apositiva costuma ser o de uma asserção declarativa de uma relação de equivalência semântica ou referencial. No entanto, é possível imaginar contextos em que essa relação seja escopo de uma interrogativa, isto é, contextos em que a expressão apositiva tem a forma ilocucional de uma interrogação.

Observa-se, portanto, que não apenas as propriedades formais (pausas antes e depois da expressão apositiva e ausência de conectores do tipo lógico) caracterizam a construção apositiva não restritiva como um caso de parentetização. Como parêntese, a expressão apositiva apresenta conteúdo de verdade e valor ilocucional próprios que, embora colaborem na construção do sentido do enunciado em que se insere, são exteriores a ele.

Jubran (1999) vê os parênteses como marcas de um processo formulativo-interacional que refletem dados da situação de enunciação. A partir de uma perspectiva que concebe o interacional como inerente ao linguístico e a interação verbal como resultante do exercício de uma competência comunicativa que se concretiza por meio de textos, a autora trata os parênteses como desvios momentâneos do quadro de relevância tópica de um segmento textual. Ou seja, parênteses são, tipicamente, desvios em relação a um segmento-contexto recortado de acordo com o critério do *tópico discursivo* definido pela propriedade de *centração,* caracterizada pelos traços de concernência (interdependência, integração semântica entre enunciados), relevância (posição focal assumida pelos elementos constitutivos do tópico discursivo) e pontualização (localização do segmento tópico em um determinado momento).

Segundo Jubran (1999), os desvios parentéticos do tópico discursivo ocorrem em graus variáveis de acordo com o foco sobre o qual incidem. Em um contínuo, a autora propõe quatro classes conforme o elemento predominantemente focalizado pelos parênteses seja a elaboração tópica do texto, o locutor, o interlocutor ou o ato comunicativo. Quanto mais desviantes em relação ao quadro de relevância tópica (quebrando o fluxo temático para focalizar o processo de enunciação em si mesmo), mais típicos são os parênteses. Os tópicos menos desviantes se voltam, preponderantemente, para a construção do tópico discursivo. Segundo a autora, como tais parênteses guardam proximidade com o tópico discursivo em desenvolvimento, o critério do desvio tópico é menos operante. Desse modo, são as propriedades formais de elemento inserido que justificam a atribuição do estatuto de parêntese a essa primeira classe. É com essa classe de parênteses, a qual se volta para a elaboração do conteúdo tópico ou simplesmente para a formulação linguística desse conteúdo, que Nogueira (1999) identificou a aposição não restritiva.

Mesmo cumprindo funções essencialmente textuais, vale ressaltar que, de acordo com a abordagem textual-interativa assumida pela autora, se um texto reflete dados pragmático-discursivos que nele se introjetam, então esses aspectos pragmático-discursivos devem ser vistos como básicos e, desse modo, condicionadores de todos os tipos de procedimento parentético. Sendo assim, é conveniente lembrar que a construção tópica é resultante da natureza interativa, colaborativa das interlocuções. Jubran (1999) afirma que os dados pragmáticos perceptuais nos parênteses com foco no tópico se relacionam com os objetivos de assegurar a inteligibilidade e a aceitabilidade do texto e, dessa forma, a eficácia do ato comunicativo. Mais do que isso, parece-nos que um procedimento parentético, tal como o da aposição não restritiva, quando está a serviço da apresentação do conjunto de referentes que constitui um determinado tópico discursivo, evidencia opiniões, crenças e pressuposições dos interlocutores. Por essa razão, Jubran ressalta que a identificação das classes constantes na tipologia que ela propõe deve ser feita com base na dominância do que é promovido como foco, já que, muitas vezes, os fatores envolvidos se inter-relacionam.

Considerados, prototipicamente, como desvios, cumpre perguntar se todos os tipos de expressões apositivas não restritivas abrigam-se nessa caracterização de parênteses como desvios momentâneos do quadro de relevância tópica. Antes da resposta a tal pergunta, passamos a discutir, na seção seguinte, os aspectos funcionais da aposição não restritiva em textos escritos.

Funções textual-discursivas da aposição não restritiva

Em Nogueira (1999), a aposição não restritiva é considerada como realizando, simultaneamente, diferentes funções nos planos textual, cognitivo e argumentativo-atitudinal. Embora tenham sido tratadas separadamente, essas funções não se excluem no uso efetivo da língua, o que confere a esse tipo de construção um caráter multifuncional. Nas seções a seguir, discutimos o papel das construções apositivas nas estratégias de referenciação e de reformulação textual.

Um dos critérios mais apontados por linguistas e gramáticos para a identificação de uma estrutura apositiva tem sido a relação de correferência entre os termos. Tal é a importância dessa propriedade para a caracterização da aposição, que trabalhos de orientação formalista costumam avaliar a existência de correferência entre as expressões linguísticas de construções ditas *apositivas*, no sentido de verificar, em primeiro lugar, se elas têm valor referencial (e não atributivo) e se apresentam exatamente o mesmo poder designativo, isto é, se são extensionalmente idênticas. Assim, por tomarem a correferência como condição necessária para a identificação das construções apositivas, alguns estudiosos como Lago (1991) e Rodriguez (1989) excluem as expressões com função atributiva e/ou restritiva dos limites conceituais da aposição.

Segundo Rodriguez (1989), os sintagmas em aposição são correferenciais porque a própria construção os equipara. Os elementos devem-se referir a uma mesma entidade, não que signifiquem o mesmo.

> El peculiar es que esos sintagmas son correferenciales porque la construcción los equipara, los hace correferente [...]. Luego la aposición, en sentido general, es una construcción nominal que hace que dos sintagmas nominales (de lengua o de discurso), u otros dos segmentos funcionamente equivalentes [...] sean correferentes. (Rodriguez, 1989: 220)

Outros, porém, como Matthews (1981), Quirk et alii (1985) e Meyer (1987, 1989, 1992), veem a aposição como uma relação que nem sempre pode ser completamente distinguida de outras relações, e reúnem, sob o rótulo de *apositivas*, várias construções, considerando que, em relação a uma representação prototípica, há aposições que são semântica e sintaticamente mais apositivas do que outras.

Como a maioria dos estudos sobre a aposição se limita ao nível da oração, no que concerne à perspectiva com que os aspectos nocionais são investigados, a concepção de correferência assenta-se nos pressupostos de uma semântica extensional, que se caracteriza por assumir a existência de uma correspondência direta entre as palavras e as coisas. De acordo com esse ponto de vista, o mundo é algo autônomo, já *a priori* discretizado em entidades objetivas, e está pronto para ser representado pela linguagem, também discretizada em nomes que devem ajustar-se a essas entidades.

Em Nogueira (1999),[1] propôs-se uma nova perspectiva para os estudos sobre aposição, passando tal processo a ser visto como um fenômeno que, caracterizado como um mecanismo textual-discursivo, cumpre relevante papel na progressão referencial, ou seja, nas estratégias de referenciação no discurso.

Nos estudos sobre progressão referencial, o conceito de *referente evolutivo* vem recebendo críticas, principalmente de estudiosos como Apothéloz; Reichler-Béguelin (1995). A discussão em torno desse conceito é suscitada pela análise de frases em que a correferência não é condição para a continuidade referencial no discurso, nem a cossignificação é necessária para que a correferência seja mantida. Essas frases representam comportamentos linguísticos efetivos, nos quais se observa que alguns encadeamentos considerados improváveis ou inaceitáveis são frequentemente produzidos com uma função pragmática precisa e costumam passar despercebidos pelos interlocutores na comunicação verbal corrente. A elucidação desses comportamentos só é possível dentro de uma concepção não realista, mas processual e estratégica da referência. Dessa forma, explica-se por que, mesmo quando não há explicitação lexical de um antecedente para um item referencial, este item pode ser cognitiva e socioculturalmente compreendido.

Ao criticar o conceito de referente evolutivo por recobrir ambiguamente "[...] a coisa extralinguística – como realidade mundana externa – e o *objeto de discurso,* representação alimentada pela atividade linguística", Apothéloz e Reichler-Béguelin (1995: 239-40) sugerem, como primordial, a distinção entre essas duas entidades, "na medida em que o estado da memória discursiva (ou da esquematização em curso), determinante para a interpretação dos anafóricos, não se confunde com o estado do mundo".

No caso de construções apositivas, pode ocorrer que o verdadeiro escopo de uma expressão apositiva não esteja expresso, mas deva ser inferido com base em um contexto antecedente que lhe serve de base, tal como se observa no exemplo a seguir:

(4) Em regiões estacionalmente secas, nas quais a água abunda no período de crescimento, temos dois tipos gerais de vegetação heliomórfica de acordo com a capacidade armazenadora do substrato. Quando este é raso (*campos brasileiros, veld africano, caatinga em parte*) e sujeito a frequentes períodos secos entre as descargas pluviais, por via da dessecação sob forte insolação, a vegetação é reduzida no tamanho e na folhagem. Quando o solo é profundo (*savanas arborizadas, cerrado*) e armazena grandes quotas de água, não podendo haver deficiência hídrica acentuada, a vegetação é alta e a folhagem grande. (TF-LT)

Em (4), as expressões entre parênteses exemplificam o tipo de vegetação caracterizado em cada período. Essa exemplificação tem, respectivamente, como escopo, o que pode ser inferido como sendo *vegetações de solo raso* e *vegetações de solo profundo.* Embora não se encontrem linguisticamente explicitados, esses escopos podem ser construídos cognitivamente, operando uma subcategorização motivada pela expressão *dois tipos gerais de vegetação heliomórfica.*

A esse respeito, vale chamar a atenção para a explicação que o gramático Maximino Maciel (1916: 258) dá para alguns casos em que o termo fundamental da construção apositiva não está expresso. No exemplo a seguir, Maximino Maciel afirma ser um pronome pessoal elíptico o termo fundamental a que se refere a expressão em destaque:

(5) *Panfletista mordaz*, publicou (ele) o libelo do povo sob o pseudônimo de Timandro.

Há casos, inclusive, que, segundo Maximino Maciel, se assemelham a anacolutos ou frases quebradas, por não terem o termo fundamental expresso, como o exemplo a seguir, por ele citado:

(6) "*Cumpridor escrupuloso de deveres, assíduo às aulas, interno de clínica, amador de laboratórios,* seu cabedal científico era maior do que o de grande número de seus colegas..." (Fábio Luz)

Apontar o pronome *ele,* um elemento que já estaria operando uma referenciação anafórica, como termo fundamental da expressão *panfletista mordaz* é tentar buscar, nos limites da frase, o objeto de discurso que, na verdade, já deve ter sido construído em passagens anteriores à da construção apositiva e, portanto, já está presente na memória discursiva do leitor.

Outro exemplo em que o termo fundamental da aposição não se encontra expresso, mas é discursivamente construído, vê-se na frase (7):

(7) A bibliografia não é exaustiva, *o que seria praticamente impossível tal a quantidade de livros de imagens que tem sido editados nos últimos anos.* (FOT-LT)

Na ocorrência (7), o pronome demonstrativo *o,* seguido de uma oração relativa, é tipicamente uma construção denominada, em nossas gramáticas, como *aposto de oração.* Por meio dela, faz-se um comentário sobre algo dito em um segmento anterior do discurso. Percebe-se que o comentário que se faz (*o que seria impossível...*) não tem como escopo a oração negativa inicial (*A bibliografia não é exaustiva*), mas o seguinte conteúdo, *a bibliografia ser exaustiva,* construído cognitivamente.

Nessa perspectiva de estudo da progressão referencial, como sugere Mondada e Dubois (1995: 276), o termo *referência,* associado a uma concepção "coisista", que pressupõe uma segmentação *a priori* do discurso em nomes e do mundo em entidades objetivas, deve ser substituído por *referenciação,* que designa a "construção de objetos cognitivos e discursivos na intersubjetividade das negociações, das modificações, das ratificações de concepções individuais e públicas do mundo". Além disso, como ressaltam Apothéloz e Reichler-Béguelin (1995: 227-9), cumpre conceber os referentes como *objetos do discurso,* "modalizáveis sob a forma de um conjunto – por definição evolutivo – de informações inclusas no saber partilhado pelos interlocutores". Os objetos de discurso não devem ser concebidos como preexistentes "naturalmente" à atividade cognitiva e interativa dos sujeitos falantes, mas como os produtos – fundamentalmente culturais – dessa atividade. Segundo os autores, cabe aos linguistas investigar não as transformações que incidem sobre o estatuto ontológico dos objetos do mundo extralinguístico, mas "aquelas que afetam a bagagem de conhecimento de que dispõem, a cada momento do discurso, os interlocutores a propósito de um referente dado, bagagem de conhecimento que constitui, propriamente falando, a identidade do objeto de discurso" (Apothéloz e Reichler-Béguelin, 1995: 239-40).

Apothéloz e Reichler-Béguelin (1995: 241) destacam que as designações atribuídas aos objetos de discurso dependem muito mais de fatores socioculturais e pragmáticos do que de fatores referenciais, no sentido extensional e "coisista" do termo. Nessa perspectiva, o léxico não constitui um estoque de etiquetas, mas representa, para os falantes, um conjunto de recursos para as operações de designação. Mais do que um domínio de restrições em que o emprego se submete unicamente ao princípio de adequação referencial, o léxico passa a ser visto como um conjunto de dispositivos extremamente maleáveis, continuamente trabalhados no e para o discurso.

Com o abandono de uma perspectiva realista de linguagem como representação de pessoas e coisas, em favor de uma concepção construtivista da referência linguística, a aposição pode ser vista como importante expediente por meio do qual um mesmo objeto pode ser apresentado segundo diferentes perspectivas, uma vez que é a própria construção linguística que produz um *efeito de correferência,* de *estabilidade referencial* (Apothéloz e Reichler-Béguelin, 1995: 266), o que depende mais dos investimentos interpretativos do que das transformações sofridas ou não, concreta ou semioticamente, pelo referente discursivo.

Para Martinez, por exemplo, a aposição estabelece a correferência entre os termos:

> [...] la correferência expresada por la aposición es un valor de contenido realizable, al margem de que le corresponda o no una realidad constatada: tan aposición es Vitigudino, la capital de España (El satélite de la tierra, Vitigudino) como Valladolid, capital de España o La capital de España, Madrid, *aunque sólo ésta se correponda con una realidad actual* [itálico nosso]. (Martinez, 1985: 455)

Esse efeito de correferência existe mesmo em construções apositivas cujos elementos não são cossignificantes. Dessa forma, a aposição mostra-se como um expediente que está a serviço da tarefa de recategorizar um referente do discurso, por vezes afastando-o de sua denominação padrão, para ajustar a expressão a vários objetivos comunicativos. Um exemplo desse fato pode ser visto na frase a seguir, retirada de um texto de literatura técnica:

(8) A transferência do laboratório para a Natureza (*ou passagem da Fisiologia para a Ecologia*) pode tropeçar em barreiras impostas pela ação modificadora (ou prevalente) de fatores outros, interferentes. (TF-LT).

Nos pares de expressões *laboratório* e *Fisiologia*, de um lado, e *Natureza* e *Ecologia,* de outro, não há relação de sinonímia, isto é, do ponto de vista léxico-semântico, elas não têm o mesmo significado. Apesar disso, a construção apositiva explicita, por meio de um mecanismo típico de reformulação, uma relação de *sinonímia* que pode ser cognitivamente construída.

Com base nesses pressupostos, são discutidos, a seguir, alguns usos de construções apositivas que podem ser vistos como estratégias de formulação textual, em particular em processos de referenciação instaurados por essas construções, a depender das propriedades relacionadas à referencialidade, à definitude e à especificidade dos elementos apositivos.

Numa construção apositiva típica, o emprego da segunda unidade pode ser visto como uma estratégia de referenciação anafórica em relação à primeira. Como o referente já foi devidamente introduzido na representação mental que o ouvinte/leitor faz do discurso, em geral por meio de uma expressão definida empregada na primeira unidade da construção apositiva, o falante/autor pode utilizar, na segunda unidade, um conjunto não limitado de expressões referenciais com diferentes propósitos comunicativos. Em alguns casos, trata-se da escolha de uma designação alternativa que permita a identificação de um referente, como se tem em (9):

(9) *Nerium Olander L., a conhecidíssima espirradeira*, pequena árvore ou arbusto da família das Apocináceas, comum em jardins e praças públicas. (BEB-LT)

Tal como as anáforas de um modo geral, além da gestão da referência no rastreamento dos objetos do discurso (evitando-se, por exemplo, uma possível ambiguidade referencial), as recategorizações operadas pela segunda unidade da construção apositiva podem servir a propósitos variados, sejam eles de natureza essencialmente argumentativa (por exemplo, para sustentar uma opinião), interacional (por exemplo, para não expor a face do outro, eufemizar o discurso), polifônica (para, por exemplo, evocar outro ponto de vista sobre o objeto, além daquele do enunciador), estético-conotativa (designações de cunho retórico, poético) etc.

Por esse motivo, pode-se dizer que esse tipo de construção apositiva não restritiva relaciona-se, também, com estratégias de reformulação textual, de modo que a segunda unidade, ao ser apresentada como uma reformulação do conteúdo ou da expressão linguística da primeira, revela o propósito do locutor de garantir que o ouvinte compreenda satisfatoriamente o que foi formulado, conforme suas pressuposições em relação à possibilidade de ser compreendido.

De acordo com o tipo de relação semântica estabelecida entre o componente reformulador e o componente de origem, Hilgert (1993) e Barros (1993) distinguem dois tipos principais de atividade de reformulação: a paráfrase, em que há equivalência semântica, e a correção, que se caracteriza pelo contraste semântico entre o componente de origem e o componente reformulador.

A aposição com função parafrásica assemelha-se ao que Hilgert (1996: 132) descreve como uma paráfrase em relação paradigmática com a unidade de origem. Com efeito, reconhece-se, tradicionalmente, na segunda unidade da construção apositiva, a possibilidade de ocupar o mesmo lugar sintático da primeira, em um mesmo contexto.

De acordo com os ângulos de análise sugeridos por Hilgert (1993) para o estudo das reformulações parafrásicas, pode-se afirmar que as aposições não restritivas se comportam, do ponto de vista distribucional, como paráfrases adjacentes, já que, em geral, os elementos apositivos se justapõem. Do ponto de vista operacional, elas funcionam como autoparáfrases autoiniciadas, visto que é o locutor quem parafraseia o próprio enunciado, e elas costumam ser desencadeadas por quem as produz. Em se tratando de uma conversação, pode-se afirmar que uma aposição parafrásica pode ser heteroiniciada, isto é, provocada por um dos interlocutores e produzida por outro.

No que diz respeito à semântica na paráfrase, Hilgert (1993) observa que há graus de equivalência entre o componente matriz e a paráfrase, reconhecendo, na repetição, uma equivalência forte, e, na identidade apenas referencial, uma equivalência fraca. Envolvendo sempre um deslocamento de sentido, o parafraseamento pode ser, segundo o autor, do particular para o geral (generalização), ou do geral para o particular (especificação). Do ponto de vista de sua textualização semântica, isto é, de sua complexidade lexical e sintática, a paráfrase pode ser expandida, condensada ou paralela.

Ao parafrasear a primeira unidade de uma aposição não restritiva, a segunda unidade exerce algumas funções textual-discursivas. Uma paráfrase pode operar metalinguística ou metadiscursivamente, em *definições* ou em *redenominações*. Por vezes, trata-se de uma referenciação anafórica, por meio da qual a segunda unidade da construção apositiva opera uma transformação que consiste em passar da designação de um objeto de discurso àquela do nome que designa esse objeto, ou seja, em passar de uma denominação "em uso" a uma denominação "em menção" (Apothéloz e Reichler-Béguelin, 1995: 257). Em (10), tem-se um exemplo desse tipo de recategorização:

(10) O mar porém, feito das "nuvens d'água" é a criação de *AmanAttoupane, talvez um nome especial para o Tupan das tempestades.* (IA-LT).

Na explicação definidora, é esclarecido o significado de palavras ou expressões empregadas na primeira unidade da construção apositiva. Dessa forma, observa-se um deslocamento de sentido do geral para o particular (especificação), já que a paráfrase representa, no contexto interacional, uma das possibilidades de interpretação semântica da primeira unidade. Essa possibilidade de interpretação consiste, muitas vezes, numa orientação argumentativa que o locutor fornece para a interpretação daquilo que enuncia. A definição, como se observa no exemplo (11), realiza-se por meio de uma expansão, ou seja, pelo uso de uma unidade léxica e sintaticamente mais complexa do que a primeira (Hilgert, 1996):

(11) Por isso mesmo, os governos revolucionários, sem exceção, timbraram em valorizar a técnica e, justamente com *o político – o homem votado pelo povo por seu mérito e capacidade de persuasão*, valorizar *o técnico – o homem escolhido pelo administrador por sua especialização e competência.* (ME-O)

Com função de redenominação, a segunda unidade da aposição opera como um procedimento metalinguístico de busca de uma expressão mais apropriada para designar um conteúdo. Emprega-se uma expressão sinônima, com o intuito de fornecer um termo mais familiar, mais técnico ou mesmo a tradução de uma palavra em língua estrangeira:

(12) Por outro lado, e como reverso dessa humanização do universo material, ocorre *uma reificação (coisificação)* das relações sociais, uma alienação da vida social na esfera natural. (ARQ-LT)

Na análise das construções apositivas, observa-se um terceiro tipo de reformulação, em que a equivalência entre os elementos apositivos não é semântica, mas estritamente referencial. Quando, entre o componente de origem e o componente reformulador, isto é, entre os dois elementos apositivos, se mantém não uma relação de sinonímia, mas de correferência, a reformulação manifesta-se como uma *paráfrase referencial* (Fuchs, 1982)[2] ou *reorientação* (Meyer, 1992). Nesse tipo de paráfrase, mantém-se uma unicidade referencial entre os elementos apositivos, e o segundo elemento pode ser visto como uma anáfora em relação ao primeiro. O objetivo é, então, reapresentar o referente do primeiro item de uma perspectiva diferente não apenas para evocar alguma característica que favoreça a sua identificação pelo interlocutor, como também para recategorizá-lo por meio do aporte de informações novas.

(13) Aqui estou *eu, Mercúrio, o mensageiro dos deuses*, para dizer-vos. (TEG-LD)

Nem sempre a relação entre os elementos apositivos é de equivalência total. Por vezes, a relação entre eles é de inclusão, isto é, a referência (ou o significado) do segundo está incluída(o) na referência (ou no significado) do primeiro. Pode-se dizer que, nesse tipo de construção, a referenciação anafórica opera por meio de uma fragmentação do referente do discurso (Apothéloz e Reichler-Béguelin, 1995: 258). Isso ocorre em paráfrases que se prestam às funções de *exemplificação* e de *particularização.*

Na exemplificação, a primeira unidade é tipicamente mais genérica, e as unidades que a seguem têm a função de especificá-la, tal como se observa em (14):

(14) Dependendo das perguntas a serem colocadas para o material, podem-se utilizar classificações segundo diversos critérios, *como funcionalidade, decoração, composição física etc.* (ARQ-LT)

Na particularização, uma parte do conjunto de referentes do discurso designado pela primeira unidade é marcada como proeminente. Para essa focalização, são empregadas expressões como *em particular, particularmente, em especial, especialmente, sobretudo, principalmente, inclusive* etc.

(15) A ameaça não se concretizou por este lado, mas sim pelo aumento do uso de certos gases, como o freon e *outros, principalmente os utilizados em aerossóis.* (DST-LT)

Pode ocorrer uma operação inversa, ou seja, a segunda unidade da aposição, por meio de uma reformulação parafrásica de *generalização*, pode reunir, sob uma só expressão referencial, objetos, aparentemente, não referidos na primeira unidade (Apothéloz e Reichler-Béguelin, 1995: 261):

(16) Primeiramente: são *os Judeus, todos eles sem distinção*, réus da crucifixão de Jesus? (NE-O)

Quanto aos procedimentos com função de correção, à semelhança do que ocorre com a paráfrase, na aposição não restritiva, pode manifestar-se quando a segunda unidade faz um ajuste da referência ou do significado estabelecido na primeira unidade da construção apositiva. A correção pode ser total, quando se nega o erro e se afirma o certo, como em (17), ou parcial, quando o elemento anterior não é negado, mas simplesmente ampliado, conforme observado em (18), ou restringido, como em (19):

(17) Sonhei que eu estava *numa rua, não, numa estrada*... (F-LD)
(18) Iansan tinha ferido Nicolau, pra ela eu devia fazer *uma obrigação, quer dizer: uma promessa*. (PP-LD)
(19) Lucas distingue nitidamente três agrupamentos. Um, o dos soldados, conduzidos pelo centurião, imediatamente em torno da Cruz. Outro, *o do povo, ou melhor, de uma parte do povo*, a princípio indiferente, mas que terminou por voltar batendo no peito. O terceiro, à distancia, o grupo dos conhecidos, dos quais uns eram homens, outros mulheres. (NE-LO)

Na correção, o locutor enumera alternativas lexicais possíveis na busca por uma melhor adequação daquilo que tenta dizer. Nessa busca de uma precisão progressiva, as opções lexicais não se excluem, não são apagadas pela última escolha. Segundo Mondada e Dubois (1995), esse tipo de referenciação pode ser visto como um processo de construção de um percurso que ligue diferentes denominações aproximadas.

Conforme lembra Barros (1993), a correção parcial confunde-se com a paráfrase. Geralmente, as unidades vêm ligadas por expressões do tipo *ou, ou melhor, quer dizer*. A intenção desse tipo de procedimento é obter maior precisão no estabelecimento da referencialidade e das significações textuais, por meio de ressalvas:

(20) Naturalmente quando Rodrigo estatui que o Jardim das Confidências e Os Poemetos de Ternura e de Melancolia "são os melhores documentos da época", *o meu teorismo, ou melhor, os meus preconceitos relativos à distinção entre prosa e poesia*, voltavam-me, queriam impor-se de novo. (HP-LD)

Cumpre observar que, na tipologia proposta pelos gramáticos Quirk et alii (1985), a atividade de *revisão*, que corresponde ao que aqui se denomina de *correção*, é vista como uma *reformulação*, um dos tipos de relação apresentada pelos gramáticos como sendo de equivalência semântica entre os elementos. Essa classificação, inadequada à primeira vista, pode ser compreendida considerando-se as observações de Barros (1993), para quem a distinção entre paráfrase (equivalência) e correção (contraste) nem sempre é fácil, uma vez que tanto é possível encontrar, na paráfrase, traços semânticos diferentes, como podem existir, na correção, traços comuns que irão garantir a possibilidade de comparação. Conforme esclarece a autora, todas as relações semânticas pressupõem semelhanças e diferenças, ou seja, oposições a partir de mesmos eixos semânticos.

A correção é mais comum em textos orais, em uma linguagem espontânea, quando a formulação e o planejamento linguísticos ocorrem praticamente de forma simultânea. Todavia, em alguns textos escritos, a expressão linguística tipicamente utilizada na função de correção pode assumir um caráter retórico, tal como se observa em (21), trecho de uma revista, em que não se tem, de fato, a intenção de corrigir:

(21) Mas quando o padre Rossi irrompe *no palco, quer dizer, no altar*, sob aplausos e assobios da plateia, não é difícil perceber que se está diante de um evento diferente. (*Veja*, ano 31, n. 44: 115).

Sobretudo em se tratando de textos escritos, pode-se assumir que a aposição é uma pseudocorreção, isto é, uma correção que adquiriu estatuto de uma figura retórica (Burton-Roberts, 1987).

As construções apositivas utilizadas como estratégias de referenciação anafórica vistas até aqui caracterizam-se como inserções parentéticas com foco no conteúdo da primeira unidade ou na formulação linguística desse conteúdo. Essa retomada anafórica se encontra na concepção que Halliday (1985: 203) tem sobre aposição. Para Halliday, a aposição enquadra-se no tipo de relação lógico-semântica de expansão por elaboração, em que, em vez de ser introduzido um novo elemento no cenário, como ocorre na relação de extensão, é fornecida uma caracterização adicional ao elemento anterior de modo a reformulá-lo, especificá-lo em mais detalhes, comentá-lo, ou para apresentar exemplos.

No entanto, a aposição com essa função essencialmente reformulativa distingue-se da aposição não restritiva utilizada como estratégia de referenciação catafórica, que tem por objetivo a introdução de referentes do discurso. Pode-se afirmar que são mecanismos de orientações opostas em relação ao movimento de uma unidade para a outra da estrutura apositiva. Na reformulação, há, principalmente, o objetivo de retomar o que foi anteriormente formulado, utilizando outras palavras. Constitui uma atividade destinada a solucionar possíveis problemas de compreensão ou para acrescentar mais informações sobre um mesmo referente. Esse caráter reformulador, ou seja, essa intenção de retomada para sanar problemas de compreensão, parece não existir na referenciação catafórica, já que é característico dessa formulação empregar-se como primeiro elemento apositivo um elemento genérico que o segundo elemento irá especificar, tal como em (22):

(22) Aqui há *dois aspectos a considerar: primeiro, o da teologia formal, e depois, o da teologia existencial.* (LE-O)

Em (22), seria estranho imaginar-se que o locutor não deixaria de especificar o conteúdo da expressão *dois aspectos* empregada no início. Não há, no uso da segunda unidade apositiva, uma intenção de sanar um possível problema de compreensão, mas, antes, há um procedimento em que, com certo "didatismo", cria-se, no interlocutor, uma expectativa para a identificação de um elemento inicial mais genérico, que faz uma referenciação catafórica em relação ao conteúdo do segundo elemento.

Na construção apositiva em que há referenciação catafórica, emprega-se, como primeiro elemento apositivo, tipicamente um sintagma nominal indefinido, às vezes, uma proforma, e, como segundo elemento, um sintagma nominal mais específico que identifica o que é referido no primeiro, como em (23).

(23) Mas há em todos esses criadores hipersensíveis *um traço comum que os define: a inaptidão para ultrapassar os limites da pura autoexpressão.* (MH-LD)

O que aqui se denomina de *referenciação catafórica* assemelha-se a um tipo particular de recategorização lexical explícita, isto é, de um tipo de anáfora descrita por Apothéloz e Reichler-Béguelin (1995: 248), em que o objeto de discurso designado por uma expressão referencial não foi ainda categorizado, a não ser de forma vaga. Essa expressão, então, especificaria tal objeto, batizando-o lexicamente. Esse tipo de referenciação catafórica se caracteriza por envolver as duas unidades apositivas em um mecanismo peculiar de apresentação de uma informação. Em vez de uma sinalização textual para trás, trata-se de uma opção por uma determinada forma de organizar a informação, em que se prepara o ouvinte/leitor para a identificação de um elemento inicial mais genérico, empregado cataforicamente. Conforme descreve Senna (1994: 208-9), nesse recurso, semelhante ao de uma topicalização, cabe à primeira unidade da estrutura apositiva dar início a um ambiente de expectativa e direcionar a tensão para o conteúdo da unidade que a sucede.

As construções apositivas não restritivas que operam como mecanismos de focalização da primeira para a segunda unidade se distanciam, ainda mais, da noção de parêntese como desvio, ruptura. Nesse tipo de aposição, uma expressão nominal focaliza o segmento discursivo seguinte, além de fornecer-lhe uma orientação argumentativa para a interpretação. Como a primeira unidade é utilizada como uma fórmula de *mise en scène*, não nos parece que haja, nesse caso, uma inserção parentética, mas uma referenciação catafórica.

Nas construções apositivas com referenciação catafórica, são bastante comuns as nominalizações em que uma expressão antecipa e resume o conteúdo de uma oração, de um período completo ou, até mesmo, de todo um parágrafo. Essas construções são similares às estratégias de rotulação antecipada descritas por Francis (1994). As rotulações podem fazer-se mediante o emprego de nomes genéricos, de nomes de caráter metalinguístico ou metadiscursivo, de nomes relativos a atividades de uso da linguagem ou delas resultantes, de nomes relacionados a estados e processos cognitivos ou deles resultantes e de nomes de caráter metalinguístico propriamente dito.

A estratégia de rotulação mediante o emprego de nomes genéricos, tais como *coisa, fato, aspecto* é muito frequente. Halliday e Hasan (1976: 274-5) afirmam que a função coesiva do emprego de nomes genéricos está na fronteira entre coesão lexical e coesão gramatical. Do ponto de vista lexical, o uso desses nomes é coesivo por eles serem membros superordenados de conjuntos lexicais maiores, e, como tais, funcionarem em um tipo de coesão lexical por sinonímia. O caráter de coesão gramatical do emprego de nomes genéricos surge da combinação destes com determinantes específicos, tais como o artigo definido e os pronomes demonstrativos, que fazem que o conjunto opere como um item de referência. Todavia, no caso do emprego de nomes genéricos na aposição, cabe lembrar que eles são muito utilizados em referenciações catafóricas, nas quais, por estarem criando um foco de referência, encontram-se frequentemente combinados com artigos indefinidos.

(24) Mas uma coisa ainda é certa: é de que, em contraste com a riqueza de observações sobre a cultura material, a língua e este ou aquele aspecto do folk-lore tupi-guarani, os aspectos mais relevantes da sua cultura espiritual, principalmente, a mitologia, religião e organização social, só foram estudados fragmentariamente, dentro das modernas técnicas de trabalhos de campo. (IA-LT)

Por meio de nominalizações com expressões de caráter metalinguístico ou metadiscursivo, resume-se e categoriza-se um segmento do discurso como sendo de um tipo particular de linguagem. Esse tipo de nominalização pode ocorrer pelo uso de nomes ilocucionários, ou seja, nomes relativos a atos de fala. Correspondem a processos verbais, em geral atos de comunicação com verbos ilocucionários cognatos, tais como *acusação, admissão, conselho, afronta, alegação, anúncio, resposta, apelo, argumento, asserção, pedido, ordem, promessa, advertência* etc.

(25) Lembra-te dos *conselhos do médico: não ter preocupações nem aborrecimentos de espécie alguma.* (VP-LD)

A construção apositiva pode, ainda, apresentar, como primeira unidade, nomes resultantes de nominalizações de verbos de processos mentais, usados, em geral, para projetar ideias, embora nem sempre haja verbos cognatos correspondentes. São exemplos: *análise, avaliação, suposição, atitude, crença, conceito, convicção, doutrina, dúvida, hipótese, constatação, descoberta, ideia, interpretação, conhecimento, noção, opinião, princípio, tese, teoria* etc.

(26) Foi este o primeiro passo para a melhor consolidação de *uma hipótese já existente sobre a origem do sistema solar: uma grande nuvem de poeira cósmica girando e se condensando, com as partes mais densas lentamente acumulando-se no centro, acabando por formar um protossol, enquanto outros aglomerados menores foram formando seixos rochas, protoplanetas.* (DST-LT)

São também comuns as nominalizações por meio de nomes de caráter metalinguístico propriamente dito, que dizem respeito à estrutura formal do discurso, tais como *palavra, termo, terminologia, frase, sentença, parágrafo, passagem, seção, pergunta, questão* etc.

(27) Tenho até *a frase inicial: "os luminosos acordaram os olhos de Magda. Um beijo ainda e depois a calçada, o corpo mercadejado".* (F-LD)

As construções apositivas não restritivas, aqui tratadas do ponto de vista de suas funções textual-discursivas, podem ser entendidas como codificação linguística relacionada ao processo de referenciação, notadamente no que concerne ao estabelecimento e à manutenção dos referentes em uma contínua representação mental que o interlocutor faz do discurso corrente (Marslen-Wilson e Tyler, 1982).

Nas construções apositivas com referenciação anafórica, o referente discursivo, já apresentado, é mostrado de uma perspectiva diferente, por meio de uma redenominação ou da predicação de alguns atributos. Por vezes, a função desse tipo de estratégia é evocar algum tipo de conhecimento supostamente partilhado para levar o interlocutor à identificação do referente de discurso.

Mas, além das funções estritamente referenciais de favorecer a atribuição da referência, o emprego de aposições não restritivas também cumpre funções de natureza axiológica, quando permite a manifestação de atitudes, opiniões e pressuposições em relação ao que se diz. Nos casos de referenciação anafórica, parece-nos ainda maior a liberdade para as escolhas lexicais inovadoras e para as estratégias persuasivas, uma vez que o referente já foi identificado e denominado no modelo de mundo construído pelo discurso. Com efeito, um elemento anafórico pode servir não somente para apontar para um objeto, mas ainda para modificá-lo, por meio dessas recategorizações lexicais. Assim, uma expressão referencial ajusta o conhecimento disponível a propósito do objeto de discurso, enxertando sobre ele algumas informações cuja razão de ser não é estritamente referencial. Ocorre, dessa forma, uma dupla operação: a referência propriamente dita e o aporte de uma informação nova sobre o objeto de discurso, o que pode eventualmente desencadear uma reinterpretação (Apothéloz e Reichler-Béguelin, 1995: 247). Assim, a segunda unidade tem, claramente, um objetivo argumentativo, pois revela opiniões, crenças e atitudes de quem constrói o texto, a respeito do referente do discurso, tal como se encontra em (28):

(28) a música é uma ciência tanto quanto uma arte: quem poderá fundir estas duas entidades no mesmo cadinho, senão *a imaginação, esta "rainha das faculdades"?* (REF-LT)

Um tipo particular de construção apositiva apresenta, na segunda unidade, uma rotulação do segmento discursivo contido na primeira unidade. Nesse caso, essa expressão contém uma avaliação do locutor em relação à proposição tópica explicitada na primeira unidade da aposição. Tal construção assemelha-se ao que Francis (1994: 84) descreve como rotulação retrospectiva, em que o rótulo serve para "encapsular" ou "empacotar" um segmento discursivo já realizado. Segundo Francis (1994: 85), um grupo nominal anaforicamente coesivo é um rótulo quando não há nenhum grupo nominal único a que ele se refira. Em vez de ser um sinônimo de algum elemento precedente, ele é apresentado como equivalente da oração, ou das orações que rotula por meio de uma nominalização. O rótulo indica ao leitor como aquele segmento do discurso deve ser interpretado, e fornece um *frame* de referência dentro do qual o argumento subsequente é desenvolvido. Essas expressões apositivas funcionam como comentários do autor relativamente ao que foi expresso no segmento discursivo anterior e, por esse motivo, tem muito mais valor atributivo do que referencial, razão por que a expressão nominal nuclear do rótulo não venha, em geral, precedida de determinantes ou seja precedida de artigos indefinidos, como se vê nos exemplos (29) e (30).

(29) Portanto, *a importância e o tamanho do país em nada influenciam a precedência dada a seus representantes diplomáticos: uma noção que não podemos esquecer.* (DIP-LT)

(30) *Um decreto veneziano de mil, duzentos e setenta e um impunha pesada multa ao cidadão que se recusasse a prestar esses serviços, quando solicitado pelas autoridades, determinação que hoje nos parece estranha.* (DIP-LT)

Também são muito frequentes as construções com comentários introduzidos pelo demonstrativo (*o*) seguido de oração relativa, como em (31):

(31) Logo me pus a pensar: está ali um amigo do superintendente de O Cruzeiro, que a seu pedido me viera falar sobre a reedição de uma obra, *o que lhe assegurava de antemão um livre trânsito na editora, como por efeito de uma espécie de habeas-corpus preventivo.* (CAR-LT)

Nas construções apositivas com referenciação catafórica, também se observa a relevância da função avaliativa, quando a escolha da primeira unidade da construção representa uma orientação do autor para a interpretação da segunda unidade.

(32) Não, toda essa discussão estéril e escolástica sobre a sensibilidade ou a sua ausência na arte moderna o que reflete é *coisa bem mais profunda: a crise da civilização verbal.* (MH-LT).

Também em referenciações catafóricas, as rotulações nas construções apositivas podem sinalizar uma avaliação que o autor faz das proposições "encapsuladas".

(33) É preciso refletir sobre *este dado incontornável: a arte tem representado, desde a Pré-História, uma atividade fundamental do ser humano.* (REF-LT)

De acordo com o contexto em que é usado, todo sintagma nominal envolvido pode indicar uma atitude em relação a essa proposição.

Considerações finais

A aposição é matéria de muita divergência entre linguistas e gramáticos, já tendo sido tratada como uma relação de coordenação (Hockett, 1958), de subordinação (Tesniére, 1976) e, até mesmo, como uma inserção pragmática, sem estatuto de uma genuína relação sintática (Burton-Roberts, 1994). Segundo

Matthews (1981: 223), o termo *aposição* tem sido empregado para denominar uma variedade de construções que não podem ser agrupadas segundo um critério único.

Em Nogueira (1999), ao se discutir uma representação prototípica para a aposição, assumiu-se que a natureza centrípeta, ou seja, o fato de que as unidades apositivas giram em torno de um único centro, segundo define Camara Jr. (1986: 47), constitui a propriedade que, embora não seja privativa da aposição, é compartilhada por todas as construções ditas *apositivas,* mesmo as mais marginais.

Atualmente, as discussões em torno do estatuto sintático da aposição têm dado lugar à consideração das propriedades textuais e discursivas das construções apositivas manifestadas em textos concretos. Ao contrário do que se observa nas discussões acerca do estatuto sintático da aposição, há um consenso em torno do reconhecimento do caráter multifuncional das construções apositivas, o que também justifica a inegável diversidade formal associada a sua codificação em diferentes gêneros textuais.[3]

Notas

1 Em um estudo mais abrangente sobre a aposição (Nogueira, 1999), foram investigados, de modo integrado, os aspectos formais, textual-semânticos e textual-discursivos associados ao seu emprego em textos técnico-didáticos, oratórios e dramáticos obtidos do Banco de Dados de Língua Escrita Contemporânea no Brasil, da Faculdade de Ciências e Letras, Unesp de Araraquara-SP.

2 Fuchs (1982: 57-72) discute os seguintes tipos de paráfrase conforme o seu semantismo: paráfrase linguística (sentido linguístico), paráfrase referencial (significação referencial) e paráfrase pragmática (valores pragmáticos: ilocucionários, perlocucionários e valores não literais).

3 Sobre as propriedades de construções apositivas específicas, bem como sobre o uso de construções apositivas como estratégia de textualização em gêneros textuais, sugere-se a leitura de Nogueira (2007, 2008, 2010).

Bibliografia

Apothéloz, D.; Reichler-Béguelin, M. Construction de la reference et stratégies de désignation. *Tranel (Travaux neuchâtelois de linguistique)*, 1995, n. 23, pp. 227-271.

Barros, D. L. P. Procedimentos de reformulação: a correção. In: Pretti, D. (org.). *Análise de textos orais (Projeto Nurc/SP).* São Paulo: FFLCH/USP, 1993.

Berckamns, P. Demonstration, apposition and direct reference. *Comunication & Cognition,* 1994, v. 27, n. 4, pp. 499-512.

Blakemore, D. Are apposition markers discourse markers? *Journal of Linguistics,* 32. Cambridge: Cambridge University Press, 1996.

Burton-Roberts, N. Nominal apposition. *Foundations of language,* 1987, 13, pp. 391-419.

Camara Jr., J. M. *Dicionário de linguística e gramática.* 13. ed. Petrópolis: Vozes, 1986.

Francis, G. Labelling discourse: an aspect of nominal-group lexical cohesion. In: Coulthard, M. (org.). *Advances in written text analysis.* Londres: Routledge, 1994, pp. 83-101.

FYCHS, C. *La paraphrase.* Paris: Presses universitaires de France, 1982.

HALLIDAY, M. A. K. *An introduction to functional grammar.* London: Edward Arnold, 1985.

______; HASAN, R. *Cohesion in English.* London: Longman, 1976.

HILGERT, J. G. Procedimento de reformulação: a paráfrase. In: PRETTI, D. (org.). *Análise de textos orais (Projeto Nurc/SP).* São Paulo: FFLCH/USP, 1993.

______. As paráfrases na construção do texto falado. In: KOCH, I. G. V. (org.). *Gramática do português falado.* Campinas: Fapesp/Unicamp, 1996, pp. 131-47 (Volume 6).

HOCKETT, C. F. *A course in modern linguistics.* The Macmillan Company, 1958.

IFANTIDOU, E. Parentheticals and relevance. *Working papers in Linguistics,* 5, 1993.

JUBRAN, C. A. S. Funções textuais-interativas dos parênteses. In: NEVES, M. H. M. (org.). *Gramática do português falado.* Campinas: Unicamp, 1999, pp. 131-58 (Volume 7).

LAGO, J. *A special type of nonrestrictive modification*: the apposition. Verba, 18, 1991, pp. 487-520.

MACIEL, M. A. *Gramática descritiva.* Rio de Janeiro: Francisco Alves, 1916.

MARSLEN-WILSON W. E.; LEVY, E.; TYLER, L. K. Producing Interpretable Discourse: the Establishment and Maintenance of Reference. In: JARVELLA, J.; KLEIN, W. (eds.). *Speech, Place and Action.* Chichester: John Wiley and Sons, 1992.

MARTINEZ, C. *Las construcciones apositivas en español.* Philologica Hispaniensia, II, 1987, pp. 453-67.

MATTHEWS, P. H. Juxtaposition. In: MATTHEWS, P. (ed.). *Syntax.* New York: Cambridge University Press, 1981, pp. 220-41.

MEYER, C. F. Apposition in English. In: *Journal of English Linguistics*, vol. 20.1., 1987.

______. *Restrictive apposition*: an indeterminate category. Netherlands: English-Studies, 70, 2, 1989, pp. 147-66.

______. *Apposition in contemporary english.* New York: Cambridge University Press, 1992.

MONDADA, L.; DUBOIS, D. Construction des objets de discours et catégorization: une approche des processos de référenciation. *TRANEL (Travaux neuchâtelois de linguistique),* 1995, n. 23, pp. 273-302.

NOGUEIRA, M. T. *A aposição não restritiva em textos do português contemporâneo escrito no Brasil.* Araraquara, 1999. Tese (Doutorado em Linguística e Língua Portuguesa) – Unesp.

______. Estudos linguísticos de orientação funcionalista. Fortaleza: Edições UFC, 2007.

______. Indeterminação de fronteiras da aposição: o chamado aposto circunstancial. *A língua portuguesa no mundo.* São Paulo: FFLCH-USP, 2008.

______. Construções apositivas: diversidade e multifuncionalidade. *Língua portuguesa*: ultrapassar fronteiras, juntar culturas. Universidade de Évora, 2010, pp. 134-54.

PERINI, M. *Gramática descritiva do português.* São Paulo: Ática, 1995.

QUIRK, R. et al. *A comprehensive grammar of the english language.* London/New York: Longman, 1985.

RODRIGUEZ, C. F. *De nuevo sobre la aposición.* Verba, 1989, 16, pp. 215-36.

SENNA, L. A. G. O processo sintático na oração apositiva. *Letras & Letras,* 1994, pp. 201-12.

TESNIÈRE, L. L'apposition. In: TESNIERE, L (ed.). *Éléments de syntaxe structurale.* Paris: Klincksieck, 1976, pp. 163-68.

FUNCIONALISMO E DESCRIÇÃO DE LÍNGUAS INDÍGENAS

Mecanismos morfossintáticos em línguas indígenas brasileiras

Angel Corbera Mori

Calcula-se que à chegada dos portugueses, existiam no Brasil mais de mil povos indígenas, contando com uma população entre dois a quatro milhões. De acordo com os dados estatísticos do Instituto Socioambiental (ISA 2006), a população atual é de seiscentos mil indígenas. No entanto, segundo o Instituto Brasileiro de Geografia e Estatística (IBGE 2000), a população atual seria de, aproximadamente, setecentos e trinta e quatro mil indígenas.

De acordo com Rodrigues (2006), das mais ou menos 1.200 línguas que eram faladas no início da colonização portuguesa, sobrevivem atualmente 180, que correspondem a, aproximadamente, 231 etnias indígenas. Também se devem considerar as línguas faladas pelos povos que não estão em contato com a sociedade nacional, os denominados "povos isolados", possivelmente um total de 20 povos, segundo dados da Coordenação General de Índios Isolados da Funai.

Os dados sobre o número exato de línguas indígenas faladas no território brasileiro variam muito. Faltam, ainda, estudos mais sistemáticos que mostrem a distinção entre o que seriam propriamente línguas e o que seriam variedades dessas línguas, como afirmam Moore, Galúcio e Gabas (2008). Para os autores, "embora venha sendo repetido com frequência que 180 é o número de línguas indígenas brasileiras, pelo critério de inteligibilidade mútua, a soma dificilmente ultrapassa 150" (Moore, Galúcio e Gabas, 2008: 38).

Independentemente do número exato de línguas indígenas ainda faladas, é importante mencionar que algumas delas mantêm semelhanças próximas entre si e outras não, mostrando, dessa maneira, suas origens comuns e processos de diferenciação ocorridos no decurso do tempo. Para explicitar essas semelhanças e diferenças, os linguistas agrupam as línguas em famílias e troncos linguísticos. Para o caso específico do Brasil, são reconhecidos 43 famílias e dois troncos: o Tupi e o Macro-Jê (Rodrigues, 2006).

No contexto dos países da América do Sul, é no Brasil onde se concentra a maior diversidade linguística e cultural. Isso, de fato, se reflete na ocorrência de diversos fenômenos que vêm merecendo a atenção dos estudiosos, tanto da linguagem como propriedade universal, como daqueles que se dedicam aos estudos das línguas naturais específicas. É importante destacar que descrições das línguas indígenas, dentre elas, as faladas no Brasil, têm colocado em evidência fenômenos que uns trinta anos atrás eram desconhecidos pelas teorias linguísticas, trazendo, inclusive, a debate alguns pressupostos teóricos consagrados a partir de línguas do tronco indo-europeu. Assim, descrições recentes das línguas indígenas brasileiras vêm apresentando dados inusuais para as teorias linguísticas modernas, nas áreas da fonética, fonologia, morfologia e sintaxe, contribuindo significativamente no desenvolvimento tanto da teoria quanto da tipologia linguística. Considerando o interesse, cada vez maior, de conhecer algumas características gramaticais das línguas indígenas faladas no Brasil, descrevo no presente texto[1] alguns mecanismos morfossintáticos presentes nelas. Os processos descritos tratam de: reduplicação, incorporação nominal, verbos seriais, classificadores, evidencialidade e referência alternada. No que se segue, cada um desses processos são descritos e ilustrados com exemplos.

Reduplicação

A reduplicação é entendida como um processo morfológico em que uma parte ou a forma completa de uma base se repete, dando origem a uma forma nova com significado distinto. Entretanto, nem toda repetição pode ser considerada reduplicação, pois ela não acarreta repetição do significado. Ao contrário, nos processos de reduplicação, o significado não deriva a partir da soma composicional de suas partes. Nesse sentido, uma simples repetição de palavras não pode ser interpretada como reduplicação, como se vê contrastando os dados de (1a) repetição *versus* (1b) reduplicação.

Kayabi (Dobson, 1976)

(1)	a.	kunumi-a	kunumi-a	pẽ-juka
		menino-N	menino-N	2PL-matar[2]
		'o bebê (o bebê) vai matar vocês'		
	b.	Kamaiurá (Seki, 1984)		
		etun 'cheirar'		
		etun-etun [etuetun]		
		'ficar cheirando'		

As línguas indígenas faladas no Brasil são muito ricas em reduplicação. Tanto os processos de reduplicação total quanto os de natureza parcial são encontrados em línguas de diversas famílias linguísticas como Warekena (Arawák), Paresi (Arawák), Paumarí (Arawá), Jarawara (Arawá), Tiriyó (Karib), Wayana (Karib), Waimiri Atroari (Karib), Juruna (Tronco Tupi), Tapirapé (Tupi-Guarani), Guajá (Tupi-Guarani), Kamaiurá (Tupi-Guarani), Parakanã (Tupi-Guarani), Wari' (Txapakura), Matsés (Pano), Kwazá (Isolada), Hup (Makú), Yanomae (Yanomami), Mundurukú (Tronco Tupi), Nambikwara (Nambikwara), Mekens (Tupari), Karitiana (Arikem). Alguns dados de reduplicação são citados a continuação.

De acordo com Fleck (2003), na língua Matsés (Pano) a reduplicação em verbos, advérbios e posposições acarreta significados iterativos e distributivos; em adjetivos implica uma desintensificação semântica e, em nomes, é usada para derivar nominais adverbializados. Por exemplo, em (2a) a reduplicação do verbo 'morrer' expressa uma função distributiva com leitura de pluralidade, em (2b) a reduplicação da base do adjetivo 'pesado' indica sua desintensificação semântica.

Matsés (Fleck, 2003)

(2) a. aid matses uënësbud uënës-bud-ac
DEM matses RED morrer-DUR-PAS.NARR
'aqueles matsés todos morreram um por um'
b. shupud iuë iuë-mbo ic-quid dedo-o-mbi
mala RED pesado-AUM ser-AGTlevar-PAS-1A
'levei uma mala meio pesada'

Em Waimiri Atroari (Karib), de acordo com a análise de Bruno (2003), a reduplicação que ocorre em verbos geralmente indica interação ou continuidade. O fato relevante, mencionado pela autora, é que o reduplicante deve ser bimoraico, além de que a reduplicação é sensível ao peso da sílaba da raiz verbal. Assim, temos:

i) Quando as duas primeiras sílabas são leves $[CV.CV]_{RV}$, o elemento reduplicante copia as duas primeiras sílabas da raiz verbal, prefixando-se à base correspondente como em (3a):

Waimiri Atroari (Bruno 2003)

(3) a. yakɨ-yakɨbɨ-ya — 'fazer mingau muitas vezes'
RED-fazer-ASP

mɨrɨ-mɨrɨkakɨ — 'misturar bem várias vezes'
RED-misturar-IMP

ii) Quando a primeira sílaba da raiz verbal é pesada $[CVC, CVV, VV]_{RV}$, o item reduplicante copia apenas a primeira sílaba da raiz verbal e se prefixa a sua base, como em (3b).

(3) b. nu-wen-wenta-pa — 'eles vomitaram muitas vezes'
3-RED-vomitar-PAS

yaa-yaa-pa — 'pegou várias vezes'
RED-pegar-PAS

Segundo Praça (2007), a reduplicação em Tapirapé (Tupi-Guarani) é também um processo morfológico produtivo. Ela pode ocorrer em nomes, verbos, posposições, advérbios, numerais e, mesmo, em morfemas com significados atenuativos e intensivos. Em argumentos nominais, a reduplicação indica pluralidade dos referentes, como em (4a); a reduplicação em predicados descritivos indica intensificação (4b) e, em verbos ativos, aspecto iterativo (4c).

Tapirapé (Praça 2007)

(4) a. ʔywyrã-ø r-e i-xeʔeg-i wyrã-wyrã-ø
árvore-REFER R-POSP 3II-falar-I2 pássaro-RED-REFER
'os pássaros estão falando na árvore'

b. xe=ø-pyyro-ø i-piro-piro
1SGII=R-sapato-REFER 3II-ser.seco-RED
'meu sapato está seco, seco'

c. ie-ø	ã-nopỹ-nopỹ	i-re-ka-wo	maj-a
1SG-REFER	1SGI-bater-RED	3II-C.COM-estar-GER	cobra-REFER

'eu bati várias vezes na cobra'

Dentre os estudos que tratam da reduplicação em línguas indígenas brasileiras, o mais sistemático, até agora, são os trabalhos de Hein van der Voort sobre a língua Kwazá (isolada). Para Voort (2003, 2009), em Kwazá há duas estratégias de reduplicação: a) reduplicação determinada fonotaticamente. Este processo abrange, sobretudo, a reduplicação de raízes ou de uma de suas sílabas de verbos e advérbios, b) reduplicação baseada na morfologia da língua. Este segundo tipo de reduplicação, ao que indica, é uma propriedade idiossincrática do Kwazá, pois o processo reduplicante não é determinado pelas fronteiras de sílabas, moras ou palavras, mas pelas fronteiras morfológicas. Essa forma de reduplicação atinge, basicamente, os pronominais verbais presos. Assim, em (5a) vemos a reduplicação parcial [CV] do advérbio {*txarwa*} 'agora', enfatizando que o evento foi realizando recentemente.

Kwazá (van der Voort, 2009)

(5) a. txa-txarwa-'te	hã'rã-ki	atxi'txi	anũ-'nai
RED-primeiro-INTENS	parar-DECL	milho	plantar-NMLZ

'ele justamente deixou de plantar milho'

Em (5b), ao contrário, observa-se a reduplicação do marcador {*axa*} 'primeira pessoa exclusiva'. Nesse caso, as duas sílabas [V.CV] são reproduzidas por representarem um único morfema. Segundo Voort (2009: 271), a reduplicação, nesse caso, é determinada pela fronteira do morfema de pessoa, independentemente da estrutura fonotática.

(5) b. aure-lɛ-'nã-axa-axa-le-hɨ̃-ki
casar-RECP-FUT-1.EXCL-1.EXCL-FRUST-NMLZ-DECL
'nós íamos nos casar (mas não o fizemos, faz muito tempo)'

Incorporação nominal

A incorporação pode ser definida como um "mecanismo pelo qual um nome que tem função de argumento interno – às vezes também de argumento externo – de um verbo converte-se em um modificador, obtendo-se, como resultado, um verbo complexo com um argumento a menos que o verbo original, daí o caráter estritamente intransitivizador desse processo" (Moreno Cabrera, 1991: 494). Em um processo de incorporação prototípico, o complexo nome-verbo resultante constitui uma única palavra fonológica, conforme os padrões fonológicos das outras palavras da língua. A incorporação nominal é um traço relevante de muitas línguas na região amazônica (Payne 1990; Dixon e Aikhenvald, 1999). Está presente em línguas da família Tupi-Guarani: Tapirapé, Guajá, Tenetehára, Kamaiurá, Urubu Kaapor; em línguas da família Makú, como Nadëb, Hup, Yuhup e Dâw; em Karajá (Macro-Jê), Mundurukú (Mundurukú), Nambikwara (Nambikwara), em línguas Karib como Waiwai, Makuxi e Apalai; em Sanuma (Yanomami); Paumari (Arawá), Kanoê (Isolada); Apurinã (Arawák); Pirahã (Mura); em Matsés, Matis e Shanenáwa, línguas da família Pano.

Em Nadëb, uma das línguas da família Makú, o núcleo de um sintagma nominal ou de um sintagma posposicional se incorpora ao predicado verbal para formar um novo complexo verbal. Segundo Weir (1990), o núcleo de um SN absolutivo se incorpora ao complexo verbal se o SN for uma construção genitiva. Esse processo não afeta a valência do verbo: um verbo intransitivo permanece intransitivo e os transitivos mantêm, igualmente, sua transitividade. Contudo, de acordo com essa autora, a incorporação produz mudanças nas relações gramaticais, pois um SN possuidor, inicialmente um SN absolutivo, ascende à posição de novo SN absolutivo (subida do possuidor). Em (6), temos um exemplo de incorporação com verbo intransitivo e, em (7), com verbo transitivo. Em ambos, têm-se a incorporação de nomes inalienáveis ou obrigatoriamente possuídos, localizando-se em posição pré-verbal. Os nomes incorporados não se aglutinam à base verbal. Eles mantêm sua independência fonológica.

Nadëb (Weir, 1990: 323-324)

(6) a. tʉg ɨ̃ɨ da-tés
dente 1SG.POSS tema-doer 'meu dente dói'

b. ɨ̃ɨh tʉg da-tés
1SG dente tema-doer 'tenho dor de dente' (Lit. 'eu-dente-doer')

(7) a. a mooh ɨ̃ɨh hi-jxɨɨt
2SG.POSS mão 1SG tema.ASP-lavar
'eu lavo tuas mãos'

b. õm ɨ̃ɨ mooh hi-jxɨɨt
2SG 1SG mão tema.ASP-lavar
'eu lavo tuas mãos' (Lit. 'eu mão-lavar você')

Na incorporação de posposições, o núcleo do sintagma posposicional incorpora-se ao predicado verbal, e seu SN complemento ocupa a posição de objeto direto do novo complexo verbal. O objeto direto original é demovido para a posição de oblíquo, onde recebe caso dativo, mas a transitividade do verbo é mantida, como se vê, contrastando os exemplos de (8a) e (8b), de Weir (1990: 327).

(8) a.	kalaak	dab	Subih	a-wʉh	kaat	sii
	frango	carne	Subih	PREF-comer	tia	POSP

‘Subih está comendo carne de frango com a tia’

b.	kaat	Subih	sii	wʉh	kalaak	dab	hã
	tia	Subih	POSP	comer	frango	carne	DAT

‘Subih está comendo carne de frango com a tia’

Segundo os estudos de Praça (2004, 2007), em Tapirapé, uma língua Tupi-Guarani, a incorporação ocorre apenas com verbos transitivos, modificando ou não a valência do verbo. A mudança da valência verbal apresenta-se quando o objeto se incorpora ao verbo transitivo, e este muda para intransitivo, além de o argumento nominal interno perder, simultaneamente, sua referencialidade, como em (9).

Tapirapé (Praça, 2007: 132)

(9)	agỹ-ø		mĩ	a-pira-paj	pina-ø	ø-pe
	PL-REFER	HAB		3I-peixe-alimentar	anzol-REFER	R-POSP

‘eles sempre pescam com anzol’

Nesse exemplo, {*pira-paj*} ‘peixe-alimentar’ traduz-se como ‘*pescar com anzol,* {*pira*} ‘peixe’ é um item referencial, mas ao se incorporar ao verbo perde sua referencialidade. Entretanto, como afirma a autora, nem sempre a incorporação nominal afeta a valência do verbo. Por exemplo, em (10b) o verbo transitivo {*kotok*} ‘cutucar’ continua transitivo mesmo quando o núcleo do SN genitivo {*ãxoro-ø r-ẽã-ø*} ‘olho do papagaio’ ocorre incorporado ao verbo e o possuidor ocupa a posição de argumento interno do verbo (Praça, 2007: 134).

(10) a.	konomĩ-ø	a-kotok	ãxoro-ø	r-ẽã-ø
	menino-REFER	3I-cutucar	papagaio-REFER	R-olho-REFER

‘o menino cutucou o olho do papagaio’

b.	konomĩ-ø	a-ẽã-kotok	ãxoro-ø
	menino-REFER	3I-olho-cutucar	papagaio-REFER

‘o menino cutucou o olho do papagaio’

De acordo com Ribeiro (1996, 2001), em Karajá (Macro-Jê), o processo de incorporação nominal relaciona-se com a promoção do possuidor em construções genitivas. A característica principal nessa língua é que somente nomes inalienáveis, principalmente partes do corpo, podem ser incorporados, além da valência do verbo permanecer inalterada. Como o Karajá é uma língua com alinhamento ergativo-absolutivo, apenas o sujeito de uma construção com verbo intransitivo e objeto direto de verbo transitivo são incorporados. Assim, nos dados de (11a) e (11b), vemos que o SN possuidor {*kɔwɔru*} 'árvore' foi promovido para a posição de sujeito em (11b).

Karajá (Ribeiro, 1996: 45)

(11) a. kɔwɔru ruru ø-r-a-kukə̃=r-ɛri
árvore galho 3-DIR-INTR-balançar=DIR-PROGR
'os galhos da árvore estão balançando'

b. kɔwɔru ø-r-a-ruru- kukə̃=r-ɛri
árvore 3-DIR-INTR-galho-balançar=DIR-PROGR
'a árvore está balançando os galhos'

Da mesma forma, nas construções de (12a) e (12b) observa-se que o SN possuidor {*kuɵehewe*} 'ema' é promovido para a posição de objeto e o núcleo {ɗɪ} 'pernas' do SN genitivo ocorre incorporado ao verbo {*dekə*} 'amarrar' em (12b).

Karajá (Ribeiro, 2001)

(12) a. kədə̃ʃiwɛ kuɵehewe ɗɪ ø-r-ɪ-ɗəka=r-e
Kynyxiwè ema pernas 3-CTFG-TR-amarrar=CTFG-IMPF
'Kynyxiwè amarrou as pernas da ema'

b. kədə̃ʃiwɛ kuɵehewe ø-r-ɪ- ɗɪ-ɗəka=r-e
Kynyxiwè ema 3-CTFG-TR-perna-amarrar=CTFG-IMPF
'Kynyxiwè amarrou as pernas da ema'

Em Apurinã, língua Arawák, Facundes (2000) registra apenas a incorporação nominal com verbos transitivos. O processo de incorporação pode incluir tanto nomes regulares não classificatórios (alienáveis e inalienáveis) como nomes classificatórios. De acordo com o autor, a incorporação nessa língua não parece afetar a valência do verbo, e o nominal incorporado, ainda, manteria sua função sintática de objeto. Compare-se, por exemplo, os dados em (13a) e (13b) que mostram a incorporação de nomes regulares não classificatórios.

Apurinã (Facundes, 2001: 301)

(13) a. nota pu-suka-ta-ru pu-tou
1SG 2SG-dar-VBLZ-3M.OBJ 2SG-coisas
'dá-me tuas coisas'

b. nota pu-suka-toi-txi-ta-ru
1SG 2SG-dar-coisas-NPOSS-VBLZ-3M.OBJ
'dá-me as coisas'

Em (13a) o SN {*pu-tou*} argumento interno do verbo {*-suka-ta-*} 'dar' ocorre separadamente, mas em (13b) ele está incorporado ao verbo. Observa-se também que esse argumento leva o marcador {*-txi*} sufixo de nominal não possuído, além do morfema de fecho {*-ru*} 'marcador de objeto, terceira pessoa masculino'. Esse comportamento, segundo Facundes (2000: 302), seria uma evidência de que o verbo continua transitivo, e o nominal incorporado manteria, igualmente, sua função sintática de argumento interno do verbo.

Os dados seguintes mostram construções com incorporação de nomes classificatórios na língua apurinã. Nesse caso, os nomes com função de classificador ocorrem incorporados ao verbo (Facundes, 2000: 304).

(14) a. nu-taka-pe-ta-ru
1SG-colocar-CL:massa-VBLZ-3M.O
'eu coloquei a polpa'

b. u-pokĩka-ã-ta
3M-flutuar-CL:líquido-VBLZ
'ele flutuava na água'

A análise do processo de incorporação em línguas da família Pano ainda é um tema aberto à discussão. Inicialmente, no conjunto das línguas Pano, como Matis, Matsés, Shanenawa, Kashinawa, Shipibo-Konibo e Kapanawa, formas monossilábicas, especificamente termos de partes do corpo, ocorrem presas à base verbal (Fleck, 2006: 59). De acordo com Loos (1999: 243), as línguas Pano carecem de prefixos, daí que os termos de partes de corpo que ocorrem presos, imediatamente precedendo, à base verbal seriam interpretados como casos de incorporação. Em um estudo bastante acurado sobre a língua Matsés, Fleck (2006) lista 28 formas monossilábicas de termos de partes do corpo que se aglutinam fonologicamente a nomes, adjetivos e verbos, que em outras línguas Pano são interpretadas como derivadas sincronicamente de suas correspondentes formas nominais plenas. Para Fleck, essas formas possuem algumas características morfossintáticas que se assemelham com o processo de incorporação nominal de outras línguas, mas que não se pode considerar no sentido estritamente morfológico como "incorporação nominal" (p. 91). É possível que o processo tenha se desenvolvido a partir da incorporação nominal, mas no estágio atual da língua resulta mais coerente interpretá-lo como casos de prefixação (p. 59):

Matsés (Fleck, 2006)
(15) a. ta-kiad-o-bi (<taë 'pé')
pé-aprender-PAS-1SG
'aprendi jogar futebol'
b. ëk-kiad-o-bi (<ëkbid 'lábios')
lábios-aprender-PAS-1SG
'aprendi beijar'
c. debi-n ø me-pan-e-k (<mëdante 'mãos')
Davi-ERG 3ABS mão-lavar-NPAS-INDIC
'Davi está lavando suas mãos (mãos de outra pessoa)'
d. debi-ø me-pan-ad-e-k (< mëdante 'mãos')
Davi-ABS mão-lavar-RFL-NPAS-INDIC
'Davi lavou suas mãos (suas próprias mãos)'

É importante observar que a prefixação de *mëdante* 'mão' em (15c) não modifica a transitividade, uma vez que o argumento A do verbo 'lavar' continua no caso ergativo. Contrariamente, o mesmo verbo 'lavar' pode reduzir sua valência motivada pela presença do sufixo reflexivo {*-ad*}, como se verifica em (15d).

Verbos seriais

Uma construção com verbos seriais é uma cadeia de verbos ou de sintagmas verbais que ocorrem dentro de uma única sentença, sem marcadores visíveis de coordenação, subordinação ou dependência sintática de qualquer classe. Construções com verbos seriais conceituam um único evento; por isso, possuem as mesmas categorias funcionais de tempo, modo, aspecto e polaridade (Aikhenvald, 2007).

Quanto às línguas indígenas brasileiras, a presença de verbos seriais se dá principalmente naquelas faladas na região do Alto Rio Negro, como: Tariana, Warekena, Bare, Baniwa, em Dâw (Maku) e em Tukano (Tukano). Está presente, igualmente, em outras línguas, como em Nambikwara (Nambikwara); em línguas da família Jê: Panará e Parakatêjê; também em Guarani (Tupi-Guarani) e Emerillon (Tupi-Guarani). É possível que construções com 'gerúndio', típico de línguas Tupi-Guarani – como em Tapirapé, Tupinambá, Kamaiurá, entre outras –, sejam, igualmente, tratadas como construções contendo verbos seriais.

Jensen (1990) reconhece a existência de verbos seriais em línguas Tupi-Guarani. De acordo com essa autora, verbo serial nessas línguas é aquele que ocorre em conjunção com um verbo independente para expressar ação simultânea, propósito, ou ação sequencial, quando o sujeito de ambos os verbos é o mesmo. Adicionalmente, o falante interpreta os dois verbos como a realização de uma única ação (1990: 124). Como exemplos, Jensen cita dados do Tupinambá (16a) e do Asurini (16b).

Tupinambá (Jensen, 1990: 124)

(16) a.	o-úr	kunumí	kuáp-a
	3-vir	rapaz	encontrar-SER
	'ele veio encontrar o rapaz'		

Asurini (Jensen, 1990: 125)

(16) b.	sa-ropyta	yhara	sere-sahok-a	ywyri
	'1INCL-ficar.com	bote	1INCL-banhar-SER	beira
	'nós ficamos com o bote, tomando banho à beira (do rio)'			

Na construção (16a) o argumento A do verbo transitivo {*kuáp-a*} 'encontrar' é o mesmo participante do sujeito gramatical do verbo principal {*o-úr*} 'ele veio'. O marcador pronominal de pessoa não ocorre no verbo dependente por ele estar precedido de um argumento interno nominal pleno {*kunumí* } 'rapaz'.

Em (16b) temos dois verbos intransitivos tanto na oração principal como na dependente; há correferência dos participantes e, em ambos os casos, estão marcadas pelos prefixos de pessoa, da Série I e da Série III, respectivamente.

Na língua Dâw (Maku) o emprego de sequências de verbos é considerado como um único predicado codificando um evento unitário. O processo é muito produtivo nessa língua, de forma que, em textos, os predicados com verbos seriais são mais frequentes que seus correspondentes simples (Martins, 2004: 621). Segundo Martins (op. cit.), em Dâw, construções com até quatro verbos são frequentes; mas, algumas vezes, encontram-se construções com cinco e seis verbos. Os dados em (17a), (17b) e (17c) são exemplos de verbos seriais em Dâw.

Dâw (Martins, 2004)

(17) a. woh bɛj ʔɔx xɤd ʃák dóʔ pɔx bɛh-xɔm wɤʔ
NP repetir correr passar subir MOV alto vegetal-raiz em cima
'Woh subiu de novo, correndo lá para o alto, em cima da raiz do pau'

b. ʔãh wɤ́ʔ kɤ́t-éʔ hɔ̃t tɯ̀w kɛd
1SG ouvir estar.de.pé-PAS longe caminho LOC
'eu estive ouvindo de pé, longe, no caminho'

c. ʔab-bɯg tih ʔùm kũ̋m dɤ́h táx-ɯ̃̋jʔ
DET-LOC 3SG cacetar afogar PONT anta-AFET
'daí, ele caceteou e afogou a anta'

Tanto em (17a) como em (17b) e (17c) vemos que a conjunção dos verbos indica ações subsequentes, correspondendo a um evento unitário, e a um mesmo argumento: sujeito nos dois primeiros e objeto em (17c).

Em Nambikwara, Kroeker (2001) descreve os verbos seriais como a composição de dois temas verbais justapostos. O segundo verbo indica movimento de algumas formas como 'pegar', 'deixar', 'dar'. Em suma, dois verbos que desempenham uma função unitária. Dois desses exemplos são apresentados a seguir:

Nambikwara (Kroeker, 2001: 67)

(18) a. tĩh^{3}na^{2} i^{2}l-ã^{3}-ø-na^{2}-hẽ^{3}-la
corda cortar-levar-3SG-T/E.PAS-PERF
'ele cortou a corda'

b. mã^{2}ka^{3}-nxa^{3}x-a^{2} i^{2}l-ho^{1}-sxã^{3} ĩ^{3}xi^{2}-na^{1}-hẽ^{3}-la^{2}
manga-CL.fruta-DEF cortar-levar-SEQIM ir.casa-1SG-T/E.PAS-IMPF
'peguei a manga e voltei para casa'

Aikhenvald (2000) afirma que a serialização verbal é produtiva em línguas Arawák nortenhas, como Baré, Warekena, Baniwa e Tariana. O processo teria surgido pelo contato com línguas tucano orientais. Segundo a autora, nessas línguas Arawák os verbos de moção assumiram funções de aspectual e de auxiliares para marcar direção, como se observa nas línguas Baré (19a) e Tariana (19b).

Baré (Aikhenvald, 2000: 9)

(19) a. hena [nihiwa-waka nu-ʧereka] nu-yaka-u abi
NEG 1SG.ir-NEG 1SG-falar 1SG-parente-F POSP
'não vou falar com minha mãe'

Tariana (Aikhenvald 1999: 485)

(19) b. dima	di-hɲa	di-emhani-pidanakuphe-nuku
3SGNF dormir	3SGNF-comer	3SGNF-caminhar-P.REM.INFERpeixe-TOP

'ele foi pescar durante vários dias'

Em (19b), segundo Aikhenvald, ocorrem os verbos 'dormir', 'comer' e caminhar', mas o significado deve ser interpretado como unitário, ele não reflete diretamente as sequências dessas ações. A leitura é 'ir pescar por vários dias sem voltar para casa' (Aikhenvald, 1999: 485).

Classificadores

Derbyshire e Payne (1990) apresentam alguns traços gerais dos sistemas de classificação e dos classificadores em línguas das terras baixas da Amazônia. Segundo eles, a maioria das línguas amazônicas não é facilmente inserida em um único tipo, pois elas apresentam uma mistura de vários tipos de classificador e um mesmo conjunto de classificadores pode ser usado em mais de um contexto classificador. Aikhevald (1994), em seu estudo sobre classe nominal e gênero em línguas Arawák, traz algumas das características particulares dos sistemas de classificação nominal em línguas da Amazônia. Essas características relacionam-se com os seguintes aspectos:

a) No discurso, os classificadores podem ter funções tanto anafóricas como dêiticas;
b) Os classificadores podem ter funções estritamente discursivas, por exemplo, como salientadores ou focalizadores do tópico;
c) Os classificadores podem ter funções de morfemas tanto flexionais como derivacionais;
d) Os classificadores nas línguas amazônicas apresentam como traço comum a extensão da incorporação nominal e verbal como mecanismos morfológicos de marcação.

Diversas línguas indígenas do Brasil apresentam sistemas de classificação nominal e emprego de morfemas classificadores. Eles estão presentes, sobretudo, em línguas da família Arawák, Arawá, Tukano, Yanomami, Nambikwara; também em Munduruku (Tupi), Kadiwéu (Guaikuru), Hup (Maku), Gavião (Tupi), Pirahã (Mura), Panará (Jê), Kwazá (Isolada), Kanoê (Isolada). Algumas dessas línguas são citadas a seguir.

Segundo (Gómez, 2000), na língua Yanomami (Yanomami) os classificadores podem ter funções anafóricas, como se vê nos dados de (20a) e (20b).

Yanomami (Gómez, 2000: 12)

(20) a.	tusitusi	a	kua	tha
	ferida	CL.SG	ter	INTERR
	'(você) tem uma ferida?'			
b.	awe,	a	kua	
	sim	CL.SG	ter	
	'sim, tenho uma'			

O estudo de Lowe (1999) sobre a língua Nambikwara mostra mais claramente o emprego de classificadores como se fossem pronominais anafóricos, conforme observado, a seguir.

Nambikwara (Lowe, 1999: 290)

(21) a.	hĩ^{1}na^{2}su^2	wa^{3}lin^3-*su*^{3}-nti^2	ĩ^3-a^1 - ra^2	
	hoje	mandioca-CL.raiz-P.REC	plantar-1SG-PERF	
	'hoje plantei as raízes de mandioca que vimos cedo'			
b.	ʔyãn^{1}ta^1	*su*^{3}-ha^{1}li^1	ot^{3}sʔã^3	ã^3-sĩ^{1}na^1-ra^2
	CONJ	CL.raiz-pouco	extra	deixar-1PL.EXCL-PERF
	'mas deixamos atrás algumas poucas raízes extras'			
c.	na^1-*su*^{3}-ai^{2}na^{2}sa^2-kʔai^{3}lhu^2			
	1SG.POSS-CL.raiz-este-por isso			
	'estas minhas raízes, por isso'			
d.	kʔa^{3}na^{3}ha^{2}tai^{2}nã^{2}nta^3	te^2-yã^1-ʔne^2		
	amanhã	este-outra vez-maneira		
e.	ĩ^3-a^{1}tũ^1-ʔã^1	na^1-he^2-ra^2		
	plantar-1SG-FUT-IMPF	1SG.POSS-RECP-PERF		
	'amanhã penso plantar como o fiz hoje'			

Nessas construções vemos que em (21a) o nominal {*wa*^{3}*lin*^{3}*-su*^{3}*-*} 'mandioca-CL: raiz' ocorre com seu classificador correspondente {*-su*^{3}*-*} 'raiz', mas em (21b) e (21c) o termo 'mandioca' é apenas referido anaforicamente pelo classificador {*-su*^{3}*-*} 'CL: raiz'.

A língua Terena (Arawák), segundo Aikhenvald (1994), apresenta um sistema de classes nominais de concordância (22a e 22b) e classificadores de incorporação verbal (23a e 23b).

Terena (Aikhenvald, 1994)

(22) a. mópoi hhopú-ʔi-ti 'pedra branca'
pedra branco-CL.INAN-ADJ
b. tapîʔi hhopú-ʔo-ti 'galinha branca'
galinha branco-CL.AN-ADJ
(23) a. oye-púʔi-co-ti 'ele está cozinhando (coisas redondas)'
cozinhar-CL.redondo-tema-PROG
b. movó-hi-ti ra úhi-ti 'o mato está seco'
seco-CL.fio-PROG DEM mato-NPOSS

Outra língua que apresenta uma característica interessante sobre os classificadores é o Tariana. No mesmo trabalho de (1994), Aikhenvald mostra que essa língua apresenta um sistema rico de classificadores. Em se tratando de classificadores de incorporação verbal, a autora destaca o uso com formas passivizadas do verbo (24a), com formas relativas do verbo (24b) e com predicados indicadores de finalidade (24c).

Tariana (Aikhenvald, 1994: 214)
(24) a. ama-ku na-pita-niku iri-peri
rede-CL.LIN 3PL-pintar-PASS-CL.LIN vermelho-COL
'a rede está pintada de vermelho'
b. nu-keta-ka hala-yawa u:ni ka-musu-ka-yawa
1SG-ver-DECL buraco-CL.buraco água REL-sair-DECL-CL.buraco
'eu vi um buraco com água saindo'
c. diha panisi di-ni-nijha di-ya-hyu-dapana
3SGM casa.NPOSS 3SGM-fazer-PERF 3SGM-morar-FIN-CL:casa
'ele$_i$ fez casa para ele$_i$ morar'

Evidencialidade

Considera-se como evidencialidade o domínio semântico relacionado com a fonte ou origem da informação expressa no enunciado, reservando o termo de categoria evidencial para o elemento linguístico (afixo, clítico, partícula) que marca a fonte da informação. Sem dúvida, todas as línguas possuem meios para qualificar evidencialmente um enunciado. Algumas delas, como as línguas da família Tucano e outras da região amazônica, empregam formas gramaticais específicas para este propósito. Ou seja, há morfemas verbais, obrigatórios ou opcionais, que sinalizam a fonte da informação.

Aikhenvald e Dixon (1998) foram os pioneiros em abordar tipologicamente a presença de evidenciais em línguas faladas na região amazônica. Em termos desses autores, a categoria dos evidenciais, tal como ocorre com o tom, os verbos seriais e a referência alternada, fazem parte de uma subárea inserida em uma área ainda maior. Para eles, as terras baixas da América do Sul abrigam duas sub-regiões distintas relacionadas com a ocorrência de evidenciais: a) a Amazônia Meridional, caracterizada por incluir línguas como nível de evidencialidade 'fraca', b) a Amazônia Setentrional, caracterizada por incluir línguas com nível de evidencialidade 'forte'.

Os sistemas de evidencialidade que ocorrem em línguas da Amazônia Meridional são considerados, por Aikhenvald e Dixon, como simples, baseados, principalmente, em oposições binárias [± evidência visual] e [± evidência reportada]. Três sistemas são citados: a) [± evidência relatada], b) [± evidência visual], com marcação de evidência relatada opcional, c) um sistema constituído por evidência ocular, inferida, relatada e de sentimento interno ('gut feeling'). Algumas línguas da família Arawák, como Terena, Waurá, Paresi; línguas da família Arawá, como Jarawara, Jamamadi, Banawá, Madihá; o Kamaiurá (Tupi-Guarani); línguas da família Pano e a língua Nambikwara (Nambikwara) seriam classificadas nessa categoria. Contudo, não há uma uniformidade no comportamento unitário nessas línguas. Algumas se orientam pelo sistema *relatado/não relatado*, outras, ao contrário, fazem uso do sistema *evidência visual/não visual*. Como sistema mais complexo é caracterizado o Nambikwara, língua que usa marcadores no verbo para indicar se o enunciado é direto [evidência visual], inferida ou relatada; ou se o falante emite o enunciado instintivamente sobre algo que aconteceu (Aikhenvald e Dixon, 1998: 246).

Na região da Amazônia Setentrional, que compreende o entorno da bacia do rio Vaupés, entre a fronteira Brasil/Colômbia, encontram-se os sistemas mais complexos de evidencialidade, com quatro ou cinco categorias de evidencialidade (Aikhenvald e Dixon, 1998: 246). Essa característica está presente, sobretudo, em línguas Tucano orientais, como Tuyuka, Barasano, Wanano, Tukano, Tatuyo, e em línguas da família Yanomami. O Tariana, uma língua da família Arawák, está incluído no grupo desse tipo de línguas. Contudo, Aikhevald (2003) mostra que o sistema de evidencialidade do Tariana seria uma difusão a partir das línguas tucano orientais. Nessa categoria, poderia ser incluída também a língua Hup da família Maku (Epps, 2005).

Stenzel (2006, 2008) afirma que nas dezesseis línguas tucano orientais a marcação da evidencialidade se dá obrigatoriamente em todas as orações de tipo indicativo, sendo os paradigmas de evidencialidade compostos por quatro ou cinco categorias. Os marcadores evidenciais são sufixos verbais que, além de fazerem referência à fonte de informação, codificam simultaneamente as categorias funcionais de pessoa, gênero, número e tempo/aspecto (op. cit., 2006: 8). Concretamente, na língua Wanano (Tucano), estudada sistematicamente por Stenzel, ocorrem cinco categorias de evidencialidade: *relatada* (25a), *visual* (25b), *não visual* (25c), *inferência* (25d) e *suposição* (25e).

Wanano (Stenzel, 2006, 2008)

(25) a.	ti– ro	wʉ'ʉ-pʉ	wa'a-*yu'ka*	
	ANAF-SG	casa-LOC	ir–REF.ESP	
	(alguém me contou que) 'ele foi para casa'			
b.	~bʉ'ʉ	chʉ -dua- re	~da-ta-i	
	2SG	comer-DESID-OBJ	carregar-vir-VIS.PERF.1	
	'trouxemos o que você queria comer'			
c.	bora- ~sʉ - ka	wa'a-ro	koa-ta-a	
	cair-COMPL-ENF	ir-NMLZ	NÃO.VIS-vir-SUP.PERF	
	'(ele) caiu' (ouvi a sua caída)			
d.	yʉ	~ba-kʉ - re	~waha- roka-ri	hi–re
	1SG.POSS	filho-M-OBJ	matar-DIST-NMLZ.INFER	COP-VIS.PERF.2/3
	'meu filho foi morto'			
e.	yʉ	phʉ - ko	wache-ka	~bicha-re
	1SG.POSS	parente-F	estar.feliz-SUP.IMPF	hoje-TMP
	'minha mãe está feliz hoje'			

Segundo Aikhenvald (2003), o Tariana (Arawák) é uma língua que sincronicamente apresenta inovações na gramática, algumas delas ainda em progresso e outras já consolidadas. Uma dessas mudanças já inseridas no sistema é o emprego de morfemas para indicar evidencialidade, processo que teria sido induzido pelo contato com falantes de línguas tucano orientais. Como nas línguas tucano, em Tariana todo enunciado deve incluir uma indicação de como o falante adquiriu a informação correspondente. Nesse sentido, toda oração na língua tariana deve levar marcadores evidenciais fusionados com a categoria de tempo (presente, passado recente e passado remoto). São reconhecidas quatro categorias de evidencialidade: (26a) *visual*, (26b) *não visual*, (26c) *inferida* ('genérico'), (26d) *relatada*, como em (26).

Tariana (Aikhenvald, 2003)

(26) a. Ceci tʃinu-nuku du-kwisa-ka
Cecília cachorro-TOP 3SGF-xingar-P.REC-VIS
'Cecília xingou o cachorro' (eu vi isso)

b. Ceci tʃinu-nuku du-kwisa-mahka
Cecília cachorro-TOP 3SGF-xingar-P.REC.NVIS
'Cecília xingou o cachorro' (eu ouvi fazê-lo)

c. Ceci tʃinu-nuku du-kwisa-sika
Cecília cachorro-TOP 3SGF-xingar-P.REC.INFER
'Cecília xingou o cachorro' (eu infiro pela forma de comportamento do cachorro)

d. Ceci tʃinu-nuku du-kwisa-pidaka
Cecília cachorro-TOP 3SGF-xingar-P.REC.REL
'Cecília xingou o cachorro' (alguém contou-me)

Em um instigante trabalho sobre uma língua Pano – o Matsés –, Fleck (2007) mostra que essa língua possui um sistema de evidencialidade em que os falantes devem explicitar a fonte da informação toda vez que reportem um evento passado. O autor reconhece três categorias de evidencialidade: i) direta, ii) inferida, e iii) suposição, os mesmos que ocorrem fusionados como a categoria funcional do tempo passado (recente, distante e remoto). Essa associação íntima entre evidencialidade e tempo é denominada por Fleck de 'tempo duplo', em que "the source of information is inferred from resulting evidence, two temporal distances must be specified on the verb: the length of time from the moment when the event itself took place to the moment when the evidence was detected; and the time from the detection of the evidence to the moment of the verbal report' (Fleck, 2007: 589). É o que se observa abaixo:

(Fleck, 2007: 589-560)

(27) a. mayu-n bëste-wa-ak-onda-şh
não.Matsés-ERG cabana-fazer-P.REC.INFER-P.DIST.EXP-3
'os índios não Matsés fizeram uma cabana'
[uma cabana recentemente construída foi descoberta pelo falante faz tempo]

b. mayu-n bëste-wa-nëdak-o-şh
não.Matsés-ERG cabana-fazer-P.DIST.INFER-P.REC.EXP-3
'os índios não Matsés fizeram uma cabana'
[uma cabana velha foi descoberta pelo falante recentemente]

Como se vê nesses dados, o enunciado do falante matsés permite ao interlocutor decifrar o tempo transcorrido entre o evento descrito e a evidência desse evento, e a associação entre o tempo transcorrido entre a evidência e o enunciado da oração. Este tipo de associação entre o sistema de evidencialidade e a categoria de tempo não foi atestada na literatura que trata de evidencialidade. Nesse sentido, o artigo do Fleck é uma excelente contribuição para o nosso entendimento dessa relação.

Nas diferentes abordagens da evidencialidade em línguas indígenas brasileiras, é relevante citar o trabalho de Gabas (2002). Esse autor, ao tratar dos evidenciais na língua Karo (família ramarana, tronco Tupi), coloca em questionamento as afirmações de Aikhenvald e Dixon (1998) sobre o fato de as línguas Tupi não possuírem sistemas de evidencialidade. Para esses autores, as línguas Tupi que apresentam evidencialidade, como o Kamaiurá (Seki, 2000), seriam inovações recentes ou inovações produzidas pelo contato com falantes de outras línguas indígenas, sobretudo daquelas faladas por povos da Amazônia Setentrional. Ao contrário, para Gabas, a presença de evidenciais em Karo, Kamaiurá, Surui e em outras línguas da família Tupi-Guarani permite assumir que é uma característica antiga dessas línguas.

Referência alternada

Várias línguas da América do Norte, da América do Sul, da Austrália, da Papua-Nova Guiné e do Pacífico apresentam um processo morfossintático denominado, pela literatura linguística, Referência Alternada ou *Switch-Reference*, que é um mecanismo gramatical usado por determinadas línguas, para mostrar a continuidade ou descontinuidade referencial de um determinado participante numa construção morfossintática. Em termos gerais, a referência alternada mostra se o sujeito da oração subordinada ou da coordenada é o mesmo (MS) daquele que ocorre na oração principal ou, ao contrário, é diferente (SD). Este sistema de referência encontra-se, sobretudo, em línguas da família Pano, em línguas da família Tucano, em algumas línguas do tronco Macro-Jê como Kipeá, Maxakali, Kanela-Krahô e em línguas como Mbyá e Parakanã da família Tupi-Guarani.

O Kaxinawa, como outras línguas pano, Kapanawa, Shipibo-Konibo, Amawaka, apresenta um sistema complexo de referencialidade para identificar os participantes de uma oração dependente em quaisquer enunciados complexos. Para Montag (2005: 4), em Kaxinawa há dez sufixos que ocorrem com verbos dependentes para indicar os participantes, as relações internas de tempo, e a transitividade da oração subsequente à qual é referenciada. Os dados, a seguir, mostram alguns casos de referência alternada, com verbos transitivos e intransitivos, e o tipo de ação temporal, completo e incompleto, que ocorre no verbo dependente.

Kaxinawa (Montag, 2005)
Marcador {-xun} 'ação completa, mesmo sujeito, verbo transitivo'[3]

(28) a. bai anu ka-tan-xun nukun ainen nuku
roça ai ir-voltar-MS:COMPL 1PL:POSS esposa IPL:OBJ
bava-xun-mis-ki
cozinhar-BEN-sempre-DECL
'depois de terem ido e voltado da roça, as nossas esposas sempre cozinham para nós'

Marcador {-a/-bu} 'plural, ação completa, mesmo sujeito, intransitivo'

(28) b. ma badi ka-aya daya-tan-a
agora sol ir-INCOMPL trabalhar-volver-MS:COMPL
juni kuin-bu naxi-kan-ikiki
men verdadeiro-PL banhar-PL-INCOMPL:3.DECL
'agora o sol está se pondo, os homens kaxinawa voltaram do trabalho e estão tomando banho'

Marcador {-kin} 'ação incompleta, mesmo sujeito, transitivo'

(28) c. ka-kin nun tsaka-mis-ki
ir-MS:INCOMPL 1PL caçar-sempre-DECL
'enquanto vamos, nós sempre caçamos'

Marcador {-aibu} 'PL:coletivo, ação incompleta, sujeito diferente, transitivo'

(28) d. yavakuin be-baun-aibu ichapa
porco.do.mato vir-ao.redor-PL:SD:INCOMPL muitos
nukuna-bu-n tsaka-xina-ki
1PL:POSS-PL-ERG disparar-ontem-DECL
'enquanto os porcos do mato foram chegando ao redor deles, nossa gente matou muitos deles ontem'

De acordo com Dooley (1989, 1992), em Mbyá, uma variedade da língua Guarani (Tupi-Guarani), a referência alternada geralmente assinala a identidade ou diferença do sujeito gramatical. Porém, em determinados casos pode assinalar a identidade ou diferença de outros tipos, envolvendo informações de tipo semântico ou pragmático diferentemente da referência do sujeito gramatical. (Dooley, 1989: 93-4). Essa descrição é feita em termos estritamente sintáticos ('descrição interna') e em termos discursivo-pragmático ('descrição externa').

Os marcadores de referência alternada em Mbyá são enclíticos que indicam conjunção subordinada, como se observa nos dois seguintes exemplos.

Mbyá-Guarani (Dooley, 1989:97)

(29) a. [ava o-o vy] mboi o-exa
homem 3-ir MS cobra 3-ver
'quando o homem$_i$ foi embora, ele$_i$ viu a cobra'

b. [ava o-o ramõ] mboi o-exa
homem 3-ir SD cobra 3-ver
'quando o homem$_i$ foi embora, a cobra viu ele$_i$'

Nesses dois exemplos, em termos de Dooley, os marcadores correspondentes indicam a referencialidade do sujeito sintático, em oposição à categoria semântica de agente ou à categoria pragmática de tópico. Um exemplo de referência alternada que considera a relação sujeito gramatical *versus* tópico é visto a seguir.

(30) [compadre Galdino ma a-exa Roberto r-o py
compadre Galdino TOP 1SG-ver Roberto EP-casa LOC
ramõ] ma gu-aʔy-ʔi o-nombeʔu
SD TOP 3:RFL-filho-DIM 3-dizer
'compadre Galdino$_i$, quando eu o$_i$ vi na casa de Roberto [ø$_i$] falou sobre seu filhinho'

Na construção (30) vemos que o SN [compadre Galdino] está na posição de tópico da sentença, deslocou-se de seu lugar habitual de argumento interno do verbo [SVO→ OSV][4] para a primeira posição onde recebe a partícula {*ma*} 'tópico'. Contudo, sua referência é mantida como sujeito e como SN possuidor [ø$_i$falou sobre seu filhinho'] da oração subsequente. A presença da partícula {*ramõ*} 'Sujeito Diferente' identifica os sujeitos da primeira oração {*a-exaRoberto r-opy*} e da segunda {__ *gu-aʔy-ʔi o-nombeʔu*}, mas não os tópicos correspondentes (Dooley, 1989:101).

Considerações finais

Os tópicos aqui apresentados são apenas uma amostra da riqueza morfossintática que apresentam as línguas indígenas brasileiras. Focalizar o estudo sistemático e abrangente dessas línguas é contribuir tanto com o avanço da teoria geral e da tipologia linguística quanto com o desenvolvimento e a consolidação da linguística indígena brasileira. Os diversos mecanismos morfossintáticos da reduplicação e da incorporação nominal, o emprego de verbos seriais e classificadores, a recorrência de sistemas complexos de evidencialidade e de referência alternada, são os temas principais que vêm atualmente merecendo a atenção da teoria linguística internacional.

Abreviaturas

1 = Primeira pessoa; 2 = Segunda pessoa; 3 = Terceira pessoa; I = Prefixo série I; I2 = Indicativo2; II = Prefixo série II; III = Prefixo série III; A = Sujeito transitivo; ABS = Absolutivo; ADJ = Adjetivo; ADVLZ = Adverbializador; AFET = Afetado; AGT = Agente; AN = Animado; ANAF = Anafórico; ASP = Aspecto; AUM = Aumentativo; BEM = Benefativo; CAUS = Causativo; CL = Classificador; COL = Coletivo; COM = Comitativo; COMPL = Completivo; CONJ = Conjunção; COP = Cópula; CTFG = Centrífuga; DAT = Dativo; DECL = Declarativo; DEF = Definido; DEM = Demonstrativo; DESD = Desiderativo; DET = Determinante; DIM = Diminutivo; DIR = Direcional; DUR = Durativo; ENF = Enfático, ênfase; EP = Epêntese; ERG = Ergativo; EXCL = Exclusivo; EXP = Experencial; F = Feminino; FIN = Finalidade; FRUST = Frustrativo; FUT = Futuro; GER = Gerúndio; HAB = Habitual; IMP = Imperativo; IMPF = Imperfeito; INAN = Inanimado; INCL = Inclusivo; INCOMPL = Incompletivo; INDIC = Indicativo; INFER = Inferencial; INTENS = Intensificador; INTERR = Interrogativo; INTR = Intransitivo; LIN = Lineal; LOC = Locativo; M = Masculino; MOV = Movimento; MS = Mesmo sujeito; N = Nome, Nominal; NARR = Narrativo; NEG = Negativo; NF = Não feminino; NMLZ = Nominalizador; NPOSS = Não possessivo; NVIS = Não visual; OBJ = Objeto; P. DIST = Passado distante; P.REC = Passado recente; P.REM = Passado remoto; PAS = Passado; PF = Perfeito; PL = Plural; PONT = Pontual; POSP = Posposição; POSS = Possessivo; PREF = Prefixo; PROG = Progressivo; R = Relacional; RECP = Recíproco; RED = Reduplicação; REF.ESP = Referencial específico; REFER = Referente; REL = Relatada; RELZR = Relativizador; RFL = Reflexivo; SD = Sujeito diferente; SEQIM = Sequência imediata; SER = Verbo serial; SG = Singular; SN = Sintagma Nominal; SUP = Suposição; T/E = Tempo/ Evidencial; TMP = Temporal; TOP = Tópico; TR = Transitivo; VBLZ = Verbalizador.

Notas

1 Meus sinceros agradecimentos à professora Ilda de Souza pelas correções do texto em português.

2 Confira as abreviaturas das glosas deste texto.

3 O traço de transitividade refere-se à transitividade da oração principal que, geralmente, ocorre após a oração dependente.

4 A ordem básica em Mbyá é SVO.

Bibliografia

Aikhenvald, A. Y. Classe nominal e gênero nas línguas aruák. *Boletim do Museu Paraense Emílio Goeldi* 10 (2), 1994, pp. 137-259.

______. Serial constructions and verb compounding evidence from Tariana (North Arawak). *Studies in Language*, v. 23 (3). 1999, pp. 469-98.

______. Areal typology and gramaticalization: the emergence of new verbal morphology in an obsolescent language. In: Gildea, S. (ed.). *Reconstructing Grammar*: comparative linguistics and gramaticalization. Amsterdam/Philadelphia: Benjamins, 2000. pp. 1-37.

______. Evidentiality in typological perspective. In: Aikhenvald, A. Y; Dixon, R. M. W. (eds.). *Studies in evidentiality*. Amsterdam/Philadephia: John Benjamins, 2003. pp. 1-31.

______. Serial verb constructions in typological perspective. In: Aikhenvald, A. Y; Dixon, R. M. W. (eds.). *Serial verb construction*: a cross-linguistic typology. Oxford: Oxford University Press, 2007, pp. 1-68.

______; Dixon, R. M. W. Evidentials and areal typology: a case study from Amazonia. *Language Science*, v. 20 (3), 1998, pp. 241-57.

______; Dixon, R. M. W. *Studies in evidentiality.* Amsterdam: John Benjamins, 2003.

Bruno, A. C. Reduplicação em Waimiri Atroari. *Amerindia. Revued' ethnolinguistique Amérindiene – Langes Caribes* (28), 2003, pp. 83-94.

Cabrera, J. C. M. *Curso universitario de linguística general.* T. 1. Madrid: Editorial Síntesis, S. A., 1991.

Dixon, R. M. W.; Aikhenvald, A. Y. (eds.). *The Amazonian Languages*. Cambridge: Cambridge University Press, 1999.

Dobson, R. Repetição em Kayabí. *Série Linguística* (5), 1976, pp. 83-105.

Dooley, R. A. Switch reference in Mbyá Guarani: a fair-weather phenomenon. *Work Papers of the Summer Institute of Linguistics,* v. 33, 1989, pp. 93-119.

______. When switch reference moves to discourse: developmental markers in Mbyá Guaraní. In: Hwang, S. J.; Merrifield, W. R. (eds.). *Language in Context*: essays for Robert E. Longacre.Texas: sil/University of Texas at Arlington, 1992, pp. 97-108.

Epps, P. Areal diffusion and the development of evidentiality. *Studies in Language* 29 (3), 2005, pp. 617-50.

Facundes, S. S. *The language of the apurinã people of Brasil (Maipure/Arawak).* New York, 2000. Dissertation (PhD in Linguistics) – University of New York at Buffalo.

Fleck, D. *A Grammar of Matsés*. Houston, 2003. Thesis (Linguistics) – Rice University.

______. Body-part prefixes in Matsés: derivation or noun incorporation? Ijal 72 (1), 2006, pp. 59-96.

______. Evidentiality and double tense in Matses. *Language* 83 (3), 2007, pp. 589-614.

Gabas Junior, N. Evidenciais em Karo. In: Cabral, A. A.; Rodrigues, A. (orgs.). *Línguas indígenas brasileiras*: fonologia, gramática e história. Belém: ufpa, 2002, pp. 254-68.

Gómez, G. G. Noun classifiers in ethnobotanical terminology of a Yanomami language of Brazil. In: van der Voort, H.; van der Kerke, S. (eds.). *Indigenous Languages of Lowland South America*. The Netherlands: Universiteit Leiden, 2000, pp. 9-24.

Isa (instituto socioambiental). *Povos indígenas no Brasil: 2001/2005.* São Paulo: Instituto Socioambiental, 2006.

Jensen, C. Cross-referencing changes in some Tupí-Guaraní languages. In: Payne, D. (ed.). *Amazonian Linguistics*: Studies in Lowland South American Languages. Texas, Austin: University of Texas Press, 1990, pp. 117-58.

Kroeker, M. A descriptive grammar of Nambikuara. *ijal* 67 (1), 2001, pp. 1-87.

Loos, E. Pano. In: Dixon, R. M. W.; Aikhenvald, A. Y. (eds.). *The Amazonian Languages.* Cambridge: Cambridge University Press, 1999, pp. 226-50.

Lowe, I. Nambiquara. In: Dixon, R. M. W.; Aikhenvald, A. Y. (eds.). *The Amazonian Languages.* Cambridge: Cambridge University Press, 1999, pp. 269-91.

Martins, S. A. *Fonologia e Gramática da Língua Dâw.* The Netherlands, 2004. Tese (Doutorado em Linguística) – lot Publications.

Montag, R. Participant referencing in cashinahua. *SIL Electronic Working Papers* (13), 2005, pp. 1-9. Disponível em: <http://www.sil.org./silewp/2005//silewp2005-013pdf>. Acesso em: 10 jan. 2011.

Moore, D. A; Galúcio, A. V.; Gabas, Jr., N. Desafio de documentar e preservar línguas. *Scientific American Brasil,* 2008, vol 3, pp. 36-43.

Payne, D. *Amazonian Linguistics: studies in Lowland South American Languages.* Texas, Austin: University of Texas Press, 1990.

Praça, W. N. Considerações sobre a incorporação nominal em Tapirapé. In: Silva, D. E. G. (org.). *Atas do II Encontro Nacional do Grupo de Estudos da Linguagem do Centro-Oeste*: Integração Linguística, Étnica e Social. Brasília: UnB, 2004, pp. 1464-1470.

______. *Morfossintaxe da língua Tapirapé (Família Tupi-Guarani).* Brasília, 2007. Tese (Doutorado em Linguística) – Universidade de Brasília.

Rodrigues, Aryon Dall'Igna. *Línguas Brasileiras. Para o conhecimento das línguas indígenas.* São Paulo: Edições Loyola, 1986.

______. As línguas indígenas no Brasil. *Povos indígenas no Brasil: 2001-2005*. São Paulo: Instituto Socioambiental, 2006, pp. 59-63.

Ribeiro, E. R. *Morfologia do verbo Karajá*. Goiânia, 1996. Dissertação (Mestrado em Linguística) – Universidade Federal de Goiás.

______. Valence, Voice and Noun Incorporation in Karajá. In: The 27th Annual Meeting of the Berkeley Linguistic Society. *Proceedings from the 27th Annual Meeting of the Berkeley Linguistic Society* (General session and parassession on Gesture and Language). Berkeley: University of California, 2001, pp. 229-43.

Seki, L. A reduplicação em Kamaiurá. *Anais do VIII Encontro Nacional de Linguística*. Rio de Janeiro: puc, 1984, pp. 49-56.

______. *Gramática do Kamaiurá. Língua Tupi-Guarani do Alto Xingu*. Campinas: Imprensa Oficial/Ed. da Unicamp, 2000.

Stenzel, K. As categorias de evidencialidade em Wanano. *Liames* (6), 2006, pp. 7-28.

______. Evidentials and clause modality in Wanano. *Studies in Language*, 32 (2), 2008, pp. 405-45.

van der Voort, H. Reduplication of person markers in Kwaza. *Acta Linguistica Hafniensia* (35), 2003, pp. 65-94.

______. Reduplication and repetition of person markers in Guaporé isolates. *Morphology*, v. 19 (2), 2009, pp. 263-8.

Weir, E. M. H. Incorporation in Nadëb. In: Payne, D. *Amazonian Linguistics*: studies in Lowland South American Languages. Texas: Texas University Press, 1990, pp. 321-63.

Aspectos tipológicos do *switch-reference* em línguas da família Pano

Rogério Vicente Ferreira

Uma visão geral sobre as línguas Pano e o subgrupo Mayoruna

A família Pano é linguística e culturalmente uniforme (Shell, 1975; Erikson, 1992, 1994). Há registro na literatura sobre esta família desde o final do século XIX. Grasserie (1890) foi o primeiro a considerar o Pano como uma família linguística, apresentando sua classificação em um ensaio publicado em Berlim, em 1888. O autor inclui sete línguas em tal família linguística:

> De la famille linguistique Pano. Sept langues Américaines, le Pano, le Mayoruna Domestica, le Mayoruna Fera, le Maxuruna, le Caripuna, le Culino, le Conibo et le Pacavara forment une seule famille linguistique. (p. 438).

Assim, Grasserie estabeleceu uma primeira classificação para essa família. Em seu trabalho ele descreve a situação etnográfica e geográfica destes grupos, faz uma tabela lexical referente às partes do corpo, nomes de vegetais, adjetivos e nomes próprios, como também apresenta uma breve comparação fonético/

fonológica de sete línguas. Por fim, apresenta uma nota sobre a gramática Pano, que se constitui, na realidade, apenas de indicações sobre os pronomes e verbos. Contudo, é por meio daquele trabalho que se começa a enxergar tais grupos como membros da família linguística conhecida por Pano.

Atualmente, os grupos Pano ocupam os territórios oeste peruano, noroeste amazônico brasileiro e nordeste boliviano. Segundo Suaréz (1973), o grupo Pano pode fazer parte de um tronco linguístico, o qual denominou "Pano-Takana"; mas, há também outras propostas, como as elaboradas por Swadesh (1960) "Tacapano" e por Lathrap (1970) "Macro-Pano". Existe ainda alguma controvérsia com relação à classificação do Macro-Pano. Greenberg (1987) propõe um filo do tipo Ge-Pano-Carib, classificação discutida por Rodrigues (2000), argumentando que Greenberg chegou a essa classificação via meios quantitativos. No entanto, para Rodrigues, a melhor forma de se classificar uma língua é pelo meio qualitativo.

As línguas Pano estão organizadas de duas formas, uma por Loos (1999) e outra por Erikson (1994), sendo a diferença entre elas de quatro línguas. Há, ainda, outros diferentes subgrupos Pano propostos na literatura, dentre eles Shell (1975), Rhulen (1987) e Fabre (1998), Fleck (2003: 07).

Em Loos (1999) encontra-se a mais recente classificação dessa família.[1] No entanto, tal classificação apresenta alguns equívocos, como a inclusão de dois grupos que não pertencem à família Pano, a saber: o *Canamari*,[2] que consta dentro do subgrupo Capanawa, e o *Karipuna Br*,[3] que é classificado como "sem agrupamento". Um outro equívoco é com relação aos Culino Br. O autor argumenta que não há falantes da língua materna, informação também encontrada em Rodigues (1986): "Línguas Brasileiras". A esta lista acrescentamos mais dois grupos, os Matis e os Korubos. *O subgrupo Yaminawa*: Yaminawa 500 P, Br,[4] Amawaca 200P, Cashinawa/Honikoin 500P, Br, Sharanawa/Shanindawa/ Chandinawa/ Inonawa/ Marinawa 300 P, Yawanawa 200 Br, Chitonawa 35 Br, Yoranawa/Nawa/Parquenawa 200 P, Moronawa 300 Br, Mastanawa 100P. *O subgrupo Chacobo*: Chacobo, Arazaire ✝ P, Atsawaca ✝ P, Yamiaka ✝ P, Katukina/ Camannawa/ Waninnawa 300 Br, Pacawara 12 Bo. *O subgrupo Capanawa*: Capanawa/Pahenbakebo 400 P, Shipibo/ Conibo/ Xetebo 8000 P, Remo ✝ Br, Marubo 400 Br, Waripano ✝/Panobo/Pano P, Isconawa 30 P, Taveri/Matoinahã ✝ Br. *Línguas sem agrupamento*: Cashibo/Cacataibo/Comabo 100 P, Kulina[5] 35 Br, Kaxarari 100 Br, Korubos 17[6] Br, Matses/Mayoruna 2000 P, *400*[7] Br, *Matis 250 Br*, Nukimin ✝ *+/-136*[8] Br, Poyanawa ✝*137* Br, Tutxinawa ✝ Br.

Segundo Erikson (1994), o Matis faz parte de um subgrupo "Pano do Norte" ou "Mayoruna". Nesse grupo estariam inseridos o Matses, também conhecido como Mayoruna, o Korubo, o Maya[9] e o Kulina-Pano. A língua matses tem sido identificada como uma língua à parte dentro da família Pano, por Kneeland (1994). A língua matis mantém uma proximidade com a língua matses, estudada, entre outros, por Fleck (2003). A pesquisa de Ferreira (2001) demonstrou que a estrutura gramatical interna da língua Matis mantém uma distância significativa com as outras línguas da família Pano, como a língua Katukina (Pano), estudada por Aguiar (1988, 1994), a língua Poyanáwa, por Paula (1992, 2004), a língua Marubo, por Costa (1992, 2000) e a língua Caxinawa, por Camargo (1991).

A escolha do termo "Mayoruna" feita por Erikson como um subgrupo Pano não é aleatória, pois esse termo tem sido utilizado desde 1600 pelos missionários jesuítas e franciscanos, referindo-se àqueles índios instalados nas missões. Somente a partir de 1723 os missionários começaram a ir atrás dos Mayorunas e de outros grupos. Assim, entre 1750 e 1761, o P. Widman diz ter um total de 2713 prisioneiros, dentre eles 73 Mayorunas (Erikson, 1994). Entre 1800 e 1900 o termo "Mayoruna" foi utilizado indiscriminadamente como referência aos grupos indígenas que viviam entre o Rio Ucayali-Amazon e Ituí. Foi somente com a chegada dos missionários do *Summer Institute of Linguistics* (SIL) no século XX que o termo Mayoruna passou a referir-se aos Matses, pois os missionários fizeram uso do termo geral para determinar uma nação, visto que Matses era utilizado por outros grupos para se autodenominarem. Dessa forma, a adoção do nome Mayoruna para o grupo Matses iria distingui-los dos outros grupos Pano. Assim, devido a sua história, Erikson emprega esse termo para indicar as línguas que se agrupam ao subgrupo que propôs dentro da família Pano.

O sistema de *Switch-reference* em algumas línguas da família Pano

As línguas da família Pano compartilham algumas características sintáticas que se somam às semelhanças fonológicas e lexicais. Dentre estas podem-se destacar o sistema ergativo/absolutivo, marcas de evidencialidade e o sistema *Switch Reference* (SR). Aqui abordaremos somente o que se refere ao sistema SR.

Definição geral de *switch-reference*

Switch-reference "consiste simplesmente no fato que uma mudança/troca (switch) do sujeito ou agente é obrigatoriamente indicada em certas situações por um morfema, usualmente sufixado, que pode ou não necessitar de outros significados na adição" (Jacobson, 1967: 238). Estes sistemas são comuns nas línguas do mundo, sendo mais comum o tipo de sistema *reference-tracking* nas línguas da Nova Guiné, do oeste da Austrália, do nordeste da Ásia e norte e do sul da América; tal sistema é associado a línguas de verbos finais (Foley e Van Valin, 1984). Nas línguas, os morfemas que participam do sistema de *switch-reference* ocorrem com frequência nos verbos antecedentes a um sintagma nominal (SN).

Outra definição se encontra no livro *Switch-reference and Universal Grammar*, editado por Haiman e Munro (1983: 4). Segundo os autores, "*switch-reference* é uma categoria flexional do verbo, que indica se o sujeito é idêntico ou não ao sujeito de um outro verbo".

Maricopa
(1) a. Nyaa "- ashvar- k" iima- k
1 sg -SS -1 dançar –aspecto
"Eu cantei e dancei" (SS=mesmo-objeto)
b. Usan (Papua-Nova Guiné)
Ye nam su -ab isomei
Eu árvore cortar -SS Eu=querer=para baixo
"Eu cortei a árvore e (ela) caiu"

Como muitos outros fenômenos gramaticais, o *switch-reference* pode ser analisado de uma forma estrutural ou funcional. Funcionalmente, é um dispositivo para a *referencial-tracking* (localização referencial), como já dito anteriormente. Segundo Haiman e Munro (1983), esse sistema é aparentemente exótico pelo fato das correlações terem uma função particular (*referential-tracking*) com a estrutura (afixação verbal). Embora *switch-reference* seja marcado como afixos verbais na maioria das línguas do mundo, algumas poucas línguas possuem um morfema independente (cf. Jacobson). Em Pima, por exemplo, a marca SR não precisa ocorrer adjacente ao verbo (idem):

(2) a. Hegai "uuvi "a-t "am sohñi hegai ceoj **c** "am sosa
Aquela mulher 3-perf bater aquele homem **SS** chorar
"A mulher bateu no homem e ela chorou."

b. Hegai "uuvi "a-t "am sohñi hegai ceoj **ku-t** (hegai ceoj) "am sosa
Aquela mulher 3-perf bater aquele homem **DS-perf** aquele homem chorar
"Aquela mulher bateu no homem e ele (o homem) chorou."

Encontram-se três tipos característicos de *switch-reference* nas línguas do mundo:

Um sistema simples de SR ocorre quando há somente uma marca indicando que os referentes são os mesmos, como na língua Siroi.

Mesmo referente:

(3) Mbanduwaŋ ngur-mba buk-ng-ina
arco quebrar-DEP jogar-CONJ-3sgPST
"Ele quebrou e jogou fora o arco."

A marca de SR pode ocorrer afixada a um verbo ou de forma independente, como na língua Siroi, na qual o *ma* é uma conjunção que faz um *link* com os verbos independentes, mas que possui a função de referência.

Em um segundo estágio a SR ocorre com verbos dependentes, tanto com a mesma referência quanto com referência diferente. Em Barai, língua descrita por Olson (1981), verifica-se a ocorrência desse tipo de sistema:

(4) a. Bu ire i-**inu** vua kuae
3pl comida comer-SIM/**SR** falar (algo)
"Eles estavam comendo e falando."

b. Bu ire i-**ko** no vua kuae
3pl comida comer-SIM/**DR** 1pl falar (algo)
"Enquanto eles estavam comendo, nós estávamos falando."

Ainda neste estágio a *switch-reference* pode ocorrer da seguinte forma: o verbo dependente, com referentes diferentes, é afixado por um morfema que indica pessoa e número de seu pivô, enquanto o mesmo referente do verbo dependente não é flexionado dessa forma. Em uma língua de Papua-Nova Guiné (Franklin, 1983), há esse funcionamento:

(5) a. Ní réko **-a** ágaa lá -lo
1sg levantar -SEQ/**SR** fala(r) dizer -1sgPRES
"Eu me levantei e estou falando."

b. Ní réko **-no** ágaa lá -a
1sg levantar -1sg/**DR** fala(r) dizer -3sgPST
"Eu me levantei e ele falava."

O terceiro tipo de sistema de SR é o mais elaborado e normalmente ocorre nas línguas do leste da Highlands de Papua-Nova Guiné. Segundo Van Valin e Foley (1984), o padrão de verbos em cadeia (seriais) e o sistema de SR são extremamente proeminentes nestas línguas, tendo uma morfologia verbal bastante rica. Esse tipo de sistema ocorre nessas línguas como portmanteau. Em Kewa, por exemplo, os morfemas que atuam como SR são {a:},{uʔ} e {-isi}, e funcionam como o morfema que indica pessoa ou número. Quando os referentes são diferentes há uma complicação, funcionando o portmanteau. Vejamos o exemplo (6):

(6)

a.

Kana	-a:	-ki	-ta	a	-ka	-us	-e
Vir	-3SG.PRES/DIFF	-LINK	-1D1A	3SG.U	-ver	-1D1A	DECL

"Ele vem e nós dois o vemos."

b.

Kana	-u?	-ki	-na	a	-ka	-?ta	-y	-e
Vir	-2SGPST/DIFF	-LINK	-3D1A	3SGU	-ver	-PST	-3SGA	-DECL

"Você chegou e ele viu."

c.

Kana	-isi	-ki	-nisi	a	-ka	-?kubu	-a:s	-e
Vir	-3D1FUT/DIFF	-LINK	-2D1A	3SGU	-ver	-FUT	-2D1A	-DECL

"Eles (2) virão e você (2) irá vê-los."

O Sistema de *Switch-Reference* em algumas línguas da família Pano

Segundo Loos (1999), as línguas da família Pano possuem algumas características comuns, como a marcação de caso ergativo/absolutivo e o sistema *switch-reference*. Os sufixos marcam os verbos das subordinadas e indicam ao verbo principal qual é o tempo do verbo da subordinada relativa. O autor não dá maiores informações sobre esse sistema; assim, ficamos apenas com o quadro e exemplos que ele apresenta para a língua Capanawa.

MARCADORES DE SR NA LÍNGUA CAPANAWA (PERU)

Quadro 1 – Loos (1999: 238)

Função de argumento correferencial

	Sufixo verbal	Or. Subordinada	Or. Principal	Ação da oração Sub em relação à ação da oração principal
SR a	-aʃ	S	S	Before or same time
SR b	-ʃon	A/S	A	Before or same time
SR c	-ton	A/S	O	Same time
SR d	-aʔ	O/Oi	A/S	Before
SR e	-noʃon	A/S	A/S	Follows
SR f	-aʔbo	A/S	O	Follows
SR g	-ya	A/S differ		Before or same time
SR h	-non			Follows

(7) a. Hati/ibi hato yo/i-wɨ honan -a/bo
Tudo eles contar-Imp. Know -SR f
"Conte tudo a eles para que eles saibam."
b. mai kinti ki kobinha -ʔa bi ki Sɨniska -aʃ bɨʔmikɨʔt -i
barro panela em cozinha -**SR d** mas REP velha.tornar -**SR a** quebrar -PRES
"Quando alguém cozinha em uma panela de barro que é velha, ela quebra."

Verificamos, acima, quais são os sufixos que marcam a *SR* em Capanawa. Tais sufixos indicam se os sujeitos são idênticos ou distintos. É interessante observar no quadro de Loos que, além de indicarem as referências, esses sufixos evidenciam uma relação da identidade do sujeito com a ação, ou seja, se a ação é simultânea (por exemplo, "eu como e vejo televisão) ou sequencial (por exemplo, "eu como, depois tomo banho"). Essa característica é encontrada em outras línguas da família, como Amahuaca, Shipibo-Konibo, Matses e Matis.

LÍNGUA AMAHUACA (PERU)

Podemos verificar o funcionamento desses morfemas SR também na língua Amahuaca. No entanto, Sparing-Chávez (1998) opta por descrever tal sistema como um *interclausal reference system* (IRS). Para ela, o fato do sistema codificar transitividade e temporalidade ou relações lógicas entre os eventos não caracteriza um sistema típico de *Switch-Reference*, preferindo descrever para a língua Amahuaca como IRS. Vejamos a tabela a seguir:

Quadro 2 – Sparing-Chávez (1998: 464)

Referent	Cotrolling verb	sequence	Time lapse	nonsequence	Subsequent events/ puporse
SS Same subject	INT	-hax	-shinax -yantax -taix -nix	-hi	-catzi -xanhvi
	TR	-xon	-shinxon -yanxon -tixon -nixon	-quin	-xanhquin
DS Different subject	SING	-cun	-shicun -yancun -tain -nicun	-hain	-non
	PL	-havan	-shinavaun -yantavaun -tivan -nivan	-haivaun	-novo/-nonvo
SO Subject is coreferential with object		-xo	-shinxo -yanxo -tixo -nixo	-haito	

(8) a. Yantan horo **-hax** -mun jatzanamu -u -yama -shin -cu -hnu
Tarde cultivar **-SQ(SS)INT** tornarse.cansado -REFL. -NEG -1-3dias.ir -1PAST -DECL
"Embora eu tenha trabalhado/cultivado até tarde, eu não fiquei cansado."

b. Pucallpa -n ca **-shinnax** -mun hun jo -ha -nu
Pucallpa -LOC ir -1-3dias.atrásSQ(SS)INT -TH eu vir -1IMM.PAS -DECL
"Tendo ido para Pucallpa ontem, eu já retornei."

c. Chaii nihiii ca **-xon** yohinna há -ti -mun -hnu
Floresta ir -SQ(SS) jogar jogo matar -poder -TH -DECL
"Tendo ido longe, alguém pode encontrar/matar o jogo."

d. Moha jiri **-havan** -mun jan jo -qui -hnu
Agora comer -SQ(DS.PL)-TH ele vir -3IMM.PAST -DECL
"Agora que eles já tinham comido, ele chegou."

LÍNGUA SHIPIBO-KONIBO (PERU)

A descrição mais completa sobre a língua Shipibo-Konibo (SK) foi feita por Valenzuela (2003), em seu trabalho de doutorado: "Transitivity in Shipibo-Konibo Grammar". A autora descreve, no capítulo 9, o sistema de *switch-reference* e o encadeamento de sentenças. Na tabela da página seguinte estão os marcadores de SR na língua SK.

Quadro 3 – Valenzuela (2003: 425)

Evento da oração dependente	Oração principal	Sujeitos Correferencial	Sujeitos Não correferencial	O>S/A
Anterior ao evento da oração principal	intransitivo neutro transitivo	*-ax* *-ta(a)nan* *-xon*	*-ke-n, -ke-tian*	*-a*
Simultâneo	intransitivo neutro transitivo	*-i* *-anan* *-kin*	*-ain, -ai-tian, -nontian*	
Subsequente	intransitivo neutro transitivo	*-nox* *-no(n)xon*	*-non*	

As línguas da família Pano têm sido descritas como apresentando um tipo complexo de *Switch-Reference.*Aquelas descritas acima fazem parte dos grupos Yaminawa (Amahuaca) e Capanawa (Capanawa e Shipibo-Konibo). A seguir apresentamos dados de algumas línguas que fazem parte do grupo que está sendo proposto como Mayoruna.

Alguns morfemas de SR são muito parecidos em todas essas línguas, mas alguns se distinguem, o que pode colaborar para caracterizar o subgrupo Mayoruna. Além disso, há diferenças também entre as línguas Matses (Matis) e Matses (Mayoruna), o que também colabora com a minha afirmação de que essas são línguas distintas, e não dialetos de uma mesma língua.

OS MORFEMAS DE *SWITCH-REFERENCE* NA LÍNGUA MATIS

Os marcadores de referência em Matis são formados, como em outras línguas da família Pano até aqui apresentadas, por um sistema bastante elaborado. São controlados segundo o A, S e/ou O (neste caso, sujeitos distintos) da subordinada. Os morfemas de SR indicam tanto a referência com o mesmo sujeito da oração subordinada quanto concordam com a transitividade verbal.

Os marcadores de referência em Matis são formados, como nas outras línguas da família Pano, por um sistema de *Switch-reference* complexo. São controlados segundo A, S e/ou O da subordinada. Os morfemas de SR podem tanto indicar a referência com o mesmo sujeito da oração subordinada ou com sujeitos distintos como concordar com o tipo de argumento.

Alguns morfemas que funcionam como marcadores de SR na língua Matis são homófonos, como {-şun} (cf. quadro 04), pois apresentamos sua ocorrência no nome, no advérbio e no quantitativo, que pode funcionar como benefactivo (9a), como marcador de "concordância com a transitividade" nos advérbios ou, ainda, como sufixo nos numerais em sintagmas nominais (9c).

(9) a.				**V**			
Rogeru	-n	dadawa	-te	ɨbi	**bed--şun**	-bo	-ş
Rogério-erg.		escrever	-instr.nzr.	1sg.abs.	comprar- -benef.	-pass.n.rec.	-3

"O Rogério comprou caderno para mim."

Adv.

b. | sedke- | **-şun** | nuki | atşuwɨş | -şun | sote | tʃi- | -e | -k |
|---|---|---|---|---|---|---|---|---|
| amanhã | -conc.A. | 1+2 | todos | -erg | pulseira | tirar- | -n.pass. | -decl. |

"Amanhã, todos irão tirar a pulseira."

Número

c. | puikun | **-ɨn** | dabɨdpa | **-şun** | pisi | -∅ | tʃe- | -a | -ş |
|---|---|---|---|---|---|---|---|---|
| urubu | -erg. | 2 | -erg. | coisa podre | -abs. | engolir | -pass.rec. | -3.exp. |

"Dois urubus estão comendo coisa podre."

Os marcadores de sujeitos idênticos (SI) nas orações complexas codificam a identidade dos sujeitos – se é um S ou um A – e ocorrem nos verbos da subordinada, enquanto os marcadores de sujeitos distintos (SD) codificam que em uma sentença o argumento O é o mesmo argumento A/S da outra sentença. Outra função de alguns marcadores de *switch-reference* é indicar que os argumentos A/S/O das orações são distintos.

Com relação às marcas aspectuais, temporais e modais, elas sempre ocorrerão no verbo da matriz e o argumento desse verbo (A/S/O) determinará a marca SR que se afixará ao verbo da subordinada.

Quadro 4 – Morfemas de *switch-reference* da língua Matis

Morfemas	Significados		O. Subordinada e o tipo de argumento	O. Principal e o tipo de argumento
-aş	sequencial	depois que	A/S	S
-şun	sequencial	depois que	A/S	A
-ek	simultâneo	enquanto que, durante, quando, ao mesmo tempo que...	A/S	S
-kin	simultâneo	enquanto que, durante, quando, ao mesmo tempo que...	A/S	A
-nun	propósito	antes de, com propósito de	A/S	A
-nuş	propósito	antes de, com propósito de	A/S	S
-ek	propósito	com propósito de	A/S	S
-şo	simultâneo	durante, enquanto	O	A/S
-ak	sequencial	quanto	A/S	O
-nu	simultâneo	enquanto	A/S ≠	A/S
-an	sequencial	depois de	A/S ≠	A/S
-en	propósito	causa	A/S	S

Marcadores de Sujeitos Idênticos em eventos sequenciais

Os morfemas que ocorrem em eventos sequenciais e marcam sujeitos idênticos são {-aş} e {-şun} "depois que", "primeiro". Nos exemplos (10) e (11), podemos verificar claramente o uso desses morfemas nas orações em que se nota uma relação entre os argumentos A ou S.

a) Morfema {-aş}

O morfema {-aş} sufixa-se ao verbo da subordinada e seu argumento é apagado, como podemos verificar no esquema 1. Assim, o argumento do verbo da matriz determina o morfema de SR. O morfema {-aş} indica que os sujeitos das orações são os mesmos, mas que o argumento da oração principal é S, como é demonstrado abaixo:

Sequencial A/S > S[10]
subordinada > matriz

S_i 〉V.intr.	(A/S$_{(i)}$V{**-aş**} (ação precedente))

Esquema 1

(10)

S	(A)	O		V	
a.[ɨbi$_{(i)}$	[Ø$_{(i)}$	tʃawa	-Ø	pe-	**-aş**]$_{sub}$
1 + 3	(1sg.erg.)	queixada	-abs.	comer-	-seq.A/S>S

V			
uş-	-to	-bo	-k]$_{matriz}$
dormir-	-desl.	-pass.n.rec.	-1/2:decl.

"Nós fomos dormir, depois que terminei de comer queixada."

S	(S)	V				
b.[Makɨ -Ø$_{(i)}$	[Ø$_{(i)}$	nes-	**-aş**]$_{sub.}$	uş-	-e	-k]$_{matriz}$
Makɨ-abs.	(Makɨ-Ø)	banhar-	-seq.A/S>S	dormir-	-n.pass.	-decl.

"Makɨ dorme depois que banha."

S		(A)	V	
c.[[mibi$_{(i)}$	[punkin -kin	Ø$_{(i)}$	pe-	**-aş**]$_{sub.}$
2sg.abs.	primeiro -conc.tr.	(2sg.erg.)	comer-	-seq.A/S>S

(S)	V		(S)	V	
[$Ø_{(i)}$	kuan	**-aş** $]_{sub.}$ $Ø_{(i)}$	ne-	**-aş** $]_{sub.}$	
(2sg.abs.)	ir	- seq.A/S>S	(2sg.abs.)	banhar-	- seq.A/S>S

V		
uş-	-tan	-ta$]]_{matriz}$
dormir-	-desl.ir.	-imp.afirm.

"Primeiro você comer, depois vai tomar banho e depois vá dormir!"

b) Morfema {-şun}

O morfema {-şun}, semelhantemente a {-aş}, ocorre somente em orações sequenciais. O que determina a sua presença no verbo da oração subordinada é o fato de a oração principal ter um argumento A.

Sequencial A/S > A
subordinada > matriz

$A_{(i)}$ 〉 V.tr. [$(A/S)_{(i)}$ O V{**-şun**}(ação precedente)]

Esquema 2

(11)

	A	(S)	V			O	
a.	[Makɨ -$n_{(i)}$	[$Ø_{(i)}$	nes-	**-şun**	$]_{sub.}$	atsa	-Ø
	Makɨ-erg.	Makɨ-Ø	banhar--seq.A/S>A			mandioca	-abs.

V.tr.		
kodoka-	-a	-ş$]_{matriz}$
cozinhar-	-pass.rec.	-3.exp.

"Makɨ tomou banho e depois cozinhou mandioca."

	A	A	V			O	V		
b.	[ɨnbi$_{(i)}$	[$Ø_{(i)}$	pe-	**-şun**	$]_{sub.}$	maɨ	dɨd-	-e	-k$]_{matriz}$
	1sg.erg.	1sg.erg.	comer-	-seq.A/S>A		roça	cortar-	-n.pass.	-decl.

"Eu derrubarei a roça depois que comer."

	S	O		V		A	V		
c.	[$Ø_{(i)}$	kanpuk	-ɨn	tɨktʃimɨd[11]-**-şun** $]_{sub.\ z}$		ɨnbi$_{(i)}$	uk-	-a	-k$]_{matri}$
	(1sg.abs.)	veneno	-linstr.	colocar-	-seq.A/S>A	1sg.erg.	vomitar-	-pass.rec.	-decl.

"Depois de deixar-me colocar veneno na pele, eu vomitei."

Marcadores de sujeitos idênticos em eventos simultâneos

Os morfemas {-ek} e {-kin}, semelhantemente aos morfemas {-aş} e {-şun}, também indicam sujeitos idênticos e são determinados de acordo com o tipo de argumento exigido pelo verbo da oração principal (A ou S). A diferença entre esses pares de morfemas é que os morfemas {-ek} e {-kin} ocorrem somente em eventos simultâneos. Valenzuela (2003) e Sparing-Cháves (1998) descrevem morfemas semelhantes para o Shipibo-Konibo e o Amahuaca, respectivamente, como participantes de eventos simultâneos. Já em Matsés, Fleck (2003a) os trata como tendo significados básicos de "while" e seus significados estendidos como "reason, circunstancial, condicional e concessive, additive".

Apesar das diferenças de tratamento nestas línguas, os autores são unânimes em afirmar que a transitividade é fundamental para a seleção de um ou de outro morfema. Em Matis, os morfemas SRS variam segundo o tipo de argumento (A ou S).

a) Morfema {-ek}

O morfema {-ek} se sufixará em verbos intransitivos e transitivos. Porém, só ocorre se o argumento da oração principal for S, ou seja, argumento marcado pelo caso absolutivo. Da mesma forma como ocorre com os morfemas anteriores, o argumento da segunda oração é apagado pelo fato de o morfema SR indicar que trata-se de sujeitos idênticos.

Simultâneo A/S > S
subordinada > matriz

$S_{(i)}$ 〉 V.intr.	$(A/S)_{(i)}$ O V{**-ek**}(ação realizada simultaneamente)

Esquema 3

(12)

	S		A		O		V			V	
a.	[Makɨ		-Ø$_{(i)}$		[Ø$_{(i)}$	TV	-Ø	is-	-**ek**]$_{sub.}$	den-	-kid]$_{matriz}$
	Makɨ		-abs.(Makɨ)			TV	-abs.	ver-	-simult.A/S>S	rir-	-hab.

"O Makɨ sempre ri enquanto vê televisão."

	A	A	O		V		V	
b.	[[Ø$_{(i)}$	[Ø$_{(j)}$	atsa	-Ø	nokoşka-	-şo]$_{sub.}$	is-	-**ek**]$_{sub.}$
	(1sg.erg.)	(2sg.erg.)	mandioca	-abs.	ralar-	-O>A/S	ver-	-simult.A/S>S

S	V		
ɨbi$_{(i)}$	tʃo-	-a	-k]$_{matriz}$
1sg.abs.	vir-	-pass.rec.	-decl.

"Eu vim ver (você) enquanto (você) descascava mandioca."

	S	S	V		V		
b.	[ɨbi$_{(i)}$	[Ø$_{(i)}$	noman-	-**ek**]$_{sub.}$	munud-	-e	-k]$_{matriz}$
	1sg.abs.	(1sg.abs.)	cantar-	-simult.A/S>S	dançar-	-n.pass.	-decl.

"Eu danço enquanto canto."

b) Morfema {-kin}

O morfema {-kin} ocorre em referência ao argumento A, isto é, o argumento marcado pelo caso ergativo. Sua presença se dá somente em orações nas quais os eventos são simultâneos. Semanticamente podem ser interpretados em eventos que envolvem razão, circunstância, condição, adição e concessão.

Simultâneo A/S > **A**

subordinada > matriz

A$_{(i)}$〉 V.tr.	(A/S)$_{(i)}$ O V{**-kin**}(ação realizada simultaneamente)

Esquema 4

(13)

A A O V O
a. [ɨnbi(i) [Ø(i) tsitonkete -Ø bed- **-kin**]$_{sub.}$wa -dapa -Ø
1sg.erg. (1sg.erg.) calça -abs. pegar- -simult.A/S>A escorpião -enf. -abs.

V
is- -a -k]$_{matriz}$
ver- -pass.rec. -decl.
"Eu vi o escorpião quando peguei a calça."

A S V V
b. [ɨnbi(i) [Ø(i) dadawa **-kin**]$_{sub.}$ punkin -e -k]$_{matriz}$
1sg.erg. (1sg.erg.) escrever -simult.A/S>A começar -n.pass. -decl.
"Eu começo a escrever."

A S V O V
c. [Iba -n(i) [Ø(i) tʂonoad **-kin**]$_{sub.}$ dinhero -Ø bed- -a -ʂ]$_{matriz}$
Iba-erg. (Iba)trabalhar- -simult.A/S>S dinheiro -abs. pegar- -pass.rec. -3.exp.
"Iba pegou o dinheiro enquanto trabalhava."

Nos exemplos a seguir, verifica-se o contraste entre os eventos simultâneos e as correlações entre os tipos de verbo. Em 14 (a) e (b), pode-se verificar os morfemas que se correlacionam com verbos transitivos e, em (c) e (d), os que se relacionam com verbos intransitivos. No entanto, (a) e (c) são eventos sequenciais e (b) e (d) são eventos simultâneos.

(14) {-ʂun} e {-aʂ} (eventos não simultâneos), {-ek} e {-kin} (eventos simultâneos).

a.ɨnbi tʂonoad- **-ʂun** pe- -e -k
1sg.erg. trabalhar -seq.A/S>A comer -n.pass. -decl.
"Eu traballho depois que como."

} Sujeitos Idênticos, verbo matriz transitivo, verbo da subordinada intransitivo e evento sequencial.

b.ɨnbi tʂonoad- **-kin** waka -Ø ak- -e -k
1sg.erg. trabalhar -simult.A/S>A água -abs. beber- -n.pass. -decl.
"Eu bebo água enquanto trabalho."

} Sujeitos Idênticos, verbo matriz transitivo, verbo da subordinada intransitivo e evento simultâneo.

c. iba -Ø tʂonoad- **-aʂ** nes- -e -k
Iba--abs. trabalhar- -seq.A/S>S banhar- -n.pass. -decl.
"O Iba trabalha depois que banha."

} Sujeitos Idênticos, verbo matriz intransitivo, verbo da subordinada intransitivo e evento sequencial.

d.ɨbi tʂonoad- **-ek** pekas- -e -k
1sg.abs. trabalhar- -simult.A/S>S ter.fome- - n.pass. -decl.
"Enquanto eu trabalho tenho fome."

} Sujeitos Idênticos, verbo matriz intransitivo, verbo da subordinada intransitivo e evento simultâneo.

Marcadores de sujeitos idênticos em eventos seguidos indicando propósito

Existem três morfemas que marcam sujeitos idênticos em eventos seguidos, indicando propósito: {-nun}, {-nuʃ} e {-ek}. {-nun} e {-nuʂ} são semelhantes aos de outras línguas da mesma família, como Amahuaca {-non} e {-novo}, Shipibo-Konibo {-nox} e {-noxon} e Matsés {-nush} e {-nun}.

Os sufixos {-nun} "prop.A/S>A" e {-nuʂ} "prop.A/S>S" indicam sujeitos idênticos e expressam propósito: "antes de X ocorre Y". É possível postular que o morfema base é {-nu} e que {-ʂ} e {-n} marcam o tipo de argumento, respectivamente, **S** e **A**. Todavia, como há vários casos de cristalização na língua, também é possível que sincronicamente esses morfemas estejam cristalizados na forma de {-nuʂ} e {-nun}.

(15) Morfema {-nun}

(A) O V
a. [[(Ø) Makɨ -Ø dadawa -me **-nun**]$_{sub.}$
(1sg.erg) Makɨ -abs. escrever -caus. -prop.A/S>A

A V
ɨnbi pe- -e -k]$_{matiz}$
1sg.erg. comer- -n.pass. -decl.
"Antes de (eu) ensinar o Makɨ eu vou comer."

(A) V A O
b. [[(Ø) pe- **-nun**]$_{sub.}$ ɨnbi takada -Ø
(1sg.erg.) comer- -prop.A/S>A 1sg.erg. galinha -abs.

V
tʃe -me- -e -k]$_{matriz}$
engolir -caus. -n.pass. -decl.
"Antes eu alimento a galinha, depois (eu) como ela."

a) O morfema {-nuş} indica propósito e só ocorre quando o argumento do verbo da sentença matriz for A, enquanto na subordinada pode ser tanto A quanto S.

(16)
(S) V A V
a. [[(Ø) kuan **-nuş**]$_{sub.}$ ɨbi kapo- -e -k]$_{matriz}$
(1sg.abs.) ir -prop.A/S>S 1sg.abs. caçar- -n.pass. -decl.
"Antes eu vou caçar depois viajarei."

A O V S V
b. [[mikui bola -Ø seka- **-nuş**]$_{sub.}$ ɨbɨd tşonoad- -e -k]$_{matriz}$
2pl. bola -abs. jogar- -prop.A/S>S 1sg.com.S trabalhar- -n.pass. -decl.
"Antes de vocês jogarem bola, trabalharão comigo."

b) Outro morfema que indica propósito é {-ek}. Como vimos anteriormente, ele marca eventos simultâneos, significando "enquanto". Verificamos, aqui, que sua função não é mais marcar sujeitos idênticos em orações simultâneas, mas em orações que expressam propósito. Ele se diferencia dos morfemas {-nun} e {-nuş}, pois, sempre que houver encadeamento de orações em que haja verbo de movimento e este preceder a ação seguinte, o verbo é sufixado por {-ek}: [V-ekV de moção].

(17) [[Ø maɨ dɨd- **-ek**]$_{sub.}$ (Ø) kuan- -a -ş]$_{matriz}$
roça cortar- -prop.A/S>S (ele) ir- -pass.rec. -3.exp.
"Ele foi para roça roçar."

Nos exemplos abaixo, verificamos a diferença do uso do morfema {-ek}: em (a) expressa propósito e em (b) marca eventos simultâneos.

(18)
a. [papi -bo$_{(i)}$ -Ø [Ø$_{(i)}$ pe- -doko **-ek**]$_{sub.}$ tʃo--tʃo -e -k]$_{matriz}$
rapaz -col. -abs. (eles) comer- -pl. **-prop. A/S>S**vir- -pl. -n.pass. -decl.
"Os rapazes chegam para comer."

b. [papi -bo$_{(i)}$ -Ø [Ø$_{(i)}$ pe- -doko **-ek**]$_{sub.}$ tʃo- -tʃo -e -k]$_{matriz}$
rapaz -col. -abs. (eles) comer- -pl. **-simult.A/S>S** vir- -pl. -n.pass. -decl.
"Os rapazes vieram comendo."

Marcadores de sujeitos distintos em eventos simultâneos

Com relação aos morfemas que marcam a correferencialidade com sujeitos distintos, há uma morfologia semelhante entre as línguas Amahuaca e Shipibo-Konibo e uma morfologia semelhante entre as línguas Matsés e Matis.

Em Shipibo-Konibo, os morfemas que indicam sujeitos distintos para eventos simultâneos são {-ai} e {-ke}, sendo que {-ai} é controlado pelo verbo intransitivo e {-ke} pelo verbo transitivo (Valenzuela, 2003: 418). Em Amahuaca, esses mesmos tipos de evento elegem os morfemas {-hain} "DS.SG"[12] e {hai-vaun} "DS.PL", mas, diferentemente do Shipibo-Konibo, eles não fazem distinção quanto à transitividade (Sparing-Chávez, 1998: 461).

As línguas Matsés e Matis possuem morfemas semelhantes, respectivamente, {nuc} e {-nu}. Verificamos, assim, mais uma vez uma aproximação entre a morfologia dessas duas línguas.

Argumentos distintos em eventos simultâneos

O morfema {-nu} "simult.sd. (A/S≠A/S)" marca que os argumentos da próxima oração são diferentes tanto para A quanto para S. Isso acontece quando os dois eventos ocorrem exatamente no mesmo intervalo de tempo ou quando um se realiza num intervalo de tempo e intersecta o intervalo de tempo do outro evento. Esse morfema não distingue o tipo de verbo ao qual se sufixa, como também não é controlado com respeito ao tipo de argumento, diferentemente dos morfemas anteriormente apresentados. As sentenças com a marcação do morfema {nu} ocorrerão sempre precedendo aquela que não possui marcação de SR.

(19)

$A_{(i)}$	V		$A_{(j)}$	V	
a.ɨnbi	dadawa-	**-nu**	minbi	kodoka-	-ta]
1sg.erg.	escrever-	-simult.sd.	2sg.erg.	cozinhar-	-imp.afirm.

"Você, cozinhe! Enquanto eu escrevo."

$A_{(i)}$	V		$A_{(j)}$		V		
b.ɨbi	tʂonoad-	**-nu**	Iba	-Ø	uʂ-	-e	-k
1sg.abs	trabalhar	-simult.sd.	Iba	-abs.	dormir-	-n.pass.	-decl

"O Iba dorme, enquanto eu trabalho."

$A_{(i)}$ O V
c. marubo -n tʃawa -Ø tonka- **-nu**
Marubo-erg. queixada -abs. matar c/ arma- -simult.sd.

$S_{(J)}$ V
Bina -Ø kuan- -bo -ş
Bina-abs. viajar- -pass.rec. -3.exp.
"O Marubo queria matar o porco, enquanto o Bina viajava."

Sujeitos distintos em eventos sequenciais

a) {-an}: marcador de sujeitos distintos

O morfema {-an} "sequencial sujeitos distintos" (A/S≠A/S) também indica sujeitos diferentes em sentenças sequenciais. A sua função é semelhante à que ocorre na língua Matsés. No entanto, não posso afirmar que este morfema indica inferencialidade, como afirma Fleck (2003a: 1099) para a língua Matsés. Segundo o autor, há dois morfemas: {-an} "After: Different Referents: Inferencial" e {-bon} "after: Differente Referents: Experencial".

Em Matis, o morfema {-bo} "sujeitos distintos" funciona semelhantemente a {bon} do Matsés. Porém, não é possível afirmar que ele apresenta uma função experencial, além de assinalar a não referência. Os dados de que dispomos sobre esse morfema foram retirados de um texto que relata a viagem de um rapaz à aldeia Yanomami. Assim, é possível que o morfema {-bo} esteja indicando experiencialidade, ao ser usado no lugar de {-an}. Contudo, isto ainda é especulativo.

(20)
$S_{(i)}$ V $A_{(j)}$ $A_{(j)}$
aɨbi uş- **-an** Vitoria -bɨtan Gabrieu -n
1sg.abs. dormir- -seq.sd. Vitória -com.A Gabriel -erg.

V
pe- -bo -ş
comer- -pass.rec. -3.exp.
"Primeiro fui dormir, depois a Vitória e o Gabriel comeram."

$S_{(i)}$ V S_{2}
b. mibi punkin -mɨdek kuan **-an** tʃitʃin ɨbi
2sg.abs. primeiro -conc.S ir -seq.sd. depois 1sg.abs.

V
kuan -e -k
ir -n.pass. -decl.
"Você vai, depois eu vou."

$A_{(i)}$ V Loc.
c. atşuwɨş -in nuki is- -bonda -wa gradientʃi -no
todos -Inclusivo 1+2 ver- -pass.n.rec. -part.disc. gradiente -loc.

($A_{(j)}$) O V $A_{(i)}$
ah... (eles) gravado ʃe- -akno **-bo** nuki is--bonda -wa
Interj.(Ø) gravador fazer- -mesmo lugar -sd. 1+2 ver--pass.n.rec. -reit.

(A_2) O V
(Ø) moto-Ø ʃe- -akno **-bo**
(Ø) motor-abs. fazer- -mesmo lugar -sd.
"Todos nós fomos ver (os brancos) montar gravador e motor, no mesmo lugar."

Por meio dos exemplos abaixo, podemos verificar as diferenças de correlações temporais em que ocorrem os morfemas **{-nu}** e **{-an}**:

(21)
$A_{(i)}$ V $S_{(j)}$
a.ɨnbi punkin -kin pe- **-an** Vitoria -Ø
1sg.erg. primeiro -conc.A comer- -seq.sd. Vitória-abs.

V
kuan- -e -k
viajar- -n.pass. -decl.
"Primeiro eu vou comer, depois a Vitória viajará."

$A_{(i)}$ V $S_{(j)}$ V
b.ɨnbi pe- **-nu** Vitória -Ø kuan- -e -k
1sg.erg. comer -simult.sd. Vitória-abs. viajar- -n.pass. -decl.
"Enquanto eu como, a Vitória sai/viaja."

b) {-şo} como marcador de sujeito correferencial com o objeto em sentenças simultâneas

Em Matis, o morfema {-şo} indica sujeitos distintos, diferentemente dos morfemas apresentados anteriormente (cf. 2.2.4.4.2). A correferencialidade do morfema {-ʂo} "A/S > O" é de objeto da oração matriz para com o sujeito da subordinada.

No exemplo a seguir, o item wapa "cachorro" na oração matriz está em função de objeto, enquanto na subordinada está na posição de sujeito: "[ɨnbi Ø isak [wapantʃawa peʂo]$_{sub}$]$_{matriz}$" "Eu vi Ø(i) o cachorro(i) comendo porco". Uma questão que pode ser levantada é se o item wapa "cachorro" faz parte da matriz ou da subordinada. A marcação de caso ergativo pode ajudar a esclarecer esta questão.

Consideremos a construção [N-erg V [N-erg O V]$_{sub}$]$_{matriz}$ (cf. 22(a)). Se *wapa* "cachorro" fizesse parte da matriz, ele precisaria estar marcado pelo absolutivo (Ø), o que não acontece aqui. Ele vem marcado pelo caso ergativo {-n}, o que indica que é agente (A), diferentemente do que ocorre no exemplo 22 (b), no qual o item *papi* "rapaz" é marcado pelo absolutivo (Ø), o que indica que ele está na função de sujeito (S).

Uma outra característica no uso do morfema {-ʂo} é que ele ocorre em eventos simultâneos. Para eventos sequenciais de mesma função emprega-se o morfema {-ak}, como veremos na próxima seção.

(22)

A	(O$_{(j)}$)	V			A$_{(j)}$		O			V	
a. [ɨnbi	(Ø)	is-	-a	-k]$_{matriz}$	[wapa	-n	nami	-da	-Ø	pe-	**-ʂo**]$_{sub.}$
1sg.erg.	(Ø)ver-	-pass.rec.		-decl.	cachorro	-erg.	carne	-enf.	-abs	comer-	-A/S>O

"Eu vi o cachorro comendo carne." [Eu vi (o cachorro$_{(j)}$), o cachorro$_{(j)}$ comendo carne.]

A	(O$_{(j)}$)V			S$_{(j)}$		V	
b. [ɨnbi	(Ø)	is- -a	-k]$_{matriz}$	[papi	-Ø	nes	**-ʂo**]$_{sub.}$
1sg.erg.	(ele)ver-	-pass.rec.	-decl.	rapaz	-abs.	banhar	- A/S>O

"Eu vi o rapaz tomando banho." [Eu vi (o rapaz$_{(j)}$), o rapaz$_{(j)}$ tomando banho.]

A	(O$_{(j)}$)	A$_{(j)}$		V		V		
c. [ɨnbi	(Ø)	[Bina	-n	tanawame-	**-ʂo**]$_{sub.}$	is-	-a	-k]$_{matriz}$
1sg.erg.	(Bina)	Bina-erg.		ensinar-	- A/S>O	ver-	-pass.rec.	-decl.

"Eu vi o Bina ensinando."

Os exemplos a seguir apresentam duas correferências que indicam quem é o agente e quem é o paciente, o que depende da sufixação dos morfemas {kin} e {ʂo}. O morfema {kin}, como já vimos anteriormente, indica sujeitos idênticos em eventos simultâneos, enquanto {-ʂo} indica sujeitos diferentes e faz correlação objeto da matriz com o sujeito da subordinada, também para eventos simultâneos. Com isso, dependendo do morfema que o verbo da oração subordinada receber, é possível saber quem é o Agente e quem é o Paciente. Exemplos:

(23)

A O$_{(j)}$ (A$_{)}$ (O$_{(j)}$) V
a. [[buntak -ɨn awad -Ø [Ø Ø taɨbowan- **-kin**]$_{sub.}$
rapaz -erg. anta -abs. (ele) (ela) rastrear- -simult.A/S>A

V
tonka- -a -ş]$_{matriz}$
atirar c/arma- -pass.rec. -3.exp.
"O rapaz foi atrás da anta e ele a matou."

A O$_{(j)}$ V
b. [[buntak -ɨn kamun -Ø dukabowan- **-şo**$_{(i)}$]$_{sub.}$
rapaz -erg. onça -abs. rastrear- -O>A/S

(A$_{(j)}$) (O) V
(Ø) (Ø) ak- -a -ş]$_{matriz}$
(ela) (ele) matar- -pass.rec. -3.exp.
"O rapaz foi atrás da onça e ela o matou."

c) {-ak} marcador de sujeitos diferentes (O>A/S) em eventos sequenciais

Os morfemas {-ak} em Matis indicam sujeitos distintos (SD) e marcam correferência com o objeto (O) da subordinada. {-ak} ocorre nas orações que expressam eventos em sequência.

(24)

(A$_{(i)}$) O$_{(j)}$ V (S$_{(j)}$)
a. [(Ø) Bina -n tsadi -Ø abeso- **-ak** (Ø)
(ele) Bina -poss. milho -abs. espalhar- -seq.O>A/S (milho)

V
tşodke- -a -ş
estragar- -pass.rec. -3.exp.
"(Ele) espalhou o milho do Bina$_{(i)}$ e Ø$_{(i)}$ estragou."

A$_{(i)}$ O$_{(j)}$ V
b. Bina -n tsadi -Ø abeso **-ak**
Bina-erg. milho -abs. espalhar -seq.O>A/S

$S_{(j)}$
$Ø_{(j)}$ -Ø tʂodke- -a -ʂ
milho -abs. estragar- -pass.rec. -3.exp.
"Bina espalhou o milho$_{(j)}$ e (ele$_{(j)}$) estragou."

d) {-en} morfema adverbial de causa

O morfema {-en} ocorre em sentenças em que haja causalidade, sendo que X é uma causa e Y uma consequência. Ele ocorre junto à informação nova, o X. Quanto à correferencialidade, a presença desse morfema é neutra.

Apesar de não considerar esse morfema como um marcador de *switch-reference* em Matis, decidi colocá-lo neste trabalho porque um morfema semelhante tem sido considerado na língua Matsés como um dos sufixos que adverbializam e que codificam a relação temporal com "while" para A/S>S (Fleck, 2003a: 1086). Nos exemplos abaixo, verificamos que em Matis o seu uso específico é com sentenças que indicam uma causa.

(25) Matsés (Fleck, 2003a: 1080)
podqued- -ua **-en** shëctenamë -n pe -quid
caminho -Vzr:make -enquanto:A/S>A enquanto.queixada -Erg comer -Hab
"As queixadas deixam seu caminho conforme elas se alimentam."

(26) Matis
a. nuki soben- **-en** Bina -Ø uʂ- -ama
1+2 conversar--adv.causaBina -abs. dormir- -neg.pass.
"O Bina não dormiu, porque nós conversávamos."

b. pusa -wa[13] -an p- **-en** ɨnbi pe- -ama
estômago -vbzr. -antipass. coment.- -adv.causa 1sg.erg. comer- -neg.pass.
"Eu não comi, porque meu estômago está ruim."

Considerações finais

Este trabalho teve como objetivo descrever, de forma simplificada, o funcionamento do sistema *switch-reference* na língua Matis em comparação às outras línguas da família Pano (Amahuaca, Shipibo-Konibo, Capanaua e Matses). Uma de nossas preocupações foi verificar a semelhança do funcionamento dos morfemas da língua Matis com a língua Matses, pelo fato de ambas estarem dentro de um mesmo subgrupo dessa família.

O sistema SR dessa família é bastante diferenciado. Seus morfemas são do tipo *portmanteau* e apresentam grande complexidade. Sendo assim, cada autor analisou de forma diferente o funcionamento desses sistemas, porém, em todos os casos a relação e o funcionamento descritos apresentam pontos em comum.

Spring-Chávez (1998) descreveu esse sistema para a língua Amahuaca como *Interclausal Reference System*, seguindo Franklin (1983), pelo fato de os morfemas apresentarem funções que também codificam transitividade e tempo ou relações lógicas. Valenzuela (2003) trata como um mecanismo de *reference-tracking*, ou seja, o sistema de *switch-reference* propriamente dito.

Fleck (2003) descreveu esses morfemas como sufixos adverbiais, seguindo o trabalho denominado "Orações adverbiais", de Thompson e Longacre (1985).

Para a língua Matis, descrevemos esses morfemas como pertencentes ao sistema SR, como fez Valenzuela, pois, a princípio, parece ser a forma mais adequada para representar esses morfemas na língua.

Abreviaturas

1p = primeira pessoa; 2p = segunda pessoa; 2pl.dat = segunda pessoa do plural dativo; 3p = terceira pessoa; 3poss.O = terceiro possessivo objeto; 3.conc.:ev = terceira p. concordância e evidencial; 3dem = terceira pessoa demonstrativo; abs = absolutivo; advzdor = adverbializador; atrib = atributivo; aux = auxiliar; benef = benefactivo; caus = causativo; cicl = cíclico; col = coletivo; com. int = comitativo intransitivo; com.obj = comitativo objeto; com.tr = comitativo transitivo; conc = concordância; conc.intr = concordância intransitiva; conc.pass = concordância passado; conc. trans = concordância transitiva; cont. contínuo = coord = coordenada; cop = cópula; des = desiderativo; desl = deslocamento; desl.ir = deslocar indo; desl.perm = deslocar e permanecer; desl. vir = deslocar vindo; dir = direcional; enf = enfático; enq.pas = enquanto se passa; epe = epentético; erg = ergativo; exist.afirm = existencial afirmativo; exist.neg = existencial negativo; exit = existencial; frust = frustativo; hab = habitual; imp = imperativo; iminentivo = iminentivo; incep = inceptivo; incoa.desid = incoativo e desiderativo; inconc = inconcluso; ind = indicativo; instr = instrumental; intens = intensificador; inter = interrogativo; intr = intransitivo; irrealis = irrealis; loc = locativo; lit = literalmente; mal = malefactivo; mod = modo; modif = modificador; n.pass = não passado; neg = negação; nzdor = nominalizador; O = objeto; part = partícula; pass. dis = passado distante; pass.n.rec = passado não recente; pass.rec = passado recente; poss = possessivo; pron. dem = pronome demonstrativo; qdd = quantidade; Qu = partícula interrogativa; recip = recípocro; redup = reduplicação; refl = reflexivo; refzdr = reflexivizador; rel = relativo; rep = repetitivo; rest = restritivo; rest.intr = restritivo intransitivo; rest.trans = restritivo transitivo; sg = singular; SI(1) = sujeitos idênticos com realização simultânea; SI (2) = sujeitos idênticos, com realização anterior a outra ação para verbos transitivos; SI (3) = sujeitos idênticos com realização anterior a outra ação para verbos intransitivos; SD = sujeitos diferentes; SD:O>S/A = suj. dif. Objeto>S/A; SD:O>O = suj.dif. Objetos idênticos; trans = transitivo; vbzdor = verbalizador.

Notas

[1] Refiro-me aqui à tabela elaborada por Loos (1999) sobre as línguas da Família Pano.

[2] Loos classificou os Canamari como pertencentes à família Pano; no entanto, este grupo pertence à família Katukina. Segundo Rodrigues (1986: 81), "A família Katukina, situada entre a família Mura e a família Pano, é tão desconhecida quanto a família Txapakúra. [...] Presentemente falam línguas desta família pelo menos os Katukina do rio Biá (afluente do Jutaí), os Txunhuã-djapá entre o Juatí e o Jnadiatuba e os Kanamari do Juruá".

[3] O Karipuna não pertence à família Pano, mas sim à família Tupi-Kawarib. Segundo os dados levantados em trabalho de campo e analisados por Ferreira e Ferreira em 1994, em seus projetos de I.C., na USP, sob orientação do prof. Waldemar Ferreira Netto.

[4] Os valores indicam aproximadamente o número de falantes de cada língua; ✝ indica a possibilidade de não falarem mais a língua. 'P' indica Peru, 'Br' Brasil e 'Bo' Bolívia.

[5] Aqui também há um erro: apesar de estarem sendo considerados como não falantes de Kulina, e em alguns casos apontados como extintos, ainda existem, aproximadamente, 10 falantes do Kulina e mais de 35 indivíduos no aldeamento à beira do rio Javari. O grupo começou a se organizar em 1998, depois de se sentir ameaçado de extinção. Alguns velhos e jovens decidiram reunir os Kulina espalhados nas aldeias Mayorunas e que viviam nas cidades de Atalaia do Norte e Tabatinga.

[6] O grupo Korubo foi contactado em 1987. Segundo a frente de atração da Funai, comandada por Sidney Possuelo, há uma estimativa de que haja, aproximadamente, 300 pessoas que ainda vivem nas cabeceiras do rio Branco, estimativa feita depois de analisadas as fotos aéreas e de satélite.

[7] Dado acrescentado por mim, com base na tese de doutorado de Fleck (2003).

[8] Dado acrescentado, retirado de Rodrigues (1986).

[9] Não há base, nem linguística nem antropológica para definir o grupo Maya, citado por Erikson, como pertencente à família Pano, visto que não há listas de palavras nem dados culturais para esta classificação. Segundo os sertanistas que fizeram o contato, em 1979 (Cedi, 1981), não havia, no grupo, nenhum indígena que fosse falante de alguma língua Pano, e nenhum especialista para poder fazer o levantamento sobre a língua ou sobre a cultura.

[10] Seguindo a mesma notação de Fleck (2003, p. 1079), A/S>A ou S ou O indica subordinada>matriz. A/S indica que se a subordinada for de verbo intransitivo o argumento é S; se for de verbo transitivo o argumento é A. >A significa referencialidade com argumento A da matriz, >S referencialidade com argumento S da matriz e >O referencialidade com O da matriz.

[11] Ato de colocar o veneno na pele, depois de queimar com brasa.

[12] DS.SG = Sujeitos Distintos Singulares; DS.PL = Sujeitos Distintos Plurais.

[13] A derivação da palavra *intestino* pelo verbalizador *-wa* resulta em "meu intestino está tremendo".

Bibliografia

AGUIAR, M. S. *Análise descritiva e teórica do KatukinaPano*. Campinas, 1994. Tese (Doutorado em Linguística) – Instituto de Estudos da Linguagem, Universidade Estadual de Campinas.

______. *Elementos de descrição sintática para uma gramática do Katukina*. Campinas, 1988. Dissertação (Mestrado em Linguística) – Instituto de Estudos da Linguagem, Universidade Estadual de Campinas.

CAMARGO, E. Phonologie, Morphologie et Syntaxe: Étude Descriptive de le Langue Caxinawa (Pano). Paris, 1991. Tese (Doutorado em Linguística) – Universidade Paris IV.

______. Cashinahua personal pronouns in grammatical relations. *Current Studies on South American Languages*. Leiden: Research School of Asian, and Amerindian Studies, 2002, pp. 149-68.

______. Sintaxe cindida em Caxinauá (pano). Encontro da área de línguas indígenas do Instituto de Estudos da Linguagem, 2004. Apresentação pessoal.

Erikson, P. Uma singular pluralidad: a etno-história Pano In: Carneiro da Cunha, M. (org.). *História dos Índios no Brasil*. São Paulo: Companhia das Letras, 1992, pp. 239-52.

______. Los Mayoruna. In: Santos, F.; Barclay, F. (orgs.). *Guía Etnográfica de la Alta Amazonía*. Quito/ Ecuador: Flasco-Sede. 1994a, v.2, pp. 1-127.

Ferreira, R. V. *Língua Matis (Pano)*: Aspetos Descritivos da Morfossintaxe. Lincom Studies in Native American Linguistics, v. 38. Munchen: Lincom Europa, 2001b.

______. *Língua Matis (Pano)*: uma descrição gramatical. Campinas, 2005. Tese (Doutorado em Linguística) – Instituto de Estudos da Linguagem, Universidade Estadual de Campinas.

Fields, H. L. "Una identificación preliminar de los sufijos indicadores de referencia en Mayoruna." In: Eugene, E. L. (ed.). *Estudios Panos II*, 1973.

Fleck, D. W. *A Grammar of Matses*. Houston, 2003. Tese (Doutorado em Linguística) – Rice University.

______. *Description of language in the Mayoruna subgroup of the Panoan family.* (manuscrito), 2003b.

Foley, W. A.; Van Valin, R. D. Jr. *Functional Syntax and Universal Grammar*. Cambridge: Cambridge University Press, 1984.

Franklin, K. J. "Some Features of Interclausal Reference in Kewa" In: Haiman, J.; Munro, P. (eds.). *Switch-reference* and Universal Grammar. Cambridge: Cambridge University Press, 1983.

Givón, T. Grammatical Relations: a functional Perspective. Amsterdam/Philadelphia: John Benjamins Publishing Company, 1997.

Grasserie, M. R. de la. De la famille linguistique pano. *Congrès International des Américanistes*. Berlin: Librairie W. H. Kuhl, 1980, pp. 438-50.

Greenberg, J. *Language in the Americas*. Stanford: Stanford University Press, 1987.

______. Some Universals of Grammar with Particular Reference of the Order of Meaningful Elements. In: Greenberg, J. H. (org.). *Universals of Language*. New York: The MIT Press, 1966, pp. 73-113.

Haiman, J.; Munro, P. (eds.). *Switch-reference* and Universal Grammar. Amsterdam/Philadelphia: John Benjamins Publishing, 1983.

Heine, B. *Auxiliaries: cognitive forces and grammaticalization*. New York/Oxford: Oxford University Press, 1993.

Jacobson, W. H. Switch-reference in Hokan Coahuitecan. In: Hymes, D. (org.). *Studies in South-western ethnolinguistics*. The Hague: Mouton, 1967, pp. 238-63.

Lathrap, D. W. *The Upper Amazon*. New York: Praeger Publishers, 1970.

Loos, E. Pano. In: Dixon, R. M. W.; Aikehenvald, A. Y. (eds.). *The Amazonian Languages*. Cambridge: Cambridge University Press, 1999, pp. 226-50.

______. Rasgos sintáticos-fonémicos en la Historia Linguística de los Idiomas de la Familia Pano. *Linguística e Indigenismo Moderno de América*. Lima: IEP, 1975, pp. 181-4.

______. *Estudios Panos V*: verbos Perfomativos. Peru: Ministerio de Educación/ILV. 1976.

McKercher, D. "Switch-Reference and Direct Quotation in Zuni." In: *Santa Barbara Papers in Linguistics*. Santa Barbara: University of California, 2000.

Olson, M. L. Switch-Reference in Barai. *Berkeley Linguistics Society 4*, 1978, pp.140-57.

Paula, A. S. *Poyanáwa* – a língua dos índios da aldeia Barão: aspectos fonológicos e morfológicos. Recife, 1992. Dissertação (Mestrado em Linguística) – Centro de Artes e comunicação, Universidade Federal de Pernambuco.

______. *A Língua dos índios Yawanawa do Acre*. Campinas, 2004. Tese (Doutorado em Linguística) – Instituto de Estudos da Linguagem, Universidade Estadual de Campinas.

Rodrigues, A. D. Línguas Brasileiras. Para o conhecimento das línguas indígenas. São Paulo: Loyola, 1986.

______. Ge-Pano-Carib X Jê-Tupí-Karib: sobre relaciones linguísticas prehistóricas en sudamérica. In: Miranda, L. (org.). *Actas del I congreso de lenguas indígenas de sudamérica*. Lima-Perú: Universidad Ricardo Palma, 2000, pp. 95-104.

RUHLEN, M. *A Guide to the World's Languages.* Stanford: Stanford University Press, 1987.

SHELL, O. A. Cashibo modals and the perfomative analysis. *Foundations of Language,* 13, 1975a, pp. 177-99.

______. *Estudios Panos III*: Las lenguas Pano y su Reconstrucción. Yarinacocha, Peru: Instituto Linguístico de Verano, 1975b.

SPARING-CHAVÉZ, M. W. "Interclausal Reference in Amahuaca." In: DERBYSHIRE, D.; PULLUM, G. K. *Handbook of Amazonian Languages.* New York/Berlim: Mouton de Gruyter, 1998, pp. 443-83.

SUÁREZ, J. A. Macro-Pano-Tacanan. *International Journal of American Linguistics,* (39), 1973, pp. 137-54.

SWADESH, M. Afinidades de las lenguas amerindias. *Akten des 34 Internationalen Amerikanisten Kongress,* 1960, pp. 729-38.

THOMPSON, S. A.; LONGACRE, R. E. "Adverbial clauses." In: SHOPEN, T. (ed.). *Language Typology and Syntactic Description.* Cambridge: Cambridge University Press, 1985, pp. 171-234.

______. *Basic verb types and argument structures in Shipibo-Conibo.* Oregon, 1997. Dissertação (Mestrado em Linguística) – University of Oregon.

______. *Adverbials, Transitivity and Switch-Reference in Shipibo-Konibo (Panoan).* In: BILLINGS, S. J., BOYLE, J. P.; GRIFFITH, A. M. (eds.). The Panels, Theory & Linguistic Diversity. Chicago: Chicago Linguistic Society, 1999, pp. 355-71.

______. *A grammar of Shipibo-Konibo (Panoan).* Berlin/New York: Mouton de Gruyter, 2003.

Ergatividade, acusatividade e sistemas cindidos

Valéria Faria Cardoso

Desde a década de 1970 tem-se desenvolvido várias pesquisas linguísticas referentes aos *sistemas de marcação de caso e seus respectivos alinhamentos* (Zúñiga, 2006 apud Corbera Mori, 2009). Os estudos funcional-tipológicos analisam os sistemas de marcação de caso considerando os seguintes padrões morfossintáticos: os paradigmas verbais (transitivo/intransitivo); o sistema de concordância verbal (referência cruzada); as funções gramaticais dos sintagmas nominais (SNs); a ordem das palavras e o tratamento do padrão gramatical (tais como: ergativo, acusativo, cindido etc.).

Como sugere o título, "Ergatividade, acusatividade e sistemas cindidos", neste capítulo, abordaremos os diferentes tipos de sistema de marcação de caso existentes dentre as línguas naturais. A princípio, procuramos introduzir conceitos fundamentais que amparam os estudos sobre sistemas de caso, para, então, apresentarmos os diferentes tipos de alinhamento propostos para identificar tais sistemas.

Buscamos ilustrar cada tipo de alinhamento por meio de descrições de caráter funcional provindas de diversos outros estudos linguísticos tipológicos. Desde já, ressaltamos que não pretendemos uma discussão teórica, mas uma explanação teórica do tema, desenvolvida a partir da abordagem funcional-tipológica, baseada nos trabalhos de Comrie (1991), Palmer (1994), Blake (1994); e, principalmente, nos trabalhos de Dixon (1979, 1994). Desse modo, o presente texto torna-se fruto de um agrupamento de trabalhos teóricos e de análises outras sobre o tema.

Abordagem funcional-tipológica: conceitos fundamentais

Tratar do assunto relativo aos sistemas de marcação de caso é um tanto quanto difícil, tendo em vista que em geral esse não é um assunto discutido separadamente em uma sequência lógica. Por essa razão, introduziremos o assunto fazendo algumas considerações a respeito de importantes conceitos, até porque há uma grande confusão no uso de terminologias por diferentes escritores.

Uma visão tradicional divide as sentenças em duas partes: *sujeito* e *predicado*. O sujeito é nocionalmente "o ser de quem se informa algo" e o predicado é "a informação propriamente dita projetada sobre o sujeito". Uma visão alternativa detém que uma sentença consiste de um predicado e de um ou mais argumentos. O predicado expressa o relacionamento entre os argumentos. Em português, por exemplo, a estrutura da sentença (1) possui um predicado verbal -*matou*- de dois lugares, ou melhor, de dois argumentos: *o homem* e *a onça*.

(1) O homem matou a onça

Segundo Palmer (1994), nos estudos tipológicos, o conceito de *estrutura predicativa* aplica-se a todas as línguas, uma vez que ambos *os argumentos* (os sintagmas nominais) diferem do predicado por seus relacionamentos semânticos distintos, além de distinguirem uns dos outros através de marcação gramatical. Assim sendo, na sentença acima, a distinção entre os dois argumentos é mostrada pela ordem das palavras (SVO). Se mudar a posição dos dois argumentos altera-se a relação semântica dos argumentos para com o predicado e será produzida uma sentença bem diferente, como em (2):

(2) A onça matou o homem

Outro pressuposto para um estudo tipológico é que os argumentos devem ser identificados semanticamente. No caso em que há dois argumentos na estrutura argumental de um predicado, um pode ser identificado como 'Agente' (nocionalmente, aquele que fez uma ação) e outro como 'Paciente' (aquele que recebe a ação). No entanto, a distinção entre Agente e Paciente é gramaticalmente marcada de maneira variada em diferentes línguas. As construções tradicionalmente referidas como 'intransitivas' possuem um argumento e as 'transitivas', dois argumentos no mínimo.

Como já mencionamos, a abordagem funcional-tipológica tem por princípio que todas as línguas distinguem entre sentenças que envolvem um verbo e um SN (sentença intransitiva) e aquelas que envolvem um verbo e mais de um SN (sentença transitiva). Segundo Dixon (1994), em algumas línguas, os verbos são estritamente classificados como sendo intransitivo ou transitivo. Em outras línguas, alguns verbos podem ser usados apenas em sentenças intransitivas, outros apenas em sentenças com verbos transitivos, e outros verbos intransitivamente ou transitivamente.

Segundo Zúñiga (2006), um dos conceitos fundamentais que deve ser introduzido desde o início de uma discussão a respeito de sistema de marcação de caso é o de *papel gramatical*. Os rótulos S, A e O (usados por Dixon, 1994)[1] anunciam as funções, os papéis dos argumentos predicativos.

Num quadro reconhecidamente simples, os argumentos principais distinguem-se dos argumentos periféricos (ou adjuntos) de modo que o primeiro aparece expresso na estrutura argumental de um predicado verbal, enquanto o segundo se diz ser "menos dependente da natureza do verbo" e, normalmente, correspondem às especificações opcionais de tempo, local, espaço, causa, efeito etc.

Dixon (1994) propõe que as funções gramaticais S, A e O sejam entendidas como funções/relações primitivas e universais. O autor usa O, em vez de P, sendo aquele derivado de *Object*, objeto transitivo. Segundo o modelo SAO, a *função gramatical S* é aquela ocupada pelo único argumento de uma sentença intransitiva. Quanto aos argumentos de uma sentença transitiva, tem-se que o SN em *função de A* é aquele que denota prototipicamente ser o controlador ou iniciador de um estado de coisas e o outro SN em *função de O* é aquele que denota prototipicamente ser o participante afetado pelo estado de coisas. Por fim, se o predicado da sentença transitiva for de três argumentos (ou mais), dois serão marcados com as funções A e O, com o restante sendo marcado em outro caminho, com preposições ou posposições (com sintagmas preposicionais ou posposicionais (SP)).

Comrie (1981) e Palmer (1994) propõem símbolos diferentes dos usados no modelo SAO de Dixon. Aqueles autores adotam os símbolos S, A e P derivados, respectivamente, dos termos Sujeito, Agente e Paciente, sendo que S se refere ao argumento único de um verbo intransitivo; A se refere ao argumento de um verbo transitivo, tradicionalmente considerado sujeito em línguas acusativas; e P se refere ao argumento que, nessas mesmas línguas, são classificados como objeto direto.

Em termos puramente nocionais identifica-se um grande número de *papéis semânticos* que podem ser desempenhados pelos argumentos principais de um predicado. Fillmore (1968), em *The case for case*, indica o seguinte conjunto de "casos" (papéis): o *agente* (o instigador do evento); o *contra-agente* (a força ou a resistência contra a qual a ação é realizada); o *objeto* (a entidade que se move ou muda ou cuja posição ou existência está em consideração); o *resultado* (a entidade que passa a existir com o resultado da ação); o *instrumento* (o estímulo ou causa física imediata do evento); a *fonte* (o lugar de onde algo se move); a *meta* (lugar para onde algo se move); e o *experienciador* (entidade que recebe ou aceita ou experiencia ou sofre os efeitos de uma ação).

Sabe-se que além desses papéis semânticos propostos por Fillmore há vários outros papéis nocionalmente propostos por vários outros autores. Contudo, entende-se que não há uma clara determinação no número de papéis semânticos, haja vista o fato de o investigador, por exemplo, poder assumir novos papéis nocionais.

Cabe aqui salientar para a distinção entre *papéis gramaticais* e *papéis semânticos*, uma vez que a análise de um sistema de marcação de caso busca identificar os argumentos (os SNs) de um predicado por meio de papéis gramaticais (ou função S, A ou O), e não apenas por intermédio de noções puramente nocionais, proporcionadas pelos papéis semânticos. Passemos, então, a tratar dos papéis gramaticais (também denominados – funções gramaticais) dos SNs.

No que se referem às noções menos familiares – tais como: *ergativo*, *absolutivo*, *acusativo*, *nominativo* etc. –, aplicamos aqui os conceitos dados por Dixon (1994). Segundo o autor, o termo *ergatividade*, normalmente, é usado para descrever um *padrão gramatical* (relação gramatical) em que o único argumento da sentença intransitiva (de função S) é tratado da mesma forma que o argumento em função de O, e, diferentemente, do argumento em função A da oração transitiva, resultando num alinhamento (S/O e A). Ainda para o autor, *ergativo* é a marcação de caso do argumento em função de A no predicado transitivo, contrastando com outro caso originalmente chamado de *nominativo*, e *absolutivo* é a marcação de caso para o argumento em função S do intransitivo que é gramaticalmente codificado no mesmo caminho que o argumento em função de O do transitivo. Assim, *ergatividade* é um padrão gramatical complementar ao padrão de *acusatividade*, em que um caso (nominativo) marca tanto o sujeito intransitivo como o transitivo, e outro caso (acusativo) é empregado para o objeto transitivo.

Sintaticamente, o termo ergativo tem sido usado para aplicar restições de referência cruzada na formação de sentenças complexas por coordenação e subordinação. Se essas restrições tratarem o "sujeito intransitivo" (S) e o objeto transitivo no mesmo caminho, diz-se que a língua tem uma *sintaxe ergativa*, e se tratarem o "sujeito intransitivo" (S) e o "sujeito transitivo" (A) no mesmo caminho, diz-se que a língua tem uma *sintaxe acusativa*.

Segundo Dixon, os termos *ergativo* e *ergatividade* e *acusativo* e *acusatividade* podem ser usados: i) para descreverem o caminho em que funções sintáticas dos argumentos predicativos são marcadas em sentenças transitivas e intransitivas, isto é, se S é marcado num mesmo caminho que O e diferentemente de A (num arranjo ergativo), ou se S é marcado no mesmo caminho que A e diferetnemente de O (num arranjo acusativo). Dixon trata este tipo de descrição como *ergatividade/acusatividade morfológica* ou *intraclausal*; ii) para descreverem as restrições sintáticas que uma língua pode colocar na combinação de sentenças simples e sentenças complexas por coordenação, subordinação, complementização etc. Novamente, se S e O são tratados como equivalentes (funcionando como pivôs sintáticos) e A é tratado diferentemente, a língua é de *sintaxe ergativa* e se S e A são tratados em um mesmo caminho e O é tratado diferentemente, a língua é caracterizada como sendo de *sintaxe acusativa*. Este tipo de descrição de nível sintático é denominado *interclausal*. Por fim, o autor nos adverte sobre a importância de distinguirmos ergatividade/acusatividade morfológica e sintática, visto que estes possuem parâmetros independentes, pois algumas línguas têm morfologia ergativa e sintaxe acusativa, por exemplo.

Nos estudos de abordagem funcional-tipológica, os termos ergativo/absolutivo e nominativo/acusativo têm sido usados como padrão de alinhamento (ou padrão gramatical) para distinguir as funções A e O transitivas, e também a função de S por meio de *partículas ou adposições* (preposições ou posposições); de marcas de *referência pronominal cruzada* com auxiliares ou núcleos verbais (concordância) e/ou de *ordem de palavras* (ou ordem de constituintes).

Para além de se buscar meios para distinguir as funções de A e O transitivas, faz-se necessário observar que a marcação de S, de uma sentença intransitiva, pode ser a mesma de A, num alinhamento acusativo, ou a mesma de O, num alinhamento ergativo, ou, ainda, diferentemente de ambas as funções, num alinhamento *tripartite*, no qual S ≠ A ≠ O, nos termos de Dixon. Ressaltamos, ainda, que línguas de alinhamento tripartido são extremamente raras, e, por fim, que há outros padrões de alinhamento para representar línguas que distinguem dois tipos de S, um relacionado à função de A e outro relacionado à função de O.

Relações gramaticais ou padrões de alinhamento

Inicialmente, apontamos para os dois principais padrões de alinhamento: o nominativo-acusativo e o ergativo-absolutivo. Nesses padrões, as funções S, A e O são agrupadas em diferentes caminhos, como ilustra a figura (1) abaixo.

Figura 1 – Sistemas nominativo-acusativo e ergativo-absolutivo

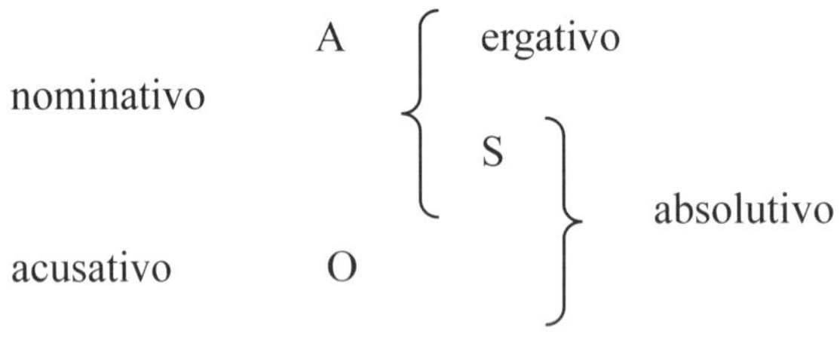

(Dixon, 1994: 9)

A figura (1) sintetiza que, em línguas de sistema nominativo-acusativo, A e S naturalmente se agrupam e, em línguas de padrão ergativo-absolutivo, S e O é que se ligam.

Comrie (1981), tomando como base os tipos de agrupamento possíveis de serem estabelecidos entre S, A e O (por meio do modelo SAP), chega a cinco tipos logicamente possíveis de padrão de alinhamento. São eles:

A. *Neutro*: mesma marca morfológica – que pode ser nula – é atribuída a S, A e P.
B. *Nominativo-acusativo*: mesma marca morfológica – caso nominativo – para S e A, e uma marca diferente – caso acusativo – para P.

C. *Ergativo-absolutivo*: mesma marca morfológica para S e P – caso absolutivo – e uma marca morfológica diferente para A – caso ergativo.
D. *Tripartido*: marcas morfológicas distintas para S, A e P.
E. Tipo ainda não atestado como um sistema consistentemente atuante na marcação de caso. Tem-se a mesma marca morfológica para A e P, e uma marca morfológica distinta para S.

Comrie expõe sobre os porquês de, entre os tipos de agrupamento logicamente possíveis, dois deles (B e C) serem encontrados em quase todas as línguas do mundo. Segundo o autor, isso se deve ao fato de, em sentenças monoargumentais, existir somente um SN, não sendo necessário, portanto, sob o ponto de vista funcional, marcar esse SN de alguma forma que o distinga de outros SNs. No entanto, sentenças de mais de um argumento, porém, a menos que haja outra forma de marcar a diferença entre A e P, tal como a ordem de palavras, a ambiguidade é repelida através de um sistema de marcação de caso. Não sendo necessária a distinção entre S e A ou entre S e P, uma vez que eles não ocorrem em uma mesma sentença, o caso atribuído a S pode ser usado para um dos dois argumentos de uma sentença transitiva. A partir disso, têm-se os dois sistemas de marcação de caso predominantes nas línguas do mundo – nominativo-acusativo e ergativo-absolutivo – em que S pode ser identificado com A (num arranjo nominativo) ou com P (numa arranjo ergativo).

Comrie adverte sobre a existência de línguas que "misturam" dois dos principais padrões gramaticais (o ergativo e o acusativo). Dixon descreve essa "mistura" de termos de *Sistemas de Cisões* (cf. "Sistemas cindidos"). Para o momento, reapresentamos os dois sistemas de alinhamento já apontados anteriormente, mas a partir de figuras desenvolvidas por Dixon (cf. figs. 2 e 3). Na sequência, apresentamos figuras que representam os dois tipos de sistema de cindido descritos por Dixon, o sistema de Cisão-S (*Split-S*) e o sistema de Fluido-S (*Fluid-S*) (cf. figs. 4 e 5).

Figura 2 – Sistema Acusativo

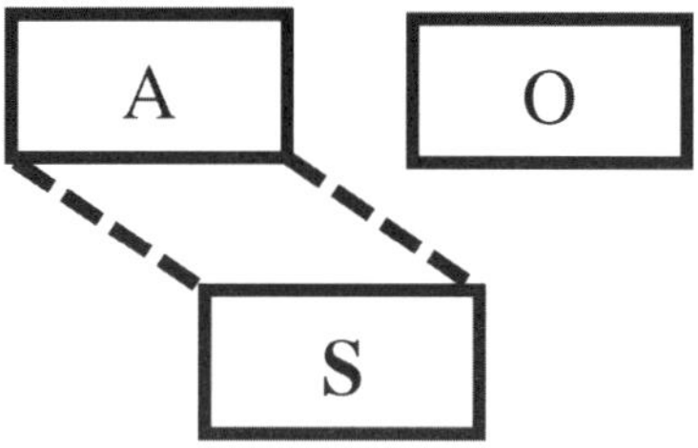

Figura 3 – Sistema Ergativo

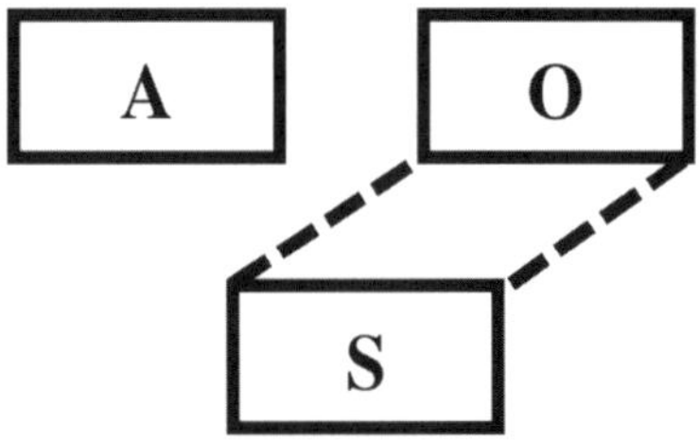

Figura 4 – Sistema Cisão-S (Split-S)

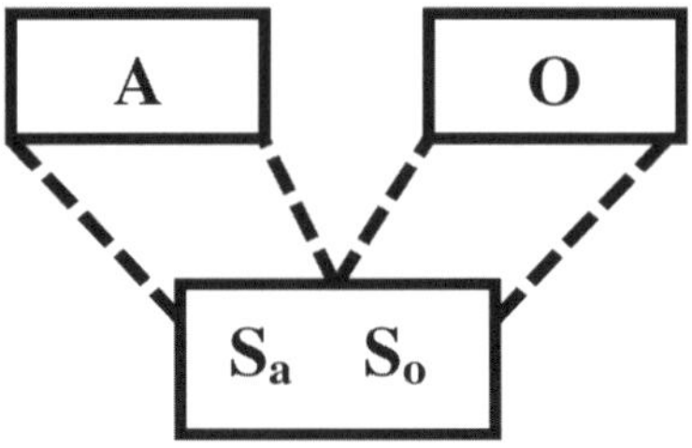

Figura 5 – Sistema Fluido-S (Fluid-S)

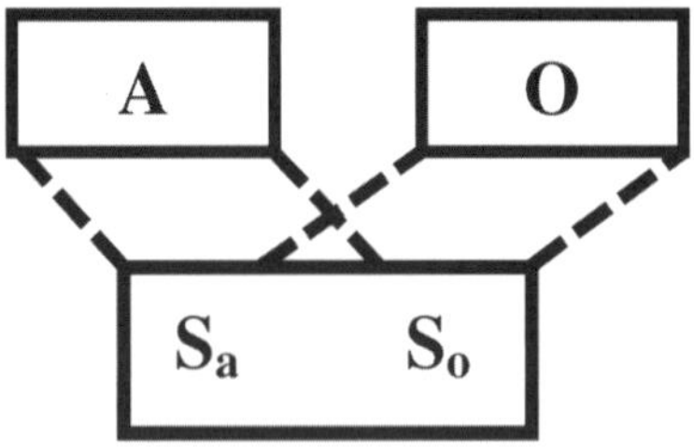

Em suma, no sistema de Cisão-S e no de Fluido-S, os verbos intransitivos são divididos por dois conjuntos, um com S_a (S marcado como A) e outro com S_o (S marcado como O).

Mecanismos gramaticais de codificação dos sistemas de caso

Segundo Dixon (1994), a marcação gramatical é entendida como traço essencial para o estabelecimento das relações gramaticais – de sujeito e objeto – numa língua; no entanto, a identificação dos papéis gramaticais de cada argumento deve ser considerado primeiro. Comrie (1981) também adverte sobre o fato de que é um erro classificar uma língua como sendo ergativa ou não. Segundo esse autor, é necessário se perguntar, antes, em que extensão ou em quais construções particulares a língua é ergativa ou é acusativa, tendo em vista que os dois sistemas de marcação de caso predominantes nas línguas do mundo – o ergativo e o acusativo – mostram que S pode ser identificado tanto com A quanto com P. E, segundo Comrie, a relação de S com A ou com P não pode ser tida como um reflexo direto de relações gramaticais de *sujeito* e de *objeto*.

Passemos a tratar, brevemente, dos tipos de mecanismo gramatical de codificação das funções S, A e O (ou P), num nível intraclausal de análise, em busca de indicar quais as marcações utilizadas por línguas de sistema ergativo e, também, por línguas de sistema acusativo. Segundo Dixon, as línguas utilizam os seguintes mecanismos gramaticais:

i) marcação morfológica de caso (com flexão de SNs ou por partículas ou adposições);
ii) referência cruzada (concordância);
iii) ordem de constituinte, ou, ainda, pela combinação desses mecanismos.

O autor lembra que a marcação das funções gramaticais (SAO) é morfológica, já que trata com flexão de caso, com afixos de correferência verbal, mas também é sintática, uma vez que trata com partículas, adposições e a ordem de palavras (ou de constituintes), e que, por isso, o rótulo mais exato é ergatividade ou acusatividade intraclausal, e não ergatividade ou acusatividade morfológica. A partir disso, os mecanismos gramaticais intraclausais passam a receber um tratamento particular nos subtópicos que seguem.

Marcação de caso

A marcação de caso é usada como um dos mecanismos de codificação das funções SAO. A forma de se marcar caso nas línguas naturais varia. Em algumas línguas de caso morfologicamente marcado, este se dá por de meio de flexões; já em outras línguas, o caso pode ser marcado por partículas e adposições (preposições ou posposições).[2]

O basco é uma língua de sistema ergativo (ou melhor, de sistema morfológico ergativo). O mecanismo de flexão de caso é usado para marcar o sistema ergativo nesta língua. Os exemplos do basco (em (3)) podem ilustrar este tipo de marcação flexional de caso:

(3) Basco (Zúñiga, 2010: 8)

a. [*Seme-a-**k***]A [*emakume-a-**Ø***]O *ikusi du*
filho-Det-**Erg** mulher-Det-**Abs** ver.3sgErg.3sgAbs
"O filho viu a mulher"

b. [*Seme-a-**Ø***]S *etxe-ra* *joan da.*
filho-Det-**Abs** casa-sgAlat. foi.3sgAbs
"O filho foi para casa"

O sn em função de S e O marcam com o mesmo sufixo {-Ø} o absolutivo, enquanto que o sn em função de A ergativo é marcado pelo sufixo {-*k*}.

Em línguas de sistema ergativo-absolutivo, como o basco, o ergativo é marcado por flexão de caso (em A) (ou por partículas ou por adposições), e se algum caso tiver realização zero (ou alomorfe zero), este será o absolutivo que é morfologicamente não marcado (S = O). Segundo Dixon (1994), numa sentença transitiva, o sn ergativo será aquele que obedece aos seguintes princípios: (a) quando o sn é marcado com flexão ergativa, ele é agente controlador da ação transitiva e (b) quando o sn é agente controlador da ação transitiva é marcado por caso ergativo (se não pronominal).

Quanto às línguas de sistema nominativo-acusativo, o nominativo é aquele caso morfologicamente não marcado e o acusativo aquele caso marcado, ou seja, nessas línguas, o nominativo é fonológica e morfologicamente não marcado, quando o acusativo envolve um afixo não zero. Assim, o acusativo pode ser pensado em termos de uma marcação especial de objeto que pode ser omitido sempre que sua identidade puder ser inferida de outra forma.

O latim é uma língua de sistema nominativo-acusativo que também codifica as funções sao por meio da flexão de caso, exemplos em (4):

(4) Latim (Zúñiga, 2010: 8)

a. [*Domin-**us***]A [*serv-**os***]O *lauda-**t**.*
senhor-sg**Nom** servo-pl**Acu** elogiar-3sgS/A
"O senhor elogia os servos"

b. [*Domin-**us***]S *curri-**t**.*
senhor-sg**Nom** executar-3sgS/A
"O senhor é executado"

O dados acima mostram que o latim, mesmo sendo uma língua de sistema nominativo-acusativo, marca morfologicamente os sns em função de A e S, por meio do sufixo nominativo {*-us*}, bem como, marcam o caso acusativo por meio do sufixo de 3ª p.pl {*-os*}. Isso porque, segundo Dixon, o que não deve de fato ocorrer, em uma língua de sistema nominativo-acusativo (codificada por flexão de caso), é a realização de zero (ou o alomorfe zero {Ø}) para marcar o caso acusativo.

Referência cruzada

A padronização por afixos pronominais em palavras verbais pode ser tomada como evidência de ergatividade ou acusatividade intraclausal, assim como a padronização por marcação de caso.

Esse fenômeno ocorre como mecanismo de referência cruzada (de concordância), quando um verbo principal ou um auxiliar contém afixos que indicam informações sobre pessoa e/ou número ou gênero que estão vinculadas a um determinado SN. Em geral, se um conjunto de afixos correfere-se a um SN de função de S ou A, com outro conjunto de afixos diferente para correferir-se ao SN em função de O, essa língua pode ser caracterizada como nominativo-acusativa no nível intraclausal. A característica de língua ergativa dá-se quando um conjunto de afixos correfere-se a S ou a O, e outro conjunto de afixo refere-se a A.

A língua Tzotzil (Maia, México) marca a ergatividade em sua morfologia verbal, por meio de afixos indicadores de pessoa e número.

(5) Tzotzil (Foley e Van Valin, 1985 apud Palmer, 1994: 54)
a. *bat-em-Ø*
ir-PERF-3sg+**ABS**
"Ele foi"

b. *s-max-ox-Ø*
3sg+**ERG**-bater-PAST-3sg+**ABS**
"Ele bateu-lhe"

É interessante notar que, em Tzotzil, o afixo indicador de caso ergativo (A) é prefixado à estrutura verbal, enquanto que o afixo indicador de caso absolutivo, ocorre sufixado à estrutura morfológica verbal e se refere às funções de S e O.

O Swahili é uma língua do grupo bantu do Níger-Congo que possui um padrão de alinhamento nominativo-acusativo no que respeita o mecanismo de referência cruzada. Consideramos algumas sentenças do Swahili em (6):

(6) Swahili (Dixon, 1994: 42-3)
a. *tu-li-anguka* 'nós caímos'
b. *m-li-anguka* 'vocês caíram'
c. *m-li-tu-ona* 'vocês nos viram'
d. *tu-li-wa-ona* 'nós vimos vocês'

As sentenças em (6) revelam um paradigma de prefixos pronominais, apresentado por Dixon e aqui transcrito em (7).

(7)

	S/A	**O**
nós	*tu-*	*tu-*
vocês	*m-*	*wa-*

Como demonstra o autor, a mesma forma {tu-}, de primeira pessoa do plural, é usada como referência cruzada entre S, A e O, em Swahili. No entanto, quando se marca a segunda pessoa do plural nessa língua, apenas uma mesma forma marca S/A e outra forma marca O, estabelecendo um padrão acusativo.

Como já mencionamos, quando ocorre realização zero (ou alomorfe zero) num sistema ergativo, essa forma zero é sempre absolutiva (S e O) e nunca ergativa (A). Já num sistema acusativo, a realização zero é sempre nominativa e nunca acusativa. Todavia, vale ressaltar que, segundo Dixon, um caminho em que se pode adotar a *marcação* em sistemas de referência cruzada mostra-se em termos de "o que" é correferente entre A, S e O e os núcleos dos SNs, em línguas com referência apenas parcial. Tem-se que se apenas A e S são correferenciados, e isto pode ser tomado como evidência para um sistema nominativo (*não marcado*)/ acusativo (*marcado*). Essa é uma interpretação da ideia de marcação, em que o autor toma o termo *não marcado*, aqui, como sendo aquele que tem alguma *realização positiva* (há correferência), ao *contrário da situação com flexão de caso*, em que o termo *não marcado* é o candidato mais provável para *realização zero*.

As diferenças entre os dois tipos de marcação intraclausal – o sistema de flexão de caso e a referência cruzada – pode ser entendida pela discrepância no reconhecimento dos constituintes de marcação. Desse modo, ao descrevermos uma língua como "ergativa" em termo de flexão de caso, ou em termos de paradigmas de afixos de referência cruzada, estaremos descrevendo tipos distintos de fenômeno gramatical.

Discorremos que em algumas línguas acusativas correfe-se S e A no verbo, mas não O. Similarmente, algumas línguas ergativas correfere-se a S e O, mas não A. Outras línguas distinguem afixos de correferência para A, para O e para S. São línguas de *sistema tripartite*. Os nominais na terceira pessoa da língua Nez Perce (EUA) marcam este tipo de alinhamento.

(8) Nez Perce (Rude, 1988 apud Palmer, 1994: 63)
a. *háana-nm péе-'wiye wewúkiye-ne*
homem-**ERG** 3ERG-atirar alce-**ACU**
"O homem atirou (em) um alce"
b. *háama hipáayna*
homem 3 + **NOM**-vir
"O homem veio"

Em (8), notamos que A é marcado com afixo ergativo, S com afixo nominativo e O com afixo acusativo, estabelecendo o sistema tripartido em nez perce.

Há línguas que manifestam referência cruzada com dois SNs, isto é, línguas que possuem dois mecanismos de referência cruzada, um para se referir a A e outro para se referir a O. Segundo Dixon (1994), um sistema de referência cruzada em que há referência a ambos a A e a O. S pode correferir-se no mesmo caminho que A (num padrão ergativo) ou no mesmo caminho que O (num padrão acusativo). Línguas desse tipo são encontradas na África, Austrália, Américas Central e do Norte e no Cáucasos. Para este autor, o que é muito menos comum é a existência de línguas que possuem verbos com referência cruzada a um argumento nuclear apenas. Estas são encontradas entre línguas da família indo-europeia.

Por fim, vale ressaltar que, embora a marcação das funções sintáticas de A, O e S possa ser obtida por meio da flexão de caso (ou por outros indicadores nos SNs) ou por meio da referência cruzada para o verbo (e embora ambos os tipos de sistema possam ser acusativo ou ergativo), esse dois mecanismos não são equivalentes, uma vez que não há possibilidade de "marcar caso duplo" em paralelo aos dois sistemas de referências cruzadas. Abordaremos esses mecanismos e seus condicionamentos na seção "Sistemas cindidos".

Ordem de constituintes

Dixon alerta para a existência de dois grupos distintos de línguas, um grupo que a ordem de constituinte é um forte indicador das funções sintáticas – línguas do tipo (a) – e outro grupo de línguas que têm outros meios para mostrar as diferenças entre as funções sintáticas – línguas do tipo (b).

Para línguas do tipo (a), nas quais as funções gramaticais são mostradas pela ordem de constituinte, Dixon sugere que a combinação SV/AVO ou VS/OVA deve indicar acusatividade e a combinação SV/OVA, VS/AVO ergatividade. Para as línguas de sistema tripartite, ambos A e O deveriam ordenar-se apenas de um lado e S de outro: SV/VAO, SV/VOA, VS/AOV, VS/OAV, o que, segundo o autor, não tem sido observado nas línguas do mundo.

Para línguas do tipo (b), nas quais as funções gramaticais são mostradas por flexão de caso em SN (ou por partículas ou adposições), ou mostradas por referência cruzada no verbo, a ordem de constituinte pode ser mostrada como uma ordem preferencial de sistema ergativo ou de sistema acusativo, tendo em vista que a variação de ordem é possível. Assim sendo, em línguas do tipo (b), há uma ordem de constituinte mais frequente e há também a possibilidade de variar esta ordem.

A língua Nadëb (família Maku, Brasil) mostra características de língua de sistema ergativa. Weir (1984) toma o Nadëd como uma língua de ordem de constituinte básica SV e OAV, mas VS e AVO também são possíveis. Em (9), temos dados da língua Nadëb.

(9) Nadëb (Weir, 1984: 24-5)

a. **S** **V**
kalapéé *a-ɨ̃ɨh*
criança form-dormir+I
"A criança está dormindo"

b. **V** **S**
a-ɨ̃ɨh *kalapéé*
form-dormir+I criança
"Está dormindo, a criança"

c. **O** **A** **V**
bung *mayoyol* *i-wᵾh*
mutuca mayoyol asp-come+I
"O *mayoyol* (espécie de inseto) mutuca come"

d. **A** **V** **O**
mayoyol *i-wᵾh* *bung*
mayoyol asp-come+I mutuca
"O *mayoyol* come mutuca"

Em (9), podemos observar que, nesta língua, A precede V, e O pode preceder ou seguir a sequência AV, tendo em vista que S pode preceder ou seguir V, no mesmo caminho que O. Em síntese, a ordem de constituinte básica em Nadëb é SV/OAV podendo variar em VS/AVO, indicando ser uma de língua de características ergativa.

Mencionamos, por fim, que muitas línguas usam uma mistura de estratégias ergativas/acusativas intraclausal para marcar suas funções gramaticais. Para Dixon, este tipo de mistura ou cisão, em geral, é condicionado por um ou mais fatores.

Sistemas cindidos

Sabe-se que há uma base semântica de atribuição de papéis (semânticos) para as funções A e O em uma sentença transitiva e, em uma sentença intransitiva, S, em contraste, marca o único papel do SN; e que, também, cada gramática deve incluir semanticamente uma marcação contrastiva entre A e O. Segundo Dixon, em algumas línguas, essa marcação contrastiva pode ser identificada também junto ao SN em função de S, do seguinte modo – aquele S semanticamente semelhante a A (que exerce controle sobre a atividade) é marcado como S_a, isto é, no mesmo caminho que A, e aquele S semanticamente semelhante a O (afetado pela atividade) é marcado como S_o, isto é, no mesmo caminho que O. Assim se comportam as línguas de sistema intrantivo cindido.

O sistema de cisão intransitiva tem recebido várias designações. De acordo com Mithum (1991), entre as designações estão: *ativa* (ou de *Tipologia Ativa*); a*tivo-neutro*; *ativo-inativo*; *ativo-estativo* ou *estativo-ativo*; *agentivo* ou *agente-paciente*; *cisão-S* e *cisão intransitiva.* Os termos utilizados aqui são os propostos por Dixon (1979, 1994) – cisão-S (*split-S*) e fluido-S (*fluid-S*).

Klimov (1974), ao identificar aspectos de línguas de *Tipologia Ativa* (terminologia do autor), considera o "princípio de oposição léxica de verbos" não de acordo com a *transitivitidade-intrasitividade* de ação comunicada, mas de acordo com suas características de *atividade-inatividade.* O autor propõe que, ao invés de uma oposição entre verbos transitivos e intransitivos, as línguas de *Tipologia Ativa* apresente a oposição verbo *ativa versus estativo*. Os *verbos ativos* conferem várias atividades, movimentos, eventos etc., em contraste com os *verbos estativos* que expressam um estado ou qualidade.

Palmer (1994), para além do sistema ergativo e o sistema acusativo, propõe um terceiro tipo de sistema, o *Agentivo*, Segundo o autor, os dois tipos de S representados por S_a e S_p (o mesmo que S_o) podem ser caracterizados envolvendo $S_a = A$, e $S_p = P$, em comparação com o sistema acusativo, que envolve S = A, e o sistema ergativo, que envolve S = O. Desse modo, envolvimento de $S_a = A$ e $S_p = P$ resulta na representação máxima dos papéis gramaticais de Agente e Paciente que, segundo o autor, podem ser vistos como duas funções gramaticais relevantes.

Como já mencionamos no sistema de cisão-S (figura 5) e no de fluido-S (figura 6), os verbos intransitivos são divididos por dois conjuntos, um com S_a (S marcado como A) e outro com S_o (S marcado como O). Passemos, então, a expor as diferenças entre os sistemas cindidos a partir dos trabalhos de Dixon (1979 e 1994).

As línguas de sistema fluido-S marcam os verbos transitivos baseados sintaticamente, enquanto que os verbos intransitivos são marcados com base semântica, diferentes dos verbos intransitivos das línguas de sistema de cisão-S que, como os verbos transitivos, são marcados com base sintática.

No sistema fluido-S, cada verbo intransitivo tem a possibilidade de dois tipos de marcação, um (S_a) – usado quando o referente do SN em função de S controla a atividade – e outro (S_o) – usado quando falta controle.

Em línguas de cisão-S, a marcação tipo-A e tipo-O são alocados sintaticamente para S; a divisão (S_a) e (S_o) tem uma base semântica (como ocorre na identificação semântica prototípica de A e de O em sentenças transitivas), mas não há escolha envolvida por um verbo individual. Em línguas de sistema fluido-S, as marcações tipo-A e tipo-O são alocadas semanticamente para sentenças intransitivas; com cada verbo intransitivo tendo a possibilidade de qualquer escolha (com S_a ou S_o), dependendo da semântica envolvida no contexto de uso. Cada verbo intransitivo de línguas de fluido-S tem a possibilidade de tomar outra marcação. É certo que alguns verbos são mais prováveis do que outros para exercer esta escolha.

Dixon cita línguas de sistema de cisão-S que são encontradas em muitas partes do mundo, tais como línguas da família Chibchan; da família Arawak, da família Tupi-Guarani, muitas línguas da Malaio-Polinésia, línguas do nordeste Caucasiano, entre outras. Já como padrões de línguas de sistema fluido-S, o autor menciona línguas como o Tibetano, o Acehnese – uma língua austronésia –, o Baniwa do Içana – língua da família Arawak –, entre outras.

Dos fatores que condicionam as cisões

Neste subtópico, tratamos dos tipos de fatores que condicionam a cisão intransitiva, a partir de uma descrição pormenorizada de Dixon (1994), que apresenta quatro tipos de fatores: 1) a natureza semântica do verbo; 2) a natureza semântica dos SNs; 3) a categoria de tempo/aspecto ou modo; e 4) a sentença principal *versus* subordinada.

CISÃO CONDICIONADA PELA NATUREZA SEMÂNTICA DO VERBO

Nas línguas em que a cisão intransitiva é condicionada pela natureza semântica do verbo, pode se observar que a base semântica que contrasta a marcação de A e de O aplica-se também à noção de S. Quando S for semanticamente similar a A (exercendo controle sobre a atividade), S será um S_a, marcado como A, e quando S for semanticamente similar a O (sendo afetado pela atividade), S será um S_o, marcado como O.

Sabemos que são de dois tipos as línguas que distinguem entre S_a e S_o, como subtipo de S. O primeiro tipo é como línguas ergativas e acusativas com marcação basicamente sintática dos constituintes do núcleo. A cada verbo é atribuído um conjunto de *frame* sintático, com marcação de caso ou com referência cruzada, sempre a ser realizado num mesmo caminho, independentemente da semântica envolvida no instante particular de uso. A esse primeiro tipo de sistema de cisão, Dixon denomina cisão-S. Ao segundo tipo, denominado fluido-S, emprega base sintática para marcar verbos transitivos e base semântica para marcar apenas verbos intransitivos. Um sujeito intransitivo pode ser marcado com S_a (ligado a A) ou com S_o (ligado a O), dependendo da semântica envolvida no instante particular de uso.

Ao observarmos dados do Kaiowá (língua Guarani, família Tupi-Guarani – Brasil) podemos identificar características de uma língua com sistema de cisão-S, condicionada semanticamente pela natureza do verbo (independentemente da semântica envolvida no instante particular de uso).

(10) Kaiowá (Cardoso, 2008)

a. verbo intransitivo de semântica ativa, marca por referência cruzada S_a=A

jose ***o-*** *ripara voj*

josé **3ª.S_a**-correr sempre

"José corre sempre"

b. verbo transitivo marcando A (correferência entre A e S_a (de 10a.))
mitã kwery ***o-*** *h-ajhu eterej juse-pe*
criança pl **3ª.A.**-dir-amar muito José-Acus
"as crianças amam muito José"

c. verbo intransitivo de semântica estativa, marca por referência cruzada S_o=O
nde ***nde-*** *r-asẽ eterej*
você **2ª.sgS$_o$**-rel-chorar muito
"você chora muito"

d. verbo transitivo marcando O (correferência entre O e S_o (de 10c))
jagwarete ***nde-*** *r- eʃa-mã*
onça **2ª.sgO**-inv-ver-Pont
"a onça já te viu"

Em (10), os verbos intransitivos '*ripara*' (correr) e '*rasẽ*' (chorar) possuem natureza semântica distintas: o primeiro é classificado com um verbo *ativo* e o segundo, como um verbo *estativo* (ou *descritivo*, de acordo com Seki, 1990). Notamos, também, que os marcadores de pessoa e número indicados na morfologia verbal intransitiva ativa marcam S_a, por referência cruzada, no mesmo caminho que A, ao passo que a morfologia verbal intransitiva estativa marca S_o (no mesmo caminho que O).

Quanto às línguas de sistema fluido-S, o condicionamento de natureza semântica do verbo intransitivo, além das classes de verbos de evento (ação) e de estado, institui uma terceira classe de verbos que se refere a eventos que podem ou não ser controlados de acordo com circunstâncias particulares.

CISÃO CONDICIONADA PELA NATUREZA SEMÂNTICA DOS SNS

O segundo tipo de condicionamento resultante em cisão intransitiva refere-se à natureza semântica dos núcleos dos SNS. O tipo de preenchimento do núcleo de um SN, se pronominal ou nominal, pode apresentar diferentes sistemas de marcação flexional de caso. Incidindo a distinção da marcação de caso dentre os pronominais e os nominais, tem-se, a princípio, que o sistema pronominal será acusativo e o sistema nominal será ergativo, nunca o contrário.

A partir da noção de que certos núcleos de SNS são mais propensos a ser o controlador do evento (ou da ação), enquanto outros menos propensos e outros não são nada propensos, Dixon propõe uma *Hierarquia Nominal* (cf. tabela (1)) dos constituintes dos SNS que indica as motivações das cisões intransitivas. Observemos a seguir a representação do diagrama proposto por Dixon (1994: 85):

Tabela 1 – Hierarquia Nominal

			Nomes comuns			
Pronomes de 1ª pessoa	Pronomes de 2ª pessoa	Pronomes demonstrativos e de 3ª pessoa	Nomes próprios	humano	animado	inanimado
← Maior probabilidade de estar na função de (A) do que na função de (O)						

A tabela acima mostra que os participantes, na extremidade esquerda da hierarquia, estão mais suscetíveis de serem agentes, marcados com a função A, e que no final do lado direito estão os participantes mais suscetíveis de serem pacientes, marcados com a função O. De acordo com Dixon, podemos esperar que o processo de marcação de caso de uma língua forneça marcação morfológica em um SN do lado direito da hierarquia quando se trata de uma função A, e em um SN do lado esquerdo da hierarquia quando se trata de uma função O (como alternativa de prover marcação ergativa para todos SNs em A, independentemente de seu tipo semântico, ou, ainda, marcação acusativa para todos SNs em O).

Na tabela (2), trazemos o exemplo da marcação de caso em Dyirbal (língua australiana):

Tabela 2 – Dyirbal (Dixon, 1994: 86)

A	-Ø	-ŋgu	-ŋgu	-ŋgu
S	-Ø	-Ø	-Ø	-Ø
O		-Ø	-Ø	-Ø
	Pronomes de 1ª e 2ª pessoa	Pronomes de 3ª pessoa	Nome próprio	Nome comum

A tabela (2) mostra que os pronomes de 1ª e 2ª pessoa, em Dyirbal, marcam o acusativo com {-na} *versus* o caso nominativo não marcado {-Ø}, e marcam o caso ergativo com {*-ŋgu*}, em oposição ao absolutivo não marcado {-Ø}, ao preencherem o núcleo do SN em função de A como pronome de 3ª pessoa, com nome próprio, ou, ainda, com um nome comum. Observemos que esses tipos de núcleo estão mais à direita da hierarquia nominal (cf. tabela (1)).

CISÃO CONDICIONADA POR TEMPO/ASPECTO/MODO

A diferença entre eventos conhecidos e eventos por acontecer (em potencial) pode ser auxiliada por uma orientação sintática a partir de formas morfológicas cindidas condicionadas por tempo ou aspecto. Assim, tem-se o terceiro tipo de condicionamento de cisão intransitiva.

Se a marcação ergativo-absolutivo for encontrada em uma parte do sistema, esperamos que aquela esteja no tempo pretérito ou no aspecto perfectivo, em que uma série de eventos concluídos pode estar relacionada aos pivôs[3] O e S. Nos tempos não pretérito ou no aspecto imperfectivo, esperamos a marcação nominativo-acusativo, uma vez que algo que ainda não aconteceu (em potencial) é mais bem pensado como uma propensão do agente (em potencial), o que deve implicar SNs em função de A e S como pivôs.

Muitas línguas nominativo-acusativas marcam todos os aspectos e tempos verbais; entretanto, línguas ergativo-absolutivas têm marcação livre para aspecto e tempo. Mas se uma cisão é condicionada pelo tempo ou pelo aspecto, a marcação ergativa é sempre estabelecida pelo tempo pretérito ou pelo aspecto perfectivo.

Palmer (1994), ao apresentar dados da língua Samoan, observa que o sistema ergativo está realmente associado ao ambiente em que ocorre o aspecto perfectivo (cf. 11a), e o sistema acusativo associado ao aspecto imperfectivo (cf. 11b).

(11) Samoan (Milner 1973 apud Palmer, 1994: 58)

a. na va'ai-**a** e le tama le i'a
PAST ver-**PERF** ERG o menino o peixe
"O menino viu o peixe"

b. na va'ai le tama i le i'a
PAST ver+**IMPERF** o menino OBJ o peixe
"O menino via o peixe"

Quanto ao modo, as línguas de sistema nominativo-acusativo podem mostrar condicionamento em construções imperativivas por colocarem ênfase especial no controle de uma atividade realizada por A ou S. Em suma, construções imperativas podem mostrar marcação acusativa, enquanto a maioria dos modos apontam para a ergatividade.

CISÃO ENTRE SENTENÇA PRINCIPAL *VERSUS* SUBORDINADA

Dixon também considera a possibilidade de a cisão intransitiva ser condicionada pela distinção da marcação morfológica entre sentenças principal e subordinada. O termo *subordinada* abrange uma variedade de fenômenos com diferentes tipos de implicações semânticas. Uma sentença subordinada tem, geralmente, um SN em função de A ou de S como agente (controlador da ação) que é correferente a algum SN da sentença principal.

Segundo Dixon (1994), todas as línguas com pivô S/O podem ser denominadas línguas sintaticamente ergativas. Essas línguas também podem mostrar alguma ergatividade no nível intraclausal (ou morfológico); entretanto, muitas línguas que mostram ergatividade morfológica são sintaticamente acusativas, com um pivô totalmente S/A.

Algumas línguas apresentam restrições no nível interclausal, tratando S e O num mesmo caminho, com um pivô sintático S/O (ergativo); outras tratando S e A num mesmo caminho, com um pivô S/A (acusativo), enquanto outras línguas de sistema cindido empregam outros caminhos, com outros tipos de pivôs (mistos).

Dados do Dyirbal, língua sintaticamente ergativa, são usados por Dixon para mostrar que o ergativo, num nível interclausal, funciona com pivôs S/O.

(12) Dyirbal (Dixon, 1994: 12)

ŋuma	*yabu-ŋgu*	*bura-n*	*banaga-n^{y}u*
pai+ABS	mãe-ERG	ver-NÃOFUT	voltar-NÃOFUT

'A mãe(A) viu o pai(O) e (ele/S) voltou'

Em Dyirbal, duas sentenças podem apenas ser coordenadas se elas tiverem em comum um SN em função de S ou em função de O em cada sentença. Em (12), podemos notar que a ocorrência do SN em função de S, na segunda sentença, é omitida e que S correfere-se à função de O, da primeira sentença, com pivô sintático S/O.

Ressaltamos que muitas línguas mostram um sistema de cisão intransitiva por não operar apenas com um fator de condicionamento, mas operando com dois ou mais fatores combinados. Novamente, os fatores de condicionamento das cisões: (1) cisão condicionada pela natureza semântica do verbo; (2) cisão condicionada pela natureza semântica dos SNs; (3) cisão condicionada pelo tempo/aspecto/modo; e (4) cisão entre sentença principal *versus* subordinada. Enfim, apresentamos algumas línguas que Dixon toma como sendo línguas que mostram cisões condicionadas por combinação de fatores: Balochi (língua noroeste iraniano) combina os fatores (2) e (3); a língua Mawayna (Arawak do norte do Brasil) combina os fatores (1) e (3); o Xokleng (língua Jê do sul do Brasil) combina os fatores (3) e (4); o Georgiano combina os fatores (1), (2) e (3); o Cavineña (falado no nordeste da Bolívia) combina os fatores (2), (3) e (4); além de algumas línguas da família tupi-guarani que combinam os fatores (1), (2) e (4).

Considerações finais

No nível de estruturas simples, acusativo e ergativo diferem gramaticalmente por A e O desempenharem papéis opostos – em um sistema acusativo A é tratado como S, diferentemente de O; em um sistema ergativo O é tratado como S, diferentemente de A. Cada um destes sistemas tem bastantes propriedades gramaticais e semânticas individuais. Assim sendo, numa descrição, devem ser consideradas as relações pragmáticas, semânticas e sintáticas entre S e A, e as relações bastante diferentes entre S e O. Finalmente, conforme estudos de abordagem funcional-tipológica infere-se que, dentre as línguas do mundo, a relação S/A deve ser forte e importante pelo fato de que há muitas línguas sem vestígio de ergatividade e que nenhuma língua não possui um grau de acusatividade. Entretanto, a relação S/O é significativa pelo fato de que algumas línguas de porte médio apresentam características ergativas em suas gramáticas.

Notas

1 Usam-se os rótulos do modelo desenvolvido por Dixon (1994) (doravante modelo SAO) por ser o modelo adotado por muitos outros estudiosos.

2 De acordo com Dixon (1994: 42), um número relativamente pequeno de línguas usa partículas e adposições para marcar as funções gramaticais nucleares SAO. Há exemplos de línguas de sistema ergativo e também acusativo, mas não se conhecem exemplos em línguas de sistema tripartido (S ≠ A ≠ O).

3 O pivô é entendido como sendo uma relação que é correferencial com outra relação e que ambas estão envolvidas em regras sintáticas de coordinação, complementização, relativização etc. (Palmer, 1994: 242).

Bibliografia

BLACK, B. J. *Case*. Cambridge: Cambridge University Press, 1994.

CARDOSO, V. F. *Aspectos morfossintáticos da língua Kaiowá (Guarani)*. Campinas, 2008. Tese (Doutorado em Linguística) – Universidade Estadual de Campinas.

COMRIE, B. *Language universals and linguistic typology.* Chicago: Chicago University Press, 1989.

DIXON, R. M. W. Ergativity. In: *Language.* 1979, 55. pp. 37-138.

______. *Ergativity*. Cambridge: Cambridge University Press, 1994.

FILLMORE, C. J. The case for case. In: BACH, E.; HARMAS, R. T. (eds.). *Universals in linguistic theory*. London: Holt, Rinehart & Winston, 1968.

KLIMOV, G. A. On the character of language of active typology. *Linguistics.* 1974, 131, pp.11-25.

MITHUM, M. Active/agentive case marking and its motivation. *Language 67*, 1991, pp. 510-46.

MORI, A. H. C. Resenha: Deixis and alignment. Inverse systems in indigenous languages of the Americas. *Liames* (Unicamp), 2009, v. 8, pp. 143-51.

PALMER, F. R. *Grammatical roles and relations.* Cambridge University Press, 1994.

SEKI, L. Kamaiurá (Tupi-Guaraní) as an active-stative language. In: PAYNE, D. *Amazonian Linguistics*: Studies in Lowland South American Languages. Austin: University of Texas Press, 1990, pp. 367-92.

WEIR, E. H. *A negação e outros tópicos da gramática Nadëb*. Campinas, 1984. Dissertação (Mestrado em Linguística) – Universidade Estadual de Campinas.

ZÚÑIGA, F. *Deixis and alignment. Inverse systems in indigenous languages of the Americas*. Amsterdam, Philadelphia: John Benjamins, 2006.

Dêixis espacial em Matis (Pano)

Vitória Regina Spanghero

A língua Matis pertence à família linguística Pano. Seus falantes vivem na região do Amazonas. Segundo o Centro Ecumênico de Documentação Indígena (Cedi, 1981),[1] a área usada pelos matis é uma faixa que se estende do médio Ituí, passando pelo alto Coari até o médio rio Branco. Atualmente, contam-se 270 pessoas. *Matis* é a autodenominação desse povo, provavelmente uma variação de *matsés*, autodenominação dos mayorúna (ou, mais especificamente, *manánuc matsés* "gente da terra-firme").

A história do contato dos Matis com os não indígenas ainda é pouco conhecida, pois não há documentos escritos que falem deles claramente antes de 1970. Ainda em 1972, os funcionários da Funai confundiam-nos com os índios da confluência Ituí/Itacoaí, sob a denominação de Marubos.

Até 1965, aproximadamente, os matis moraram entre os rios Curuça e Ituí. A data em que atravessaram o Ituí para a margem direita não está indicada. Após alguns contatos com os não indígenas, dos quais decorreram algumas mortes, tanto dos Matis quanto de alguns madeireiros, os Matis passaram de desconhecidos a grupo com características culturais próprias. A partir de 1974, foi instalado o Posto Indígena de Atração (PIA) Ituí, posto da Funai que acabaria por atraí-los. Em 21 de dezembro de 1976 os matis entraram em contato com o posto, em sucessivas visitas. Assim, a partir de 1979 o contato foi consolidado.

A noção de dêixis

A noção de dêixis foi introduzida na teoria linguística primeiramente para lidar com as diferenças entre os demonstrativos e as demais palavras. O termo 'dêitico', transformado no século XX em termo técnico da teoria gramatical, significa, em grego, 'apontar, indicar, determinar'.

As dimensões de contrastes dêiticos relevantes numa língua geralmente podem ser estudadas a partir das noções codificadas nos termos da classe dos demonstrativos, pois eles refletem de maneira mais transparente a perspectiva espacial do emissor no momento do enunciado. Os tipos de contraste usados na dêixis espacial geralmente se estendem em usos metafóricos nos outros domínios dêiticos, como o temporal, o pessoal e o social (Anderson e Keenan, 1985).

Os autores citados abordam a dêixis com o objetivo de investigar os tipos de sistemas dêiticos que são encontrados nas línguas naturais. Eles apresentam vários exemplos de formas linguísticas que podem ser usadas pelas línguas para expressar noções dêiticas, discutindo e sistematizando as dimensões básicas de contraste encontradas nas línguas já estudadas.

A noção de dêixis trabalha com as características de 'orientação' exploradas pelas línguas naturais. Cada enunciado linguístico é feito num lugar específico e num momento específico, ou seja, numa situação espaço-temporal específica. É dito por uma pessoa em particular (o emissor) e é endereçada a uma outra pessoa (o interlocutor). O enunciado geralmente faz referência a algum objeto ou pessoa (referente selecionado). A palavra 'dêixis' passou a ser usada como termo técnico para se referir aos elementos linguísticos que nos remetem à situação espacial/temporal/pessoal/social do enunciado. Assim, os termos dêiticos apontam para informações sobre o contexto de comunicação no qual eles foram produzidos.

Anderson e Keenan (1985) definem, então, expressões dêiticas ou dêiticos como "elementos linguísticos cuja interpretação faz referência essencial a propriedades do contexto extralinguístico em que eles ocorrem". Os principais tipos de informações expressas por elementos dêiticos são pessoais, espaciais e temporais. Dêiticos pessoais (gramaticais) são expressões que fazem referência essencial ao falante (F) ou ao interlocutor/ouvinte (O) da sentença; dêiticos espaciais especificam a locação espacial de um objeto com relação à locação do F ou do O; dêiticos temporais são expressões que identificam o tempo de um evento ou estado relativo ao tempo no qual a sentença ocorre.

Dêixis espacial

Os dêiticos designam a locação espacial relativa ao evento de fala. Segundo Anderson e Keenan (1985), as referências espaciais podem ser expressas nas línguas naturais por diversos recursos, como sufixos verbais, clíticos, adjetivos locativos, ou podem estar embutidas no próprio sentido das raízes verbais. Entretanto, as dimensões de contrastes dêiticos de uma língua geralmente podem ser observadas a partir de classes restritas de palavras. Geralmente as referências espaciais ocorrem, e talvez por isso possam ser consideradas universais, mais como advérbios locativos, adjetivos demonstrativos e pronomes demonstrativos. Grande parte do estudo da dêixis espacial tem se concentrado no estudo dessas classes discursivas. Quando se fala em dêixis, é comum se pensar em elementos que indicam localização espacial; provavelmente isso se deva ao fato da própria etimologia do termo dêixis. Assim, muitos estudos nessa área se preocupam justamente com as referências espaciais ao referente selecionado.

As referências espaciais servem como base para uma variedade de extensões metafóricas em outros domínios. Segundo os autores, em muitas línguas as mesmas noções expressas pela dêixis espacial são usadas para referências no domínio temporal. Muitas vezes a ideia de um período de tempo é concebida como uma porção localizada, isolada, dentro da abstração da temporalidade total. Essa concepção possibilita o uso metafórico dos termos da dêixis espacial para expressar relações temporais. As expressões 'por um curto espaço de tempo' e 'este mês' são exemplos desse uso.

TIPOS DE SISTEMAS DÊITICOS

O sistema dêitico espacial pode ser dividido em sistema de um, dois ou três termos. De acordo com Anderson e Keenan (1985), uma língua poderia ter um único item que funcionasse como um pronome demonstrativo ou adjetivo, o qual indicasse simplesmente 'em presença do F'; 'presente no contexto extralinguístico da enunciação' sem referência à distância ou à visibilidade do F. Não se tem conhecimento de nenhuma língua com tais características, mas Czech apresenta um sistema muito semelhante. 'Tem' pode funcionar como adjetivo demonstrativo ou como um pronome demonstrativo e pode ser usado para itens que estejam próximos ou não do F. No discurso formal, entretanto, parece haver a distinção "perto/longe (tento/onen)".

O 'ce' do francês também não codifica qualquer indicação de distinção de distância, o que é feito com o auxílio de 'ci' e de 'lá'. "Cette maison" é neutro, mas "cette maison-lá" já contém informação dêitica de que a casa está mais ou menos distante do F.

Um sistema dêitico de um termo seria um pouco diferente de um sistema com um artigo definido, o qual em inglês, por exemplo, pode ser encontrado em algumas circunstâncias, com vaga força dêitica. Ex: presenciando um acidente de carro, alguém diz: "The Ford didn't stop at the light". O carro em questão é entendido como estando em presença do F e do O, sem referência a questões de distância.

Com relação ao sistema de dois termos encontram-se 'este', 'aquele' e suas formas plurais, e 'aqui' e 'lá', caso encontrado em várias línguas, como no inglês e no hebraico moderno. No sistema de três termos, o latim, o japonês, o turco e o espanhol apresentam três pronomes/adjetivos demonstrativos básicos. Neste sistema, o primeiro termo apresenta algo que está próximo do F, em termos literal, espacial ou temporal e mental (vivido por sua mente); o segundo termo apresenta o que está próximo do F e do O; e o terceiro refere-se ao que é remoto em relação ao espaço ocupado pelo F e pelo O. Os sistemas diferenciam-se na interpretação dada aos seus termos médios.

Há dois tipos maiores de sistemas de três termos: sistema de distância orientada e sistema de pessoa orientada. No primeiro encontram-se três pronomes/adjetivos demonstrativos: este: proximidade; esse: + proximidade ao F e ao O; aquele: remoto.

No segundo tipo os demonstrativos dêiticos mostram uma orientação à categoria de pessoa. Os adjetivos demonstrativos do japonês exemplificam bem esse sistema: (a) kono 'proximidade ao F'; (b) ano 'distância de ambos F e O'; (c) sono 'objetos próximos (ou mais facilmente identificáveis) ao O. Como adjetivos, esses demonstrativos comportam-se diferentemente de outros adjetivos em japonês, por não distinguirem tempo passado e não passado.

Correspondendo a essa distinção, há uma série de três pronomes demonstrativos morfologicamente relacionados: (a) kore 'este' (próximo ao F); are 'aquele'(distante de ambos, F e O) e (c) sore 'aquele' (próximo ao O). A série de advérbios locativos também mostra distinção em três formas: (a) koko 'aqui'(próximo ao F); (b) asoko 'lá' (distante); (c) soko 'lá' (próximo ao O).

Muitas vezes não é tão simples dizer se um sistema dêitico é orientado para pessoa ou distância.

DÊIXIS ESPACIAL NA LÍNGUA MATIS

As noções dêiticas espaciais são expressas em uma variedade de partes do discurso. Como foi visto anteriormente, talvez os mais centrais e provavelmente universais sejam os advérbios locativos (aqui, lá). Consideram-se, também, os adjetivos demonstrativos, como 'este lápis', os pronomes demonstrativos, como 'eu não gosto deste', e as raízes verbais. Menos comuns são línguas que apresentam os chamados 'presentativos', usados para indicar um item da locação ou para sinalizar sua aparência em (ou relativa) ao campo observacional do F, como em Francês 'voici/voilá'. Além disso, uma língua pode indicar se a ação descrita em uma sentença processa-se em torno ou longe do "espaço" do F/O, por meio de morfemas presos. As raízes verbais por si só podem também ter um sentido dêitico: 'ir/vir'.

A língua Matis expressa a noção de dêixis espacial através dos adjetivos demonstrativos, dos advérbios locativos e no próprio sentido da raiz verbal, que indicam locação próxima ou distante do F e do O.

Demonstrativos

Os 'demonstrativos' são aquelas palavras em Matis que correspondem aos tradicionais 'adjetivos demonstrativos'. A maioria das línguas parece indicar objetos através da referência à localização destes com relação à posição do F no espaço. Já outras línguas podem ser orientadas para as pessoas do discurso que podem incluir uma referência à posição do O. Neste caso, a referência pode codificar se um objeto está próximo do F, próximo do O ou distante de ambos. Existem três formas de contrastar dimensão dêitica básica em Matis: nɨkit "esse, essa, isso" (perto do F e do O), ukit "aquele, aquela, aquilo" (longe de ambos) e akit "aquele, aquela" (perto do O).

(1) nɨkit sapa paʃa
essa cesta nova
"Essa cesta é nova"

nɨkit tupan papi
esse tupan menino
"Esse menino é da Tupan (filho)"

nɨkit buda
isso bom
"Isso é bom"

(2) ukit sapa paʃa
aquela cesta nova
"Aquela cesta é nova"

ukit tupan papi
aquele tupan menino
"Aquele menino é da Tupan (filho)"

ukit mana
aquilo açaí
"Aquilo é açaí"

(3) akit gabriel
aquele Gabriel
"Aquele é o Gabriel"

akit nukun ʃubu
aquele minha casa
"Aquela é minha casa"

Locativos

O sistema de referência espacial em Matis é apresentado mais pelos advérbios locativos do que pelos adjetivos demonstrativos.

Os locativos, tradicionalmente chamados de 'advérbios locativos', fazem referência à distância. Da mesma forma como acontece em outras línguas, em Matis eles indicam se um objeto ou uma pessoa está próximo do F, do O ou se está distante de ambos. Dividem-se em próximo e longe, inferior e superior, lateral e frente e superfície e fundo.

a) Próximo e longe: nɨ ~ ɨ "aqui" (perto do F e do O); u "ali" (um pouco afastado do F e do O), e mɨduk "lá" (mais distante do F e do O). Contudo, os dêitos "nɨ" e "u" podem vir sufixados pelos morfemas {-di} e {-kɨ}, os quais especificarão as distâncias.

(4) nɨ ~ ɨ "aqui"
Rogério **nɨ** nɨd -e -k
Rogério aqui em pé -não pass. -decl.
"Rogério está aqui (em pé)"

ɨkɨbi "para cá"
tumi **ɨkɨbi** nunte boan- -ta
Tumi para cá canoa trazer- -imp.
"Tumi, traga a canoa para cá!"

ɨdibi "para cá de"
sorveteria Funai **ɨdibi**
sorveteria Funai para cá de
" A sorveteria fica para cá da Funai."

(5) ukɨ "para lá"
Letícia -dapa **ukɨ**
Letícia -enf. para lá
"Letícia fica para lá"
udi "para lá de"
Funai sorveteria **udi**
Funai sorveteria para lá de
"A Funai fica para lá da sorveteria."

(6) mɨduk "lá"
Gabriel **mɨduk** tsad -e -k
Gabriel lá sentar -não pass. -decl.
"Gabriel está lá longe (sentado)"

Os dêiticos de distância, ainda, podem ser sufixados pelo morfema {-tsɨk}, considerado como intensificador ou restritivo (Ferreira, 2001), com a ideia de maior proximidade.

(7) telefone hospital udi **-tsɨk**
telefone hospital pouco depois de -intens.
"O telefone fica para lá um pouco do hospital."

dadawate tsate ɨdibi **-tsɨk**
caderno cadeira pouco para cá de -intens.
"O caderno está um pouco para cá da cadeira."

O contraste dêitico em Matis não é feito somente em uma dimensão, ou seja, a distância do F. Existe também outra dimensão desse contraste. Os locativos ocorrem com verbos que indicam as posições da pessoa (sentada, em pé). Essa especificação é obrigatória.

(8) Gabriel nɨ **tsad** -e -k
Gabriel aqui sentar -não pass. -decl.
"Gabriel está aqui (sentado)"

Rogério u **duk** -e -k
Rogério ali deitar (na rede) -não pass. -decl.
"Rogério está ali (deitado)"

Ivan mɨduk **sukuad** -e -k
Ivan lá deitar (na cama) -não pass. -decl.
"O Ivan está lá (deitado)"

b) Inferior e superior

O morfema {tak-} marca a posição inferior, empregada para pessoas e objetos.

(9) papi -bo bɨdik[2] -e -k
menino -col. sentados col. -não pass. -decl.
"Os meninos estão sentados"
nuki ʃubu tak- bɨdik -e -k
nós casa sob sentados col. -não pass. -decl.
"Nós estamos sentados sob o teto"

apontador mesa-n tak- sɨkuad[3] -e -k
apontador mesa-loc. sob colocado no chão -não pass. -decl.
"O apontador está colocado sob a mesa"

chiclete mesa-n tak- pask- -e -k
chiclete mesa-loc. sob grudar -não pass. -decl.
"O chiclete está grudado sob a mesa"

mesa mɨkɨn -ɨn tak- miʃ- -e -k
mesa mão -loc. sob- mexer -não pass. -decl.
"A mão está se mexendo sob a mesa"

No que se refere à locação superior, o morfema {samud-} é utilizado tanto para pessoas quanto para objetos.

(10) dadawate banku -n samud -a -ʃ
caderno banco -loc. estar sobre -pass.rec. -3:ev.
"Os cadernos estavam sobre o banco"

papi -bo -n tʃod -an samud -p -a -ʃ
crianças -col. -erg. chão -loc. estar/sobre -enf.-pass.rec. -3:ev.
"As crianças estavam sobre o chão"

c) Lateral e frente

A locação lateral é expressa em Matis por meio do comitativo {-bɨt} "com, junto". Porém, as pessoas podem estar simplesmente juntas, e não necessariamente uma do lado da outra. Neste caso, a especificação da posição é necessária.

(11) tupan -bɨt binan tsad- -a -k
Tupa -com.S Binan sentar -pass.rec. -decl.
"O Binan estava sentado junto à Tupan (ao lado)"

apontador -bɨt borracha sɨkuad- -e -k
apontador -com. borracha colocar -não pass. -decl.
"O apontador está colocado junto à borracha (ao lado)"

Em Matis as referências locativas posicionais do tipo 'em frente, fora', 'do lado, final', 'atrás', 'no centro' são expressas dentro de uma visão cultural bastante particular. Por exemplo, quando se pergunta a um falante onde se encontra tal pessoa, e essa pessoa estiver em uma das extremidades da casa ou maloca, ele utilizará o item lexical *dan*, que significa "nariz ou ponta". Caso a pessoa esteja situada atrás de algum lugar ou de alguém ("atrás de") os falantes utilizarão um verbo posicional mais o prefixo *ka-*, que é uma forma reduzida de *kaʃuku* "costas". Se o falante quer dizer que alguém está 'lá fora', ou seja, na parte exterior de algum lugar, utilizará o termo *kuɨma*. Por fim, se alguém ou algum animal estiver no centro de algum lugar fechado, a forma usada será *nɨnantan*, ou seja, no centro de algo.

(12) ɨbi ʃubu diʃɨna -no nid- -e -k
1sg.abs. casa no final -loc. estar em pé -não pass. -decl.
"Eu estou no final da casa (em pé)"

rogério -Ø ɨbi ka- nid- -e -k
Rogério -abs. 1sg.abs. costas- estar em pé -não pass. -decl.
"Rogério está atrás de mim"

ɨbi ʃubu kuɨma -no nid- -e -k
1sg.abs. casa em frente -loc. estar em pé -não pass. -decl.
"Eu estou fora da casa (em pé)"

wapa -Ø ʃubu -no nɨnantan
cachorro –abs casa -loc. centro
"O cachorro está no centro da casa"

d) Superfície e fundo

As referências espaciais também podem estar implícitas em itens lexicais. Em Matis o próprio verbo indica a posição do objeto, portanto, a dêixis está embutida no próprio sentido da raiz verbal.

O verbo usado para designar um objeto que está na superfície da água é *nowad-* "boiar", que indica locação superficial, e *nun-* "nadar" é usado para uma pessoa que está na superfície da água (nadando). Várias outras formas são utilizadas para a locação interior. Fundo/dentro: *ed-*, *an-*, *tɨʃkɨnɨ* e *ʃoned-*, este último utilizado quando alguém está nadando no fundo do rio. *an-* e *tɨʃkɨnɨ* expressam a ideia "do lado de dentro".

Locação superficial
(13) lancha -Ø waka -n nowad -e -k
lancha -abs. rio -loc. boiar -não pass. -decl.
"A lancha está boiando no rio"

nunte=podo -Ø waka -n nowad -e -k
remo -abs. rio -loc. boiar -não pass. -decl.
"O remo está flutuando no rio"

nawa -Ø nun -e -k
não-índio -abs. nadar -não pass. -decl.
"O homem está nadando (na superfície)"

Locação interior
(14) anudante=wispo -Ø waka -n ed- -a -ʃ
vara de pescar -abs. rio -loc. estar dentro/entrar -pass.rec. -3.exp.
"A vara de pescar estava no fundo do rio"

matsu -Ø tʃododokikid -an an- ed- -e -k
panela -abs. pia -loc. "do lado de dentro"- estar dentro -não pass. -decl.
"A panela está dentro da pia"

ɨbi barco -n an- ed- -e -k
1sg.abs barco -loc. do lado de dentro estar dentro- -não pass. -decl.
"Eu estou dentro do barco"

wapa	-Ø	ʃubu	tɨʃkɨnɨ	sukuad	-e	-k
cachorro	-abs.	casa	do lado de dentro	deitar	-não pass.	-decl.

"O cachorro está deitado dentro da casa"

nawa	-Ø	ʃoned	-e	-k
não índio	-	nadar sob	-não pass.	-decl.

"O homem está nadando no fundo do rio"

Considerações finais

As referências espaciais na língua Matis aparecem como demonstrativos, como advérbios locativos, como comitativo e nas raízes verbais. Os advérbios locativos indicam locação próxima ou distante do ouvinte e do falante, havendo três distinções para o contraste dêitico de distância: *nɨ* "aqui" (perto do falante e do ouvinte), *u* "ali" (um pouco afastado do falante e do ouvinte) e *mɨruk* "lá" (mais distante do falante e do ouvinte).

Outra dimensão de contraste, juntamente com os itens locativos, é a posição da pessoa ou do objeto. É comum a ocorrência de verbos que indicam a posição do sujeito e/ou objeto numa frase. As posições que podem ser identificadas nesta língua, por meio dos verbos, são vertical e horizontal, sendo utilizados verbos específicos para pessoa e outros para objeto.

Com relação à locação interior, distinguimos quatro diferenças que dizem respeito ao "tipo de recipiente" em que a pessoa e/ou objeto se encontram: *ed-* (dentro do rio, usado para pessoas e objetos), *an-* (dentro da pia, dentro do barco, usado para pessoas e objetos), *tɨʃkɨnɨ* (dentro da casa, usado para pessoas e animais) e *ʃonedek* (dentro do rio, usado para pessoas).

Assim sendo, observamos que os traços relevantes para o uso de uma ou outra forma parecem ser a dependência da posição do objeto e da pessoa e a distância com relação ao F e ao O, através dos demonstrativos, locativos e dos verbos posicionais.

Certamente esta questão merece estudos mais aprofundados, devido à riqueza de detalhes. Porém, diante do que foi visto, podemos já determinar como funciona o sistema dêitico espacial na língua Matis e sua semelhança com duas outras línguas da mesma família.

Abreviaturas

Abs = absolutivo; Col = coletivo; Com = comitativo; Decl = declarativo; Enf = enfático; Ev = evidencial; Exp = experenciador; Imp = imperativo; Intens = intensificador; Loc = locativo; Não pass = não passado; Pass-rec = passado recente; 1 sg.abs = 1ª pessoa do singular absolutivo.

Notas

1 Atualmente Instituto Socioambiental (ISA).

2 Alguns verbos em Matis possuem formas supletivas. O verbo tsadkin 'sentar' (singular) indica que há somente uma pessoa sentada, como demonstra o exemplo (8). Se houver mais que uma pessoa sentada, a forma empregada será bɨdikin 'sentar' (plural), conforme aponta o exemplo (9).

3 sɨkuad significa "colocado", usado para objetos, e sukuad significa "deitado", usado para animais e pessoas. A diferença entre esses verbos está somente na vogal.

Referências bibliográficas

ANDERSON, S. R.; KEENAN, E. L. Deixis. In: SHOPEN, T. (ed.). *Language typology and syntactic description*. Cambridge: Cambridge Univesity Press, 1985, pp. 259-307.

FERREIRA, R. V. Língua Matis: Aspectos Descritivos da Morfossintaxe. Campinas, 2001. Dissertação (Mestrado em Linguística) – Instituto de Estudos da Linguagem, Unicamp.

______. Língua Matis (Pano): uma descrição Gramatical. Campinas, 2005. Tese (Doutorado em Linguística) – Instituto de Estudos da Linguagem, Unicamp.

FILLMORE, C. J. *Lectures on Dêixis*. Stanford: CSLI Publications, 1997.

O organizador

Edson Rosa de Souza possui licenciatura em Letras pela Universidade Estadual Paulista (IBILCE/Unesp) e mestrado em Estudos Linguísticos pela mesma instituição, sob a orientação da profa. dra. Marize Mattos Dall'Aglio-Hattnher. Obteve o título de doutor em Linguística pelo Instituto de Estudos da Linguagem (IEL/Unicamp) sob a orientação da profa. dra. Ingedore Grunfeld Villaça Koch. Cursou ainda o doutorado sanduíche na Universiteit van Amsterdam (Amsterdã, Holanda), na área de Gramática Discursivo-Funcional, sob a orientação do prof. dr. Kees Hengeveld. Atualmente é pesquisador do CNPq e professor adjunto da Universidade Federal de Mato Grosso do Sul – UFMS, *campus* de Três Lagoas/MS. Tem experiência na área de Linguística, com ênfase em Teoria e Análise Linguística, atuando nos seguintes temas: gramática discursivo-funcional, gramaticalização, morfossintaxe, advérbios, conjunções e texto.

Os autores

Angel Corbera Mori é bacharel e licenciado em Linguística Ameríndia pela Universidad Nacional Mayor de San Marcos (Lima, Peru), doutor em Ciências (Linguística) pela Universidade Estadual de Campinas. Atua na graduação e pós-graduação do Departamento de Linguística do Instituto de Estudos da Linguagem – IEL/Unicamp. Sua área de atuação principal é a pesquisa das línguas ameríndias faladas na América do Sul, tendo estudado, inicialmente, a língua aguaruna (Jívaro). Atualmente realiza sua pesquisa no Parque Indígena do Xingu, onde estuda o Mehináku, uma língua da família linguística arawák.

Márcia Teixeira Nogueira possui graduação em Letras pela Universidade Estadual do Ceará, aperfeiçoamento em Ensino da Língua Portuguesa pela Universidade Federal do Ceará, especialização em Estruturas da Língua Portuguesa pela Universidade Estadual do Ceará, mestrado em Linguística e Ensino da Língua Portuguesa pela Universidade Federal do Ceará, doutorado em Linguística e Língua Portuguesa pela Universidade Estadual Paulista Júlio de Mesquita Filho – Araraquara-SP –, pós-doutorado no Instituto de Linguística Teórica e Computacional – ILTEC, em Lisboa. É professora associada II da Universidade Federal do Ceará, onde atua no ensino, na pesquisa e orientação na graduação em Letras e na pós-graduação em Linguística (mestrado e doutorado). Coordena o Grupo de Estudos em Funcionalismo (UFC/CNPq), que integra pesquisas na área de Teoria e Análise Linguística, com ênfase na descrição e análise do português em diferentes situações de uso.

Maria Alice Tavares possui graduação em Letras, mestrado e doutorado em Linguística pela Universidade Federal de Santa Catarina (UFSC), com um período de estágio na Carnegie Mellon University (EUA). Atualmente é professora adjunta IV da Universidade Federal do Rio Grande do Norte (UFRN). Tem experiência na área de Linguística, com ênfase em Sociolinguística Variacionista e Teoria e Análise Linguística (Funcionalismo norte-americano). Tem pesquisado os seguintes temas: sociofuncionalismo, sociolinguística comparativa, gramaticalização, variação, conectores/conjunções, verbos, marcadores de especificidade no sintagma nominal indefinido, pronomes.

Maria da Conceição de Paiva possui graduação em Letras pela Faculdade de Letras de São João Del-Rei, mestrado em Linguística pela Universidade Federal do Rio de Janeiro e doutorado em Linguística pela Universidade Federal do Rio de Janeiro. Trabalhou na Universidade Federal de Juiz de Fora, e, atualmente, é bolsista de Produtividade em Pesquisa do CNPq (Nível 2), professora do Programa de Pós-Graduação em Linguística da Universidade Federal do Rio de Janeiro e membro do grupo Peul. Tem experiência na área de Sociolinguística e Dialetologia e de Análise Linguística de Orientação Funcionalista. Atua principalmente na área de Variação e Mudança Linguísticas, abordando temas como mudança fonológica, gramaticalização, ordenação de constituintes. No momento, suas pesquisas se voltam para a variabilidade posicional de circunstanciais temporais e locativos na fala e na escrita.

Maria Luiza Braga possui graduação em Letras pela Universidade Federal de Uberlândia, mestrado em Língua Portuguesa pela Pontifícia Universidade Católica do Rio de Janeiro e doutorado em Linguística pela University of Pennsylvania. Atualmente é professora titular da Faculdade de Letras (UFRJ) e bolsista de Produtividade em Pesquisa do CNPq (Nível 1C). Tem experiência na área de Linguística, com ênfase em Teoria e Análise Linguística, atuando principalmente nos seguintes temas: português do Brasil, gramaticalização, categorias cognitivas e orações de tempo. Possui diversos capítulos e livros publicados sobre o assunto, com destaque para *Introdução à Sociolinguística* em coautoria com Maria Cecília Mollica, publicado pela Editora Contexto.

Maria Maura Cezario é doutora em Linguística pela UFRJ, professora e pesquisadora dessa área na mesma universidade. Atual coordenadora do Grupo de Estudos Discurso e Gramática da UFRJ. Autora e organizadora de livros e revistas científicas da área. É coautora do livro *Manual de linguística*, publicado pela editora Contexto

Rogério Vicente Ferreira possui graduação em Letras com habilitação em Linguística pela Universidade de São Paulo, mestrado em Linguística pela Universidade Estadual de Campinas e doutorado em Linguística pela mesma universidade. Atualmente é professor adjunto da Universidade Federal de Mato Grosso do Sul, onde atua na graduação e no Programa de Pós-graduação em Letras (na linha de pesquisa: Análise, descrição e documentação de línguas naturais). Tem experiência na área de Linguística, com ênfase em Linguística, atuando principalmente nos seguintes temas: língua indígena, língua matis, línguas indígenas, linguística antropológica e descrição linguística.

Sebastião Carlos Gonçalves é docente da Unesp de São José do Rio Preto, onde atua no ensino de graduação e de pós-graduação. Seus trabalhos se desenvolvem nas linhas de Variação e Mudança Linguística e Descrição Funcional do Português e enfocam a mudança linguística, via gramaticalização. Foi presidente do Grupo de Estudos Linguísticos do Estado de São Paulo – GEL (gestão 2007-2009). Publica regularmente em periódicos especializados da área.

Taísa Peres de Oliveira possui bacharelado em Linguística e Língua Portuguesa pela Universidade Federal de Goiás, mestrado em Estudos Linguísticos pela Unesp de São José do Rio Preto e doutorado pela Unesp de Araraquara/SP. Tem experiência na área de Teoria e Análise Linguística, com ênfase em Gramática Funcional e Articulação de orações, atuando principalmente nos seguintes temas: orações e conjunções adverbiais. Desenvolveu pesquisa financiada pela Fapesp no âmbito do Programa Jovem Pesquisador, na UFSCar. Atualmente, é professora adjunta da Universidade Federal de Mato Grosso do Sul (Campus de Três Lagoas/MS), onde atua na graduação e no Programa de Pós-Graduação em Letras (na linha de pesquisa: Análise, descrição e documentação de línguas naturais). Desenvolve o projeto: "Uma revisão das conjunções adverbiais no português do Brasil: léxico ou gramática?" (CNPq).

Valéria Faria Cardoso atua como professora adjunta do Departamento de Letras da Universidade do Estado de Mato Grosso (Unemat – Campus de Alto Araguaia). Possui graduação em Licenciatura Plena e Letras pela Universidade Federal de Mato Grosso do Sul (Três Lagoas), mestrado em Letras pela Universidade Federal de Mato Grosso do Sul (Três Lagoas) e doutorado em Linguística pela Universidade Estadual de Campinas (Campinas). Tem experiência na área de Letras/Linguística, com ênfase em línguas indígenas, atuando principalmente nos seguintes temas: linguagem, línguas indígenas, descrição e análise linguística, morfossintaxe e vocabulário.

Vitória Regina Spanghero possui graduação em Linguística pela Universidade de São Paulo, mestrado em Linguística pela Universidade Estadual de Campinas, doutorado em Linguística pela Universidade Estadual de Campinas e pós-doutorado em Linguística pela Universidade de São Paulo. Atualmente é professora adjunta da Universidade Federal de Mato Grosso do Sul, onde atua na graduação e no Programa de Pós-Graduação em Letras (na linha de pesquisa: Análise, descrição e documentação de línguas naturais). Tem experiência na área de Linguística, com ênfase em Teoria e Análise Linguística, atuando nos seguintes temas: lexicografia, semântica e línguas indígenas.

FUNCIONALISMO LINGUÍSTICO, NOVAS TENDÊNCIAS TEÓRICAS

Edson Rosa de Souza (org.)

O funcionalismo linguístico considera a linguagem sob uma perspectiva interacional e incorpora, assim, as intenções comunicativas dos interlocutores às descrições. Essa corrente teórica, uma das mais influentes das áreas de Letras e Linguística, é esmiuçada por autores renomados do Brasil e do exterior nesta obra dividida em dois volumes – o primeiro de natureza teórica e o segundo com base descritiva.

Neste primeiro volume, Ataliba Teixeira de Castilho, Mário Eduardo Martelotta, J. Lachlan Mackenzie, Kees Hengeveld, entre outros importantes linguistas, discutem diversas questões ligadas ao estudo da linguagem pelo viés de teorias funcionalistas – muitas vezes dialogando com outras abordagens teóricas –, promovendo e ampliando, assim, o debate na área acadêmica e contribuindo para divulgar as novas tendências teóricas e desenvolvimentos da pesquisa sobre o funcionalismo.

A obra destina-se tanto a alunos de graduação, pós-graduação e professores-pesquisadores dos cursos de Letras quanto a estudantes e profissionais de outras áreas correlatas que tomam a linguagem como objeto de estudo e reflexão.

GRÁFICA PAYM
Tel. (011) 4392-3344
paym@terra.com.br